A explicação sociológica na medicina social

FUNDAÇÃO EDITORA DA UNESP

Presidente do Conselho Curador
Marcos Macari

Diretor-Presidente
José Castilho Marques Neto

Editor Executivo
Jézio Hernani Bomfim Gutierre

Conselho Editorial Acadêmico
Antonio Celso Ferreira
Cláudio Antonio Rabello Coelho
Elizabeth Berwerth Stucchi
Kester Carrara
Maria do Rosário Longo Mortatti
Maria Encarnação Beltrão Sposito
Maria Heloísa Martins Dias
Mario Fernando Bolognesi
Paulo José Brando Santilli
Roberto André Kraenkel

Editora Assistente
Denise Katchuian Dognini

José Carlos de M. Pereira

A explicação sociológica na medicina social

© 2005 Editora UNESP

Direitos de publicação reservados à:

Fundação Editora da UNESP (FEU)
Praça da Sé, 108
01001-900 – São Paulo – SP
Tel.: (0xx11) 3242-7171
Fax: (0xx11) 3242-7172
www.editoraunesp.com.br
feu@editora.unesp.br

CIP – Brasil. Catalogação na fonte
Sindicato Nacional dos Editores de Livros, RJ

P492e

Pereira, José Carlos de M.
  A explicação sociológica na medicina social / José Carlos de M. Pereira. – São Paulo: Editora UNESP, 2005.
  Inclui bibliografia
  ISBN 85-7139-609-4
  1. Medicina social. 2. Saúde pública. I. Título.

05-2422
CDD 362.1042
CDU 364.444

Editora afiliada:

Asociación de Editoriales Universitarias
de América Latina y el Caribe

Associação Brasileira de
Editoras Universitárias

*À memória de Aymoré Celso e de Jorgina Medeiros Pereira, meus pais.
À memória de Maria Cecília Ferro Donnangelo, que um brutal
e trágico acidente tirou de nossa convivência. Com justiça pode ser
considerada uma das fundadoras da medicina social brasileira.*

Agradecimentos

À Lourdes, esposa, pelo estímulo constante. Ao Carlos, filho, pelo companheirismo e senso de humor.

Aos amigos do Departamento de Medicina Social, pelo incentivo que sempre nos proporcionaram, desde nossa vinda para Ribeirão Preto, e sem o qual, talvez, este livro não teria sido escrito.

Ao CNPq – Conselho Nacional de Desenvolvimento Científico e Tecnológico, que, por intermédio de sua Superintendência de Desenvolvimento Científico, nos concedeu uma bolsa durante parte do período em que redigimos este trabalho.

Sumário

Apresentação 13

Introdução 17

1. A propósito da atividade e da explicação científicas 29
   Questões de investigação 29
   A questão da interpretação 34
   Teorias 39
   O fato científico 40
   Leis científicas 41
   O processo de construção da ciência 43
   Verificabilidade da teoria 45
   A explicação dos fenômenos biológicos 48
   A explicação na medicina social 50
   A função dos modelos em ciência 51
   Os modelos da medicina 53
   Sociologia, ciência social abrangente 55

2. A determinação social das idéias científicas   57
   Achados científicos são obra do acaso?   57
   As motivações ideológicas   60
   As contribuições da sociologia do conhecimento   63
   Profecias suicidas que se autocumprem   65
   Também o pensamento científico é socialmente condicionado   67
   A influência de Marx e Engels   68
   Relativizando posições   71
   Inevitabilidade de influências ideológicas   74
   As teorias aceitáveis   76
   Exceções não fazem a regra   77
   Criatividade e alteração da visão de mundo   79
   Reputação profissional do descobridor   81
   A especialização como fator limitante   82
   Mudanças sociais e avanço científico   83
   Correção de desvios   85

3. A interpretação funcionalista   89
   Introdução   89
   A noção de função é instrumental   90
   Uso de analogias entre sociedade e organismo   92
   Malinowski   92
   Radcliffe-Brown   93
   Émile Durkheim   95
   O funcionalismo segundo Merton   100
   Florestan Fernandes   106
   Conclusões   110

4. Aplicação da análise funcionalista na medicina social   115
   Introdução   115
   A enfermagem como profissão   117
   Ordem médica e norma familiar   123

A explicação sociológica na medicina social

A psiquiatria como discurso da moralidade   130
Sociologia da doença mental   135
Instituições sociais relacionadas à doença mental   138
Conclusões   140

5. A sociologia e o método da compreensão   145
Introdução   145
A ação social com sentido   146
Os fenômenos histórico-sociais são compreensíveis   148
A captação da conexão de sentido   149
Os motivos   150
Relação social   151
A regularidade das condutas   152
Existência de uma ordem legítima   153
As entidades coletivas são representações   153
Confronto e crítica de valores   155
A questão da objetividade   156
Autonomia das diferentes esferas sociais   159
Objetos alheios ao sentido e funções   160
Elaboração de um tipo ideal   161
Conceito limite e não esquema exemplar   162
O tipo ideal e sua utilidade   163
Redução dos elementos a um número finito   164
O tipo ideal é um experimento ideal   165
Uma construção lógica   167
Conexão entre sociologia e história   170
Validação do conhecimento   172

6. Assistência médica: uma análise compreensiva   173
Introdução   173
O ideal de saúde   173

O médico, agente social privilegiado da medicina,
e seus conflitos   175

As articulações da esfera social médica   178

A tensão entre as esferas médica e econômica   180

O médico coletivo   183

A empresa médica   187

A medicina institucionalizada estatal   189

Medicina e reprodução da dominação   193

Conclusões   196

7. O método dialético   201

Introdução   201

Reelaboração do pensamento hegeliano?   202

Um concreto pleno de determinações significativas   204

Inexistência de um sistema de conceitos universais   207

Tudo está em perpétua transformação   208

Relações entre sujeito e objeto   211

Contradições e antagonismos em todas as relações   213

Não se ater às aparências   216

As determinações particulares são as mais explicativas   219

O mais complexo explica o menos complexo   222

Fora da sociedade o homem é uma abstração   223

Conclusões   226

8. Análise dialética de fenômenos sociomédicos   229

Uma análise heterodoxa   229

A formação social da prática médica   242

Saúde e sociedade   248

Conclusão   255

Conclusão   259

Referências bibliográficas   271

Apresentação

O texto original que serviu de base para esta versão sob a forma de livro foi uma tese apresentada para defesa, no início dos anos 80. A inspiração direta e a fonte da qual se nutriu estão explícitas no próprio título: explicação sociológica, parte do título de uma obra clássica de Florestan Fernandes. O autor foi assistente do mestre nos idos da época das cátedras, e até sua aposentadoria compulsória pela ditadura militar, com outros mestres da sociologia.

Para esta versão final não se verifica nenhuma atualização bibliográfica. De fato, os textos citados mais recentes datam de 1982. O que isso significa? Para aqueles que rezam pela fita métrica da produtividade e do valor dos textos pelo volume de citações as mais recentes possíveis, este seria um texto ultrapassado cuja leitura pouco acrescentaria ao conhecimento do estudioso da área da saúde. Mas para aqueles que são próximos da área das ciências humanas e utilizam diferentes parâmetros para atribuição de importância e sentido à produção científica, este livro assume outro significado: é exatamente o fato de se valer de textos clássicos escritos nas décadas de 1950 a 1980 (para não dizer dos textos clássicos dos séculos XIX e início do XX) que lhe atribui importância.

De que trata o livro? A proposta do autor é, de forma didática e bem escrita, retomar as grandes correntes do pensamento sociológico, ou da explicação sociológica, tendo como foco a medicina social. Por conseguinte, a obra é organizada em oito capítulos, que percorrem desde a questão da abordagem científica da realidade – com ênfase na explicação dos fenômenos biológicos e da perspectiva da medicina social –, até as três grandes correntes de explicação no campo das ciências sociais – a funcionalista, a compreensiva e a dialética. Nestes casos, cada capítulo dedicado a uma corrente de explicação é acompanhado de outro dedicado a análises de obras do campo da saúde, e não necessariamente do campo específico da medicina social que se utiliza daquela corrente e das metodologias correspondentes.

Nada mais oportuno portanto do que a publicação deste livro, precioso instrumento para a formação de pesquisadores na área da saúde. Isso porque não se trata somente de capítulos que constituem ensaios sobre cada corrente de pensamento na área da sociologia, mas sim porque aborda pontos estratégicos do campo da saúde coletiva quando se trata de pensar a relação sujeito/objeto de investigação, sobretudo essa relação da perspectiva do momento da produção do conhecimento e do momento da militância na área da saúde, quer em sua dimensão política ou profissional. De fato, talvez esta seja uma das principais fontes de equívocos na produção da área da saúde coletiva: introduzir numa área onde impera a racionalidade científica das ciências biológicas a dimensão social, e com isso incorporar a teoria e a metodologia das ciências sociais, que são regidas por outras racionalidades que não aquela. Em decorrência, tornam-se freqüentes na medicina social textos que, com excessiva ligeireza, atribuem significados à realidade social estudada e que de fato explicam muito mais a posição ideológico/política do in-

A explicação sociológica na medicina social

vestigador do que obedecem aos rigores da racionalidade científica do instrumental das ciências sociais. Por conseguinte, não é de pouca relevância o alerta de José Carlos Pereira, quando enfatiza em suas conclusões algo que vem tratando ao longo de seu texto: o fato de todos os autores clássicos repelirem a idéia de que a sociedade é transparente, não se podendo em nenhuma hipótese confundir a vida social com o que as pessoas pensam sobre ela (p.260).

Da mesma grandeza de importância reveste-se o tratamento dado pelo autor, no início do livro, às questões relativas à investigação em si, alertando para as possíveis implicações do excesso de atenção à dimensão quantitativa dos fenômenos da realidade, desconhecendo-se a sua outra dimensão, indissociável desta: a de que só quando a pesquisa é balizada por um marco teórico é que sua explicação se configura com maior grau de cientificidade. No fundo, de forma corajosa, o autor não se restringe à necessária distinção, na medicina social, entre os paradigmas biológicos e das ciências experimentais e aqueles das ciências sociais, como da tensão – para não se dizer confusão – entre pesquisas quantitativas e qualitativas. Neste ponto, por vezes de forma mais direta, por vezes de forma mais indireta, o autor trata do senso comum prevalecente na área de que não só "mais científicos" seriam os estudos de natureza quantitativa, como aqueles de natureza qualitativa seriam metodologicamente menos complexos, mas sobretudo menos científicos por não estarem sob o domínio da racionalidade científica, mas da interpretação exclusiva do investigador, em conseqüência sob o domínio da sua visão individual do mundo e da sua vontade e convicções políticas.

Frise-se, a propósito, que não surpreende essa concepção latente no campo da medicina social sobre o "que é mais" e o "que é menos" científico, não só pelo fato de ser um campo de conhecimento que agrega e congrega vários campos distintos, com suas respectivas teorias e metodologias de difícil convergência, mas principalmente por se constituir num campo de conhecimento e de práticas em que grande parte da produção de conhecimento está voltada imediatamente para a intervenção prática na realidade, para uma práxis social que se propõe a transformar a realidade social da saúde.

Nada mais oportuno, portanto, do que ter contato ou mesmo revisitar as grandes correntes de pensamento sociológico com base em um texto que as sistematiza de forma clara, bem informada e com uma clareza de redação que auxilia no enfrentamento da aventura de se enfronhar numa área de conhecimento científico para muitos inédita e absolutamente desconhecida. Sem dúvida, a leitura deste livro é um bom e proveitoso rito de passagem para o mergulho nessa área de conhecimento tão complexa e eivada de tantas tensões teóricas, metodológicas e políticas. Não é fácil a tarefa do conhecimento num campo onde a prática está, na maior parte das vezes, imediatamente envolvida, quer como crítica da realidade, quer como proposta de uma agenda positiva para o setor da saúde.

Amélia Cohn

Introdução

Quando falarmos em explicação sociológica de fenômenos médico-sociais, vamos nos referir, principalmente, a processos sociais vinculados à prática social da medicina. Como se verificará nos exemplos que serão apresentados, os fenômenos que examinaremos são sociais, com a especificidade de se referirem à área médica. Sem dúvida, poder-se-ia discutir sociologicamente o processo saúde-doença, mas nesse caso, tratar-se-ia de analisar um objeto não exclusivamente social, porque também biológico. A junção inovadora de teorias sociológicas e médico-biológicas resultou em áreas de convergência do social e do biológico. Uma das disciplinas resultantes dessa junção seria, por exemplo, a Epidemiologia Social. Outra, a Medicina Social. Tais áreas constituem um grande desafio, tanto para médicos como para cientistas sociais em geral (e não apenas para sociólogos). Isso porque, no caso, teríamos um objeto ao mesmo tempo natural e histórico-social.

Em poucas palavras, para situarmos a questão do nosso ponto de vista, o desafio está em que as ciências histórico-sociais interessam-se, de modo geral, pelo que é específico, enquanto as ciências da natureza estão voltadas para regularidades passíveis de generalização, sem referência a condições históricas determinadas. As relações entre sujeito e objeto são diversas nos dois tipos de ciências. Nas histórico-sociais, sujeito e objeto são os mesmos; nas da natureza, eles são estranhos um ao outro. As primeiras procuram conhecer, compreendendo e buscando situar o fenômeno em sua especificidade. As segundas voltam-se para o estabelecimento de relações causais, construindo sobre elas um sistema de leis gerais.

Historicamente, a medicina tem sido um exemplo interessante de uma disciplina que tem procurado estabelecer a convergência entre explicações sociais e "naturais", mostrando como a manifestação do fenômeno doença depende, freqüentemente, de condições suficientes, de natureza social. Que ela se individualize em determinados organismos biológicos já é uma conseqüência do fato de esses organismos serem membros participantes de determinadas relações sociais (cf. Pereira & Ruffino Netto, 1982). Na verdade, a medicina tende a deixar de ser apenas o conhecimento (biológico, principalmente) da doença e dos meios de curá-la, e/ou ciência do corpo biológico, normal ou patológico. Ela, sem dúvida, nunca deixou de entender (ainda que apenas em certas épocas e restrito tal entendimento a círculos menos ortodoxos) que a explicação das doenças e a sua cura é facilitada pelo conhecimento do contexto social em que vivem as pessoas. Bem ou mal, a medicina tem buscado explicá-las por meio da referência a fatores sociais, ainda que, na maioria das vezes, esse social seja encarado como constituído por características de pessoas, na já tradicional concepção multicausal da doença. Apesar disso, na atualidade, muitos dos cultuadores dessa disciplina procuram ampliar seu objeto, bem como a maneira de representá-lo cientificamente e o modo de apreendê-lo.

A explicação sociológica na medicina social

Cada vez mais, cremos, a medicina tenderá a ser concebida também como uma ciência histórico-social, percebendo que as características dos seres humanos (doentes ou não) são sobretudo um produto de forças sociais mais profundas, ligadas a uma totalidade econômico-social que é preciso conhecer e compreender, para que os fenômenos de saúde e de doença com os quais se defrontam sejam explicados adequadamente.

Nos exemplos, porém, de que nos utilizaremos aqui, voltaremo-nos, fundamentalmente, para as práticas sociais da medicina. Estas são, sem dúvida nenhuma, objeto da sociologia. Mas podem ser, também, objeto da medicina, quando concebida como antigamente. Em outras palavras, os aspectos sociais da medicina, como os institucionais, se são objeto da sociologia aplicada à medicina, também podem ser objeto de uma disciplina que se tem denominado de medicina social. Esta se voltaria para os processos que mantêm a saúde ou provocam a doença – e para as práticas sociais que procuram recuperar ou manter a saúde. Trata-se de uma mudança qualitativa, porque o objeto de tal disciplina não seria representado por corpos biológicos, mas por corpos sociais. Não se trataria, tão-somente, de indivíduos, mas de sujeitos, grupos, classes e relações sociais referidas ao processo saúde-doença. Desse ponto de vista, as práticas sociais da medicina seriam objeto, especificamente, dessa disciplina de fronteira.

Ainda que nos refiramos principalmente a práticas sociais, entendemos que a discussão que vamos levar a efeito, acerca das orientações metodológicas fundamentais na sociologia, contribuirá para a explicação dos fenômenos médico-sociais em geral. Nossa atenção voltou-se para a questão da explicação desses fenômenos quando percebemos, por meio da leitura de trabalhos científicos produzidos nessa área, que muitos deles deixam a desejar quanto ao nível de explicação, ficando, freqüentemente, restritos ao estabelecimento de meras associações entre os fenômenos investigados. Correlações nem sempre implicam causalidade. Cremos que isso se deve não só ao predomínio da corrente positivista na ciência moderna, mas também a uma interpretação demasiado unilateral, ou mesmo simplista, de seus princípios e, conseqüentemente, do que seja o método científico. Ainda que, historicamente, o positivismo tenha representado um enorme avanço em relação aos modos não-empiricistas de validar um conhecimento (por exemplo, em relação à ciência medieval, que se alicerçava na autoridade e na logicidade formal do raciocínio), ele também desenvolveu crenças que acabaram prejudicando, por sua vez, a evolução da ciência. Seguir seus preceitos, de modo um tanto quanto estreito, pode afastar o pesquisador da preocupação com o desenvolvimento de um marco teórico que embase a investigação.

Isso porque o positivismo, quando mal interpretado, preconiza a necessidade de o investigador se ater única e exclusivamente aos fatos, podendo limitar o alcance tanto das hipóteses como das explicações. Estas, no caso, acabam ficando excessivamente presas ao contexto factual. É claro que isso também pode decorrer da incompetência do pesquisador. De qualquer forma, ou por incompetência, ou em decorrência de uma visão limitada do que seja ciência, investigações desse tipo se restringem, como já notamos, à simples determinação de correlações entre os fatos observados, sem a busca de uma explicação para essas correlações. Ou seja, são realizadas apenas as duas primeiras operações do esquema quadripartido no qual se assenta a noção de método científico para o positivismo: observação dos fatos e verificação das relações entre eles. Ficam irrealizadas ou incompletas as operações que representam a terceira parte: a busca da explicação para tais relações (ainda que limitada à determinação causal de um antecedente no tocante a um efeito conseqüente). Quanto à generalização do conhecimento obtido para outras situações em que as relações se apresentam de forma igual ou assemelhada (a quarta operação do esquema), ela é, quase sempre, também desconsiderada.

A explicação sociológica na medicina social

Dada a limitação assinalada (qualquer que seja sua razão), desenvolve-se a suposição de que o método científico se restringe sobretudo às técnicas de investigação. Pareceria que a explicação não se destaca dessas técnicas. Desconhece-se a existência, inclusive, de variados métodos de interpretação que podem levar a tipos de explicação também diversos (em relação a fatos de qualquer natureza, não apenas sociais). O que está em jogo também é uma interpretação equivocada da regra positivista de restringir-se o investigador a juízos de fato. A explicação implica, quase sempre, na inserção dos fatos observados e das relações descobertas numa teoria mais abrangente, o que não significa absolutamente a realização de juízos de valor. No segundo capítulo, quando procuraremos estabelecer as devidas distinções entre objetividade e neutralidade, teremos oportunidade de mostrar que ser "objetivo", segundo a ótica positivista, não garante, inclusive, a isenção e a neutralidade pretendidas; e que todo conhecimento é socialmente condicionado (e até, por vezes, determinado).

Na verdade, no caso das ciências naturais (como as físico-químicas), os paradigmas são menos controvertidos, de modo que é menor a preocupação com problemas de método. Todos (ou quase todos) utilizam o mesmo modelo de análise, ao qual se conformam. Não há, pois, tantas oportunidades de questionamento e, conseqüentemente, de reflexão sobre essas questões (cf. Kuhn, 1978). Poder-se-ia dizer, de acordo com o apotegma de A. N. Whitehead, que Merton colocou como epígrafe da introdução de sua obra máxima ("Uma ciência que titubeia em esquecer seus fundadores está perdida") (1964, p.13), que tais ciências estão mais bem estabelecidas que a sociologia, que ainda é capaz de discutir seus paradigmas. Ocorre que, nas ciências sociais (entre as quais se deve incluir a medicina social), e principalmente na sociologia, a existência de um paradigma único sobre o qual houvesse um crescimento científico cumulativo implicaria um acordo entre os grandes sociólogos (sobretudo os clássicos) quanto à concepção de sociedade. Ora, isso está longe de ocorrer e a razão é simples: a sociedade humana, ao contrário dos objetos naturais com os quais lidam aquelas ciências, é plena de divisões e conflitos, dos quais o investigador faz parte. Assim, as contribuições dos clássicos nem sempre são cumulativas. Mas isso permite, porém, uma criatividade expressiva, uma atividade juvenil maior, cientificamente falando, que acaba, por vezes, produzindo resultados frutíferos.

Os que fazem ciência no campo da medicina nem sempre percebem aquela dupla natureza do objeto de sua disciplina a que fizemos referência. O paradigma adotado acaba sendo o da biologia. No entanto, há que se considerar o fato de a medicina ser, em grande parte, uma técnica de intervenção. Esse fato, e a formação antes técnica que científica dos médicos, talvez explique a abrangência, por vezes bastante limitada, da explicação de fenômenos médico-sociais e de algumas das soluções de natureza social propostas. É que a visão técnica, de modo geral, implica uma concepção fragmentada do objeto. Tal fragmentação, feita com o objetivo de melhor analisá-lo para conhecê-lo, impede que esse objeto seja inserido num todo (social ou não) coerente. Como se trata de um objeto social, e de problemas sociais sob a roupagem de questões médicas, idealmente se exigiria, de quem explica e propõe soluções, a percepção do tipo de sociedade de que se trata. Por exemplo, numa sociedade como a brasileira, as possibilidades de solução são variadas em função de sua divisão em classes, estratos e grupos sociais freqüentemente opostos e até mesmo antagônicos. É inútil não levar isso em consideração, sob a alegação de que é neutra e objetiva a visão das questões médico-sociais pelo ângulo do médico (que muitas vezes se confunde com a do serviço). Também por esse prisma julgamos que seria conveniente a discussão das concepções metodológicas da sociologia para o melhor entendimento do processo saúde-doença, visto como um problema social. Entendemos que tal discussão pode contribuir tanto em termos de ciência pura como aplicada, uma vez que os dois níveis estão presentes nas questões para as quais se volta a medicina social.

Quantas vezes nos deparamos, por exemplo, com uma linha de interpretação dos fenômenos médico-sociais que praticamente desconhece o sistema social inclusivo! Estabelecem-se, por vezes, relações causais imediatas, nas quais quase não se ultrapassa o nível de concreticidade dos fenômenos, como se eles fossem transparentes. Ora, não se percebe que, nesse caso, a ciência seria pouco menos que inútil, uma vez que ela "seria supérflua se houvesse coincidência imediata entre a aparência e a essência das coisas" (Marx, 1959a, t. III, p.757). É claro que quando se tem uma visão individualista desses fenômenos, a interpretação será sociologicamente limitada, e a solução, muitas vezes, socialmente anódina. No caso da procura de prevenção, por exemplo, é possível que seus proponentes se voltem para tentativas de convencimento das pessoas para abandonarem determinados hábitos maléficos, de usarem ou ingerirem certas substâncias, de freqüentarem alguns ambientes. A proposta pode ser individualmente correta, mas é possível que a noção da dinâmica e do funcionamento do sistema social subjacente a tal interpretação seja precária. Ela supõe a idéia de que as pessoas são quase (ou inteiramente) responsáveis e conscientes de seus atos. Nessa linha de raciocínio, pessoas e grupos são vistos como podendo passar a pensar e a agir diferentemente, desde que lhes seja mostrada a inconveniência, para a saúde individual e coletiva, de determinados comportamentos e atividades. Tem-se, igualmente, uma excessiva confiança na capacidade de a legislação vir a resolver problemas médico-sociais. Assim, crê-se, segundo essa visão, que o hábito de fumar, por exemplo, poderia ser eliminado se os governos se dispusessem a desenvolver uma legislação apropriada de combate ao vício, sem outra alteração do sistema social. Nesse caso, é bastante possível que grande número de pessoas se volte para outros vícios.

Ainda que as soluções apontadas, no nível individual e mesmo coletivo, possam vir a ter algum (ou até grande) êxito, as terapias propostas baseiam-se, freqüentemente, num diagnóstico relativamente incorreto das disposições psicológicas das pessoas, das relações socioculturais envolvidas e dos interesses político-econômicos associados. A visão idealista subjacente da vida em sociedade pode levar à defesa de soluções igualmente utópicas, que, se aplicadas, poderiam até mesmo gerar males mais sérios que os supostamente extirpados. Isso porque as conseqüências objetivas das ações preconizadas poderiam ser bastante distintas e até mesmo contrárias aos propósitos perseguidos (funções latentes em face das manifestas), sem que disso se apercebam os propugnadores das soluções. Além do mais, dada essa visão linear, funcional (não-contraditória) do universo social, as propostas apresentadas acabam não tendo um "Príncipe" que as ponha em prática. Não que pensemos neste como um novo Lorenzo de Médici ao qual os também novos Maquiavéis se dirigiriam, mas como uma classe ou fração de classe que estivesse interessada e tivesse condições políticas de levar adiante os projetos de reforma.

Acreditamos que as investigações que se refiram a homens, como é o caso das levadas a efeito pela medicina (principalmente pela medicina preventiva e social), dificilmente podem deixar de considerar a sociedade específica, com um certo tipo de estratificação social, com um certo sistema de produção econômica e de distribuição de bens e serviços, na qual está se dando o processo de saúde-doença. O positivismo cientificista, dominante, ao propiciar uma interpretação que pouco ultrapassa o nível de concreticidade dos fenômenos, faz que a sociedade fique por demais presa às relações de causalidade imediatas, prejudicando o desenvolvimento de um marco teórico de mais longo alcance. Em conseqüência disso, nem as pré-noções são eliminadas, pois o investigador acaba freqüentemente transformando as normas dominantes na sociedade inclusiva (às vezes

A explicação sociológica na medicina social

dominantes em seu grupo social) em orientadoras da maneira "científica" de ver o mundo, nem a seleção de problemas e de variáveis é feita de modo a vincular uns e outras a uma teoria abrangente. O investigador, nessas condições, ao partir de observações dos fatos para buscar relações entre eles, vê-los-á conforme a ideologia dominante. Verá alguns fatos mas não outros, buscará pesquisar alguns temas, mas não outros. Na verdade, duas falhas podem confluir no caso dos pesquisadores a que estamos fazendo referência: a falta de um marco teórico suficientemente abrangente e aquela visão linear do universo social, idealista e utópica, que o percebe como se nele inexistissem contradições e conflitos de classe, interesses antagônicos etc. Evidentemente, as duas coisas andam juntas, de modo geral. O fato é que tais pesquisadores não conseguem dar sentido, científica e socialmente construtivo, às relações que encontram. Ficam facilmente no nível do observado, da aparência, sem chegar a aprofundar os porquês.

Em suma, os dois instrumentos são fundamentais ao pesquisador: o metodológico e a concepção geral do mundo. Como teremos oportunidade de discutir na conclusão, pode haver aproximação entre os três métodos de interpretação que analisaremos, em termos de princípios gerais norteadores, embora a concepção do social seja diversa (com as ressalvas que faremos). Independentemente da concepção geral do mundo possuída pelo investigador, é para nós evidente que todos os que lidam com fenômenos médico-sociais têm necessidade de fazer uso de um modelo de explicação específico para entender a ação dos fatores extra biológicos no processo saúde-doença. Os fatores socioeconômicos e culturais podem, muitas vezes, ser determinantes na produção de ambas as condições (saúde ou doença). Assim sendo, aqueles que militam na área da medicina social (e também preventiva, bem como em outros campos da medicina mais ligados ao bem-estar coletivo) devem se preocupar em se esclarecer a respeito dos métodos de explicação oferecidos pela sociologia. Seu conhecimento poderá até mesmo indicar inovadoras possibilidades de intervenção. Mas sejamos cautelosos: o conhecimento de dada metodologia não implica, necessariamente, tornar quem a domina capaz de criar em ciência. Esse é um tipo de saber que não se ensina, uma vez que a invenção científica pertence a outros níveis da realidade psicossocial. Também é preciso enfatizar que a metodologia deve servir sempre de instrumento construtivo, nunca de impedimento, como por vezes ocorre quando a cautela metodológica é levada a extremos. A respeito disso, Bourdieu et al. (1975) fazem uma referência adequada e interessante: a de que a obsessão nesse campo faria "pensar nesse enfermo do qual fala Freud, que dedicava seu tempo a limpar os óculos sem pô-los nunca" (p.17).

Quanto à concepção do social, julgamo-la contribuir também, decisivamente, para a apreensão das razões sociais de por que a enfermidade não afeta em igual proporção todos os indivíduos como seres biológicos. De modo geral, os sociólogos não-positivistas têm uma percepção clara de que dificilmente, em ciência, não se é orientado por uma ideologia. O que procuram é expor sua tomada de posição e, ao mesmo tempo, tentar controlar os possíveis vieses, alicerçando suas conclusões nos dados de fato. Mas a ciência contém sempre elementos ideológicos, da mesma forma que a ideologia (pelo menos a que chega a convencer pessoas inteligentes) contém elementos científicos. Apenas as proporções são diferentes. Por isso é que podemos dizer que nossa compreensão da forma de viver desigual dos homens, que os leva a adoecer e a morrer de maneira desigual, estabelece, fundamentalmente, um modo de produção que gera relações sociais que produzem e reproduzem a vida social de uma forma tal que determina divisões substantivas entre os homens. Daí porque, em nosso entender, eles adoecem e morrem não só por motivos distintos, como em diferentes momentos de suas vidas.

A explicação sociológica na medicina social

Finalmente, um lembrete que não é necessariamente uma desculpa. Os assuntos de que trataremos nesta obra não são, exatamente, os de nossa especialidade, voltados que estivemos, durante muitos anos, para o conhecimento do processo de industrialização no Brasil e temas correlatos, como política econômica e história econômica do país. Ocorre que, como sociólogo do Departamento de Medicina Social, fomos transformados, num processo que, nem sempre, nós e nossos colegas nos demos conta, em homens dos sete instrumentos, que deveriam ter razoável conhecimento de várias disciplinas da sociologia, especialmente das concepções metodológicas nela existentes. Isso, na verdade, não nos desagradou. Sempre fomos avessos a especializações (ainda que a carreira acadêmica, hoje, as imponha). Isso, talvez, em decorrência do fato de que nossos modelos de professores, no final da década de 1950 e princípio da de 1960, na antiga Faculdade de Filosofia da USP, na rua Maria Antônia, eram homens de conhecimento enciclopédico (para lembrarmos apenas alguns: Florestan Fernandes, Sérgio Buarque de Holanda, Mario Schemberg, Antonio Candido). O fato, pois, de não sermos, estritamente, um epistemólogo, um filósofo da ciência, um especialista em sociologia do conhecimento ou um metodólogo no campo da sociologia, mas um generalista, talvez tenha sido a grande razão para nos termos lançado na realização deste trabalho. Em face disso, não se deve esperar inovação ou originalidade, mas uma honesta tentativa de sistematização do conhecimento na área em discussão. Apesar disso, e por isso mesmo, esperamos que este livro contribua eficazmente para o esclarecimento de muitos daqueles interessados nas questões abordadas e que militam nas áreas de medicina social (aos quais esta obra é especificamente dirigida) e nas de ciências sociais e assemelhadas.

1
A propósito da atividade
e da explicação científicas

Questões de investigação

O desenvolvimento de métodos de investigação adequados é fundamental para o avanço das ciências. As ditas ciências naturais, entre as quais a física e a química, principalmente, expandiram-se bastante com base em novas técnicas para obter, medir e organizar dados. A indispensabilidade de tais métodos não os faz, contudo, garantir por si sós a expansão substantiva do corpo teórico da ciência. Apesar disso, muitos pesquisadores assim parecem crer. Ao exagerarem sua importância, acabam limitando sua compreensão do que seja método científico: este ficaria restrito, sobretudo, à elaboração de procedimentos técnicos. O viés representado por essa ênfase é, por sua vez, decorrente de outro, que se firma na concepção de que só os fenômenos passíveis de mensuração mais ou menos acurada interessam à ciência ou podem ser objeto de investigação científica. Isso, freqüentemente, produz um completo descaminho da pesquisa, que se traduz na preocupação, por parte de certos "cientistas", de se dedicarem a medir, com cada vez maior precisão, variáveis e fenômenos de pouco ou nenhum significado teórico, ou mesmo prático. Em tais casos, de modo geral, eles se descuram da inserção de seus achados numa teoria.

Ora, só quando a investigação é balizada por um marco teórico é que os investigadores procuram, por meio de sua pesquisa, objetar, completar ou substituir o paradigma adotado, dando-lhe assim maior cientificidade. Nos casos já mencionados, porém, de preocupação quase exclusiva com a investigação, predomina a noção de que científico é aquilo que é apresentado sob forma quantitativa. Em certos círculos leigos (e mesmo científicos), tal noção se tornou tão arraigada, que se crê que "os argumentos e explicações apresentados sob roupagens quantificadas... (seriam) corretos ou mais corretos do que os *apenas* qualitativos" (Pereira, 1981a). Em conseqüência, entre os muitos cientistas excessivamente influenciados por tal visão, prevalece uma preocupação demasiada com a possibilidade de quantificar fenômenos e relações que, às vezes, não são necessariamente captáveis por essa forma. É o caso das relações sociais em geral, de fenômenos ideológicos (como a religião), de posições políticas e de várias outras características do sistema social. Mas é também o caso de variáveis como a dor, o grau de morbidade, a contribuição de serviços (médicos, por exemplo) para a melhoria da qualidade de vida. Como medir essa melhoria? Por meio de indicadores como a renda *per capita*, coeficientes de mortalidade, de hospitalização etc., ou por meio de variáveis qualitativas, como o grau de satisfação da população envolvida?

Não é raro, também, que os cientistas do tipo que estamos criticando, em vez de se preocuparem com o objeto da medição e o grau desejável e legítimo desta, sejam tomados pela obsessão da decimal. A tais pesquisadores poder-se-ia aplicar uma piada de Bachelard, referida por Bourdieu et al. (1975): ele "está seguro da terceira decimal; é sobre a primeira que tem dúvidas"

A explicação sociológica na medicina social

(p.22-3 e nota 15). A medicina, exemplificando, de maneira parecida com as ciências sociais, tem muitos problemas relativos às verbalizações. Seus pesquisadores, muitas vezes, quando procuram ouvir os sujeitos, não têm outros dados além de verbalizações. Se as tomam como tendo significados unívocos, sem se preocupar com os aspectos subjacentes a elas, evidentemente poderão incorrer em erros graves. No entanto, às vezes, voltados para a necessidade obsessiva de chegar à decimal, esquecem-se de que as respostas às suas perguntas não podem ser tomadas como algo transparente; que elas variam segundo os interesses dos sujeitos respondentes; que elas dependem do conhecimento deles acerca das questões de fato envolvidas, e até do entendimento, em termos de comunicação, da pergunta feita. E assim por diante.

Pensemos no caso, por exemplo, de verbalizações dos pacientes a respeito de seu estado de saúde, do que sentem, da maior ou menor gravidade de sua enfermidade, da intensidade de sua dor etc. É claro que as variáveis assim obtidas são, quando muito, semiquantitativas. Contudo, não é incomum a preocupação, por parte de pesquisadores bisonhos, de chegarem à decimal – e até de aplicarem testes estatísticos refinados, mas inadequados. Tais pesquisadores não percebem que, se os dados brutos não são passados pelo necessário tratamento crítico, de modo a expurgá-los de "impurezas", eles se tornam inconvenientes à investigação científica propriamente dita. Em outras palavras: se o pesquisador não elabora interpretativamente seus dados, ele os toma praticamente como reflexo da realidade. Ora, sem esse tratamento, a reconstrução empírica da realidade torna-se precária, podendo a própria acumulação de dados acabar se tornando um obstáculo a ser superado. Os dados precisam ser, pois, reconstruídos, de maneira que suas propriedades e reais condições de manifestação se tornem claras. Só assim eles estarão em condições de ser manipulados pelo pensamento científico (cf. Fernandes, 1959b).

É patente, no nosso entender, que questões aparentemente menores, como essas, com freqüência não são levadas a sério por pesquisadores de todas as áreas científicas (inclusive das sociais, as quais, talvez apenas por possuírem paradigmas diferentes, obrigam, mais que outras, à discussão mais constante de problemas de natureza metodológica); o que dizer, então, de questões mais relevantes! Referimo-nos, especialmente, ao fato de a ciência, do ponto de vista metodológico, ser tomada, em número excessivo de vezes, como significando praticamente a realização do que chamaríamos trabalho técnico de pesquisa. Ou seja, a preocupação com os chamados métodos de investigação sobrepujaria, e muito, o trabalho propriamente científico de criar e explicar. Não há dúvida de que esses métodos (como já deixamos claro) são fundamentais para o avanço científico e que, em razão de uns serem mais adequados que outros, conforme a ciência, exigem também a aplicação do raciocínio científico. É certo que, por meio de procedimentos específicos, o pesquisador poderá obter e ordenar melhor seus dados, a fim de manipulá-los tanto lógica como estatisticamente.

A variação das operações para obter os dados (apesar de os fundamentos que os orientam serem os mesmos) patenteia-se, no caso de ciências como as sociais, as quais, praticamente, só permitem a observação, em face de outras ciências, como a física e a química, que permitem amplamente o uso da experimentação. Mas observação e experimentação não são procedimentos tão profundamente diversos, como muitos pensam. A principal diferença, talvez, esteja em que a experimentação é uma observação controlada (freqüentemente em laboratório). Sua característica particular é que, nela, se podem afastar variáveis intervenientes. Nas condições normais de produção do fenômeno, tal afastamento não é possível. É evidente que não se pode examinar laboratorialmente relações ou processos sociais. Da mesma forma, muitos dos fenômenos pelos quais a medicina se interessa dificilmente podem ser examinados de maneira isola-

A explicação sociológica na medicina social

da, fora da riqueza de determinantes da totalidade na qual eles se manifestam. Essa variabilidade de produção dos fenômenos que constituem o objeto das diferentes ciências é que faz que haja um contínuo e, muitas vezes, fértil desenvolvimento de técnicas (ou métodos) para melhor captá-los, de modo a poderem ser analisados cientificamente. Tal desenvolvimento é produtivo para as várias ciências na medida em que, inclusive, torna possível o aproveitamento mútuo dos resultados conseguidos, adaptando-os ou ajustando-os aos requisitos específicos de cada uma.

O desenvolvimento de técnicas ou métodos de investigação, de modo a sistematizar a coleta dos dados e ordená-los racionalmente para a realização da análise, não é tudo, porém, no processo de avanço das ciências. Também, ao contrário do que dizem muitas histórias sobre seu progresso (é o caso, principalmente, das ciências físicas, químicas e naturais, inclusive da medicina), elas não avançaram especialmente em decorrência de observações felizes. Tais histórias dão uma impressão falsa de como se faz ciência, pois relacionam o avanço à argúcia de alguns homens célebres, que cultivaram a disciplina. Contrariamente ao que os leigos possam pensar, e inclusive muitos cientistas, se um investigador vê alguma coisa que outro não foi capaz de notar, é porque ele foi altamente treinado para perceber fatos inusitados, estabelecer relações e chegar a conclusões que o leigo ou o investigador, não só menos treinado, mas sobretudo com um conhecimento teórico menos aprofundado da matéria (ou seja, menos capaz), não chegará (apesar de ter até podido observar a mesma coisa).

O que ocorre é que tais homens tinham (ou têm, no caso dos contemporâneos) uma formação teórica suficientemente ampla para notar um fenômeno contraditório em relação a um determinado modelo. Até mesmo por intuição (mas alicerçada naquele conhecimento prévio), eles são capazes de elaborar uma nova teoria ou reelaborar a anterior, bem como criar os procedimentos técnicos necessários e adequados para realizar a devida verificação. Exemplificando: certa vez, Claude Bernard observou casualmente coelhos cuja urina era ácida e clara como a dos carnívoros, em vez de turva e alcalina como a dos herbívoros. Surgiu-lhe uma hipótese: a de que coelhos em jejum (como os demais herbívoros) alimentam-se de suas próprias reservas, como se fossem carnívoros. Verificou-a e os resultados a comprovaram, de modo que pôde, assim, enriquecer o conhecimento da fisiologia. Da mesma forma, o dentista que conseguiu perceber as propriedades anestésicas do gás hilariante, introduzindo-o nas atividades cirúrgicas, foi levado a notar tais propriedades em razão de seu tipo de trabalho. Foi sua experiência profissional que lhe sugeriu a possibilidade de tal gás constituir um anestésico. Verificada a hipótese, ela é provada correta. E assim, outros exemplos poderiam mostrar que a observação feliz, da qual se tira uma conseqüência teórica e prática importante para a ciência, é realizada por homens com tirocínio suficiente para perceberem todo o seu significado.

A questão da interpretação

Se há métodos de investigação que são mais apropriados para determinadas ciências que para outras, igualmente os métodos de interpretação devem ser adequados aos objetos de que elas tratam. Por exemplo, no caso específico da medicina, cujo paradigma interpretativo é sobretudo o da biologia, suas explicações, na maioria das vezes, são teleológicas (finalistas ou funcionalistas). Os processos e fenômenos vitais ocorrem segundo as regras físico-químicas, mas tendo como função a manutenção do equilíbrio dos organismos (a meta). Diferentes são, por sua vez, as explicações comumente alcançadas na física e na química, do tipo genético, estatístico e funcional, consideradas freqüentemente de alcance científico mais elevado apenas pelo fato de poderem ser mais facilmente expressas numericamente.

A explicação sociológica na medicina social

Tais explicações são as seguintes: 1) um antecedente provoca necessariamente um conseqüente em condições bem determinadas (genética); 2) dado um grande número de casos, determinado fenômeno ocorrerá com determinada freqüência (probabilística ou estatística); 3) há uma relação constante, em termos de dependência e grandeza, entre duas variáveis (funcional).

Todas essas explanações têm o mesmo caráter de cientificidade. Como, no entanto, há aquele preconceito "científico" de conceder valor mais alto a determinados tipos de explicações, às vezes se procura, incorretamente, transplantar modelos de uma ciência para outra, em razão de alguma analogia. Tal procedimento é cientificamente (logicamente) perigoso quando a transposição não se ajusta ao caráter da ciência que está recebendo o empréstimo, apesar da aparente semelhança de dinâmica e funcionamento dos respectivos objetos. Na verdade, se as várias ciências não tivessem objetos com especificidades bem definidas, não seriam diferentes nem usariam métodos próprios. No caso da sociologia, por exemplo, foi desastrosa, ou pelo menos pouco produtiva cientificamente, a adoção inicial de procedimentos metodológicos da física, e posteriormente da biologia (neste caso porque a sociedade foi vista como sendo análoga a um organismo). Como resquício disso, há não só termos (dinâmica e estática sociais, lembrando a física, como morfologia e fisiologia sociais, neste caso recordando a influência da biologia), mas a tendência de buscar respostas organicistas, como se todas as atividades sociais existissem para a realização de tarefas vinculadas a ou derivadas de necessidades vitais.

A questão da interpretação científica diz respeito também ao seu nível de profundidade e alcance. Ou seja, há pesquisas em que ela não ultrapassa o nível imediato e transparente da produção do fenômeno. Em outros casos, porém, quando estamos diante de pesquisadores de elevado porte científico, teremos um nível de explicação aprofundado, porque o autor se preocupa com as relações mediatas e com a totalidade na qual os fenômenos que investiga se inserem. Em tais casos, é claro, ele os está vinculando a uma teoria de longo alcance. As interpretações mais superficiais geralmente estão vinculadas a uma visão reducionista do conhecimento científico, segundo a qual, a fragmentação do objeto é o melhor caminho para dar conta da extrema riqueza e diversidade da realidade a ser conhecida.

Não há dúvida de que a análise é necessária em qualquer investigação científica. O que se põe em questão, porém, é a relevância científica da tendência de chegar-se, no caso de tais pesquisas, por via analítica, a fragmentos ínfimos do real, bem como a conceitos cada vez mais simples, perdendo-se, ao mesmo tempo, a noção do todo. Ou seja, o que se questiona é o não-regresso, pela via sintética, ao concreto do qual se partiu, de modo a reproduzi-lo em toda sua riqueza de determinações. Nessa contenda entre reducionismo e holismo, julgamos ser este último, de modo geral, a via cientificamente mais produtiva. Entendemos que, se a noção do todo não se perde, mesmo que nos procedimentos analíticos o investigador seja incapaz de apanhar os antagonismos e contradições porventura existentes na realidade estudada, ele estará em melhores condições que o reducionista para fazer boa ciência. Este, apesar de ser um exemplo muito em voga de cientista, ao se dedicar a conhecer cada vez mais uma porção cada vez menor da realidade, pode acabar sem condições de entender plenamente o significado científico de seu próprio trabalho. Somente um outro pesquisador, que situasse tal trabalho num modelo global (teórico) da realidade investigada, poderia dar-lhe aquele significado. A dificuldade com que nos deparamos é que, até mesmo por necessidades da carreira acadêmica, estamos tendo cada vez mais um número menor de pesquisadores capazes de tal realização.

Na verdade, as respostas a qualquer questão de natureza científica dependem de quais perguntas foram feitas e da sucessão dos *porquês*. Alguns pesquisadores, por exemplo, mesmo não tendo formação teórica aprofundada, são capazes, depois de

A explicação sociológica na medicina social

formuladas suas hipóteses e de obterem a confirmação de alguma delas, de seguirem adiante, aplicando o mesmo tipo de explicação que haviam usado antes (genético ou funcional, por exemplo). Contudo, tal feito ocorre, sobretudo, quando as perguntas anteriormente formuladas estavam amparadas por uma teoria de médio ou longo alcance a respeito das relações verificadas. Mesmo quando não é o caso, é sempre possível, quando se trata de investigador criativo e imaginativo, cuja curiosidade é aguçada, que esse tipo de pesquisador construa uma teoria explicativa que inclua outros fenômenos relacionados aos investigados, a partir dos princípios científicos já conhecidos. É certo que os cientistas, em seus trabalhos, não fazem necessariamente referência aos modelos teóricos dentro dos quais suas pesquisas se situam e que dão relevância científica a elas. Contudo, é freqüente, em áreas em que predomina a formação técnica dos pesquisadores, alguns deles tomarem a nuvem por Juno, a deusa romana que por vezes assim manifestava-se. Ou seja, sem conhecerem as teorias e os modelos nos quais estão ancoradas as pesquisas das ciências básicas que tomam por paradigma, acabam limitando-se, simplesmente, à busca de relações entre variáveis, sem entenderem completamente o sentido e o significado teórico das variáveis procuradas por aqueles outros pesquisadores, com formação teórica mais aprofundada (no sentido de possuírem um marco teórico que dá significado às relações que encontram entre as variáveis que investigam).

Quando os investigadores não possuem essa formação, é comum quererem transferir a responsabilidade da explicação para outros especialistas, sobretudo para os estaticistas. Em especial aqueles de formação positivista (a que nos referimos no início, em que é muito salientada a importância da descoberta de relações quantitativas entre as variáveis) é que se voltam para a estatística e para aqueles que dela se ocupam, como se uma e outros lhes pudessem fornecer a explicação de que precisam. Desconhecem que a estatística é um instrumento de pesquisa, dos mais relevantes, sem dúvida, mas não necessariamente o mais substantivo. Não lhes importa se os dados foram mal colhidos, se a amostra não é significativa, se as mensurações efetuadas estão incorretas etc. A estatística e seus analistas transformam-se, aos seus olhos, no "abre-te Sésamo" capaz de abrir todas as portas – neste caso, de resolver todas as suas dificuldades. Não percebem que os obstáculos não estão onde procuram, mas em seu desconhecimento do assunto e, mais ainda, da ciência na qual ele se situa. Sendo assim, tais pesquisadores podem até mesmo ser incapazes (como já indicamos) de dar significado às relações (ou à falta delas) encontradas entre as variáveis que estudam.

Em outras palavras, nem sempre os investigadores desse tipo se dão conta de que é praticamente impossível um avanço marcante na ciência sem que as investigações e interpretações sejam orientadas por uma teoria de natureza epistemológica, de como encarar o objeto e o sujeito e suas relações recíprocas, de como as hipóteses surgem freqüentemente tendo por base uma teoria ou um conjunto delas, de como o fato científico não é um fato bruto, mas já devidamente peneirado, passado por um crivo, de modo a ser manipulado como um fenômeno científico. Entendemos que o esquema interpretativo representa, com a teoria que guia a proposição das hipóteses e as conclusões, os dois momentos ou pontos fundamentais da investigação científica. De maneira geral, na verdade, ambos, esquema e teoria, estão intimamente associados, o que não impede que haja teorias, sociológicas pelo menos, que aparentemente se desenvolveram à margem das três grandes orientações interpretativas existentes nessa ciência. De qualquer modo, esquema interpretativo e teoria (intimamente vinculada ou não ao esquema), mais os procedimentos técnicos adequados, são fundamentais. É claro para nós que, sabendo disso, o investigador deve possuir uma visão geral do mundo suficientemente ampla e coerente para dar significado maior ou completo aos achados que realiza.

A explicação sociológica na medicina social

Teorias

Aqui estamos entendendo a teoria como uma construção mental (idealizada, portanto), que procura representar a estrutura e o funcionamento de um sistema, ou parte dele (físico, químico, natural, social etc.), com maior ou menor complexidade, e que almeja, nessa representação, indicar os elementos relevantes desse sistema que lhe dão significado e especificidade. Como construção mental, uma teoria se refere, normalmente, a entes e relações não-observáveis diretamente (isso tanto nas ciências físicas como nas sociais). No entanto, desde que a pesquisa é realizada com base em entes e relações observáveis, as hipóteses são elaboradas a partir de deduções de conseqüências ou resultados que permitam a observação ou manipulação laboratorial – experimental – (cf. Hegenberg, 1965). Variará o modo como os diferentes métodos de investigação disporão, ordenarão e sistematizarão os dados, e como procederão para buscar relações causais, probabilísticas, funcionais, dialéticas etc. Neste ponto, estamos entendendo, como se percebe, uma situação em que a teoria precede a investigação. Diga-se de passagem que a dedução foi o método usado por Einstein na elaboração da sua teoria da relatividade.

> Seu método consistia unicamente em procurar uma teoria harmoniosa, do tipo que a própria natureza escolheria. Seu trabalho baseava-se inteiramente na idéia do que a natureza deve ser, e não na necessidade de levar em conta alguns resultados experimentais. (Dirac, 1979)

É claro que, para trabalhar assim, é preciso ser gênio, como o era Einstein. Mas hoje, da mesma forma, a ciência freqüentemente procede pelo caminho dedutivo, ao contrário dos tempos heróicos da ciência renascentista e moderna, em que se formulavam leis mostrando relações funcionais depois de uma intensa observação dos fatos, sem que se descobrissem as causas dessas relações nem se chegasse a estabelecer uma teoria de conjunto para elas. A lei surgiu, historicamente, pois, antes das teorias, se bem que não se possa dizer, a rigor, que inexistisse uma teoria orientando a observação dos fatos. As teorias, nesses termos, foram, e ainda são, construções ideais englobando um conjunto de leis. Hoje, contudo, suas funções adquiriram relevância maior, no sentido de constituírem princípios orientadores da pesquisa, ao oferecerem um esquema conceitual que o investigador considera (como suposição) adequado para examinar determinada realidade. Porém uma teoria não é um modelo de explicação, embora mantenha com ele estreitas relações.

Sintetizando, as teorias, em geral, são uma representação mental de como se manifestam e se relacionam fenômenos e processos (entes) não necessariamente observáveis. Do funcionamento do sistema representado se pode deduzir, contudo, fatos observáveis. Aos métodos de investigação cabe encontrar procedimentos (técnico-científicos) que permitam a sua verificação, cuja existência e forma de manifestação supomos prováveis, desde que a teoria seja correta. Na verdade, ao verificarmos a correção de nossa hipótese, validamos a teoria apenas no sentido de que não a refutamos (é admitida provável), não no sentido de julgá-la como plenamente confirmada.

O fato científico

O começar a investigação pela mera observação dos fatos, por serem as coisas observáveis aquelas às quais realmente temos acesso por meio dos sentidos ou de suas extensões, além de todos os defeitos do procedimento já mencionados (entre outros, guiarmo-nos, nas observações, pelos preconceitos dominantes na sociedade ou em nosso grupo, aleatoriedade ao processo de investigação, elaboração de hipóteses superficiais

A explicação sociológica na medicina social

ou de alcance muito curto, dificuldade de estabelecer teorias), faz-nos deparar sempre com fatos brutos. São eles que se apresentam imediatamente à nossa consciência; mas, antes de qualquer elaboração, não aproveitam necessariamente a investigação científica. É que, de modo geral, a ciência não lida com fatos como se fossem coisas, mas sim com fenômenos.

Estes é que constituem fatos científicos, ou seja, fatos ou dados analisados, interpretados, considerados em seus elementos abstratos e, outras vezes, em sua especificidade. Por isso, dizia Claude Bernard, que "um fato, por si mesmo, não é nada: vale apenas pela idéia que a ele se prende" (Cuvillier, 1961, verbete *fato*). Ora, muitos pesquisadores, dado seu treinamento, tendem à reificação, à coisificação dos fenômenos. Isso pode trazer como conseqüência, às vezes, uma certa dificuldade de pensar de modo abstrato, e de perceber que a ciência só lida com conceitos, não com fatos brutos; que qualquer coisa só vale pela idéia que dela fazemos, como nos ensinou Claude Bernard. Os fatos científicos têm significado porque deles temos um conceito, uma idéia abstrata, elaborada, de forma que, por meio do pensamento, retiramo-los da massa caótica em que se nos apresentam, podendo relacioná-los com a idéia geral (Goode & Hatt, 1960, *passim*). Nesse sentido, uma mesa, uma árvore, constituem um fato na medida em que somos capazes de relacionar o que vemos ou sentimos à idéia geral, ao conceito de mesa e de árvore.

Leis científicas

Qualquer que seja a direção que adotemos na realização da investigação, seja na dos fatos científicos para a teoria, seja na desta para a busca dos fatos pertinentes, sempre temos presente que os fenômenos se relacionam intimamente entre si. Só fazemos ciência, na verdade, por acreditarmos que exista um determinismo universal, que existam *leis*, ou seja, supomos que haja uma certa ordem na maneira de os fenômenos se manifestarem. Caberia aos homens (de ciência, principalmente) tentar conhecer essa ordem e as relações necessárias entre os fenômenos. Nesse sentido é que se pode dizer que uma *lei* é "o enunciado de uma relação constante entre fenômenos ou elementos de um fenômeno" (Cuvillier, 1961).

Esta é, ainda, uma definição por demais absoluta (apesar da aceitação do determinismo) porque há sempre um elemento de incerteza na produção do fenômeno, uma vez que, dificilmente, poderemos conhecer toda a multiplicidade de elementos envolvidos na relação. Hoje, em conseqüência, há a tendência de se conceberem as leis como probabilísticas, não como certezas absolutas. Dizemos que o sol nascerá amanhã, certamente, porque a probabilidade de que esse evento não se produza é incomensuravelmente pequena. Entretanto, não podemos deixar de considerar a possibilidade de tal hipótese, se forem dadas determinadas condições. Sem que concebêssemos o mundo como sujeito a leis, não existiria, pois, a ciência, uma vez que teríamos de nos limitar a estabelecer relações entre fatos que se produziriam aleatoriamente ou entre fatos únicos. Ora, ciência de fato único não existe. Ainda que a história se volte para o estudo de fatos que são irrepetíveis, há uma certa ordem na sua sucessão, quando os examinamos como massa. Na verdade, se a física lidasse com elétrons isolados, o físico perceberia que, de per si, eles não se movimentariam exatamente como a teoria afirma. Mas, nas quantidades em que são estudados, a lei se manifesta em sua inteireza. Portanto, só tendo por assentado que as coisas não acontecem por acaso, que há regularidades as quais cabe à ciência descobrir, torna-se possível a existência desta.

No caso dos acontecimentos humanos, porém, as coisas são um pouco diferentes, uma vez que os homens não são inteiramente determinados; eles têm vontade. A sociedade tem uma história; globalmente considerada, possui descontinuidades; há

A explicação sociológica na medicina social

especificidades próprias a cada cultura e sociedade que, não consideradas, invalidariam quaisquer generalizações. A volição dos homens, ainda que limitada, por estar condicionada e mesmo determinada pelas situações anteriores e pelas condições exteriores, existe. Dado que o homem faz a história, é seu autor, não cabe lidar com o social da mesma maneira que o físico lida com seu objeto. Ao desprezar esse fato, os que trabalham cientificamente em áreas de fronteira com o social podem incorrer em erro. Por isso, é preciso levar em conta que o determinismo, ainda que presente, não se aplica aos homens socialmente considerados, como se eles fossem organismos biológicos ou elementos físico-químicos. Conseqüentemente, a noção de lei social é muito mais restrita nas ciências sociais. Nelas, essa noção aparece como sendo mais vaga, quando, na realidade, o que se dá é que as leis sociais são históricas, portanto, mutáveis, conforme se alteram principalmente as relações sociais de produção.

O processo de construção da ciência

A ligeira referência que fizemos antes ao desenvolvimento da ciência por via de um processo dedutivo não quer dizer que, de modo geral, o edifício da ciência não tenha sido construído por via indutiva. Nesse caso, chega-se, por exemplo, à formulação de teorias que exprimiriam relações de algum tipo entre fatos ou leis, depois de ambos já serem conhecidos. O conceber-se uma idéia geral dessas relações, estabelecendo-se uma explicação racional para elas, é tido, muitas vezes, como assunto estreitamente relacionado à esfera psicológica. É preciso que se atente, porém, para o fato de que, mesmo havendo intuição, ela não surge no vazio, pois tem por base o conhecimento, freqüentemente aprofundado, que os cientistas que formulam as teorias têm do respectivo assunto. De qualquer modo, a elaboração de uma teoria representa atingir um nível de elevada complexidade no processo de construção da ciência.

Em geral, o que ocorre é que a ciência avança por meio de transformações no modo anterior de compreender as relações entre fenômenos. Mas por que elas ocorrem? O que se pode observar é que tais transformações estão, muitas vezes, estreitamente ligadas às mudanças nas condições materiais de vida; portanto, também estão ligadas ao surgimento e à solução de problemas técnicos. A mudança processa-se como um todo. Conseqüentemente, há, da mesma maneira, alterações nos quadros mentais das pessoas. Essas mudanças permitem aos cientistas entrever, especificamente, não só respostas novas para as antigas questões, mas (o que talvez seja mais significativo) também os tornam capazes de formular novas perguntas. Em outras palavras, é praticamente impossível querer dissociar o processo de avanço da ciência do conjunto de transformações da vida histórico-social. Como diz Goldmann: "Toda tentativa (de) estudar, num nível sério, a história de um problema, conduz necessariamente o pesquisador a colocar para a época que o interessa, o problema da história em seu conjunto" (1973, p.9-10).

Seja como for, a passagem da lei à teoria, sobretudo quando esta consegue explicar fenômenos e relações aparentemente díspares, representa uma das mais complexas tarefas do cientista e é um dos tipos de conhecimento não-ensináveis. Em termos estritamente psicológicos, eventualmente alguns possuam essa capacidade em proporção maior que outros. Mas normalmente, a elaboração de teorias é realizada por cientistas que têm conhecimento aprofundado do assunto, maturidade (científica, o que não implica, necessariamente, maturidade cronológica), treinamento e, certamente, intuição. É por isso que Popper, por exemplo, considera que tal problema não diz respeito à metodologia científica e, talvez nem mesmo à epistemologia, uma vez que não se trataria de uma questão lógica, mas psicológica. Entre outras coisas, diz ele sobre o assunto:

A explicação sociológica na medicina social

O estágio inicial, o ato de conceber ou inventar uma teoria, parece-me não reclamar análise lógica, nem ser dela suscetível. A questão de saber como uma idéia nova ocorre ao homem... pode revestir-se de grande interesse para a psicologia empírica, mas não interessa à análise lógica do conhecimento científico. (1975, p.31)

Afirma ainda que, se quisermos reconstruir os passos que levaram o cientista àquela idéia, em termos de "processos envolvidos na estimulação e produção de uma inspiração", ele (Popper) se recusaria a considerar essa reconstrução "como tarefa da lógica do conhecimento" (p.32). Para se perceber quanto essa é uma tarefa difícil e às vezes impossível, o próprio Einstein não conseguia explicar constructos que o levaram a idealizar a teoria da relatividade. Por isso ela foi muito criticada: não se baseava na "objetividade". Deploravam seus críticos que Einstein houvesse se perdido na metafísica. Em verdade, para formular teorias como as suas, "era preciso ter (e existe hoje uma tendência a esquecer esse fato) uma extraordinária confiança em diversas pressuposições que não eram de modo algum evidentes" (Thuillier, 1979).

Verificabilidade da teoria

Na verdade, o que interessa à ciência é menos o modo como surge uma inspiração, ou os passos racionais que levam um cientista à elaboração de uma teoria, e mais o fato de que, para ter validade científica, tal teoria há de ser justificada, provada, verificada e, além do mais, ter averiguada a inexistência de outras proposições que possam contradizê-la. A verificabilidade de uma teoria, entendida sobretudo como possibilidade de refutabilidade, é essencial para que ela adquira foros de cientificidade. As teorias permitem a verificabilidade, seja diretamente, ao estabelecerem determinadas relações que poderiam ser observadas por meio de metodologia adequada, seja indiretamente, quando, por procedimentos dedutivos, determinam-se as conseqüências da teoria passíveis de verificação. Se tais conseqüências não se verificarem, dadas as condições postuladas pela teoria, esta é refutada. Poderá ser abandonada ou alterada. É possível, ainda, que a teoria, neste último caso, em se tratando da esfera social, fosse explicativa de uma realidade que já se alterou, situação que é de ocorrência normal, no caso das ciências sociais, que se referem a uma realidade histórica e, portanto, em constante mudança. Nesse caso, as condições não seriam mais as mesmas.

O princípio básico, porém, é sempre que a prova de uma teoria é a prática. Como dizem os ingleses: *The proof of the pudding is in eat it* (Prova-se que o doce é bom comendo-o). Todos os sistemas filosóficos que postulam a existência do mundo além das consciências individuais concordam com isso. A questão foi bem colocada por Marx na famosa tese II sobre Feuerbach: "O problema de se se pode atribuir ao pensamento humano uma verdade objetiva não é um problema teórico, mas um problema *prático*. É na prática em que o homem deve demonstrar a verdade, isto é, a realidade e o poder, a terrenalidade do seu pensamento. A disputa em torno da realidade ou irrealidade do pensamento – isolado da prática – é um problema puramente escolástico". Qualquer teoria não-refutável deve ser considerada *acientífica*, ainda que isso não signifique que ela seja incorreta. Apenas não entra no âmbito da discussão daquilo que se entende por ciência. Tomemos dois exemplos: a teoria da relatividade e a psicanálise. A primeira postula alguns resultados, observáveis na prática, para que se mantenha. Sustenta, por exemplo, que a luz se desviaria na presença de grandes massas. Já a psicanálise não determina exatamente como poderia ser refutada, sendo pois acientífica, ainda que possa ser perfeitamente correta. Por exemplo, ela sustenta a existência de complexos como o de Electra e o de Édipo. Caso tenha-se ódio da mãe (ou do pai), ela é confirmada. No entanto, caso contrário, não é refutada, porque a teoria indica que, no caso, há uma racionalização (cf. Hegenberg, 1956, p.80).

A explicação sociológica na medicina social

Os cientistas estão sempre procurando conseqüências observáveis de uma teoria, visando, de um lado, confirmá-la e, de outro, refutá-la, sendo o segundo objetivo mais significativo para a ciência. De certa forma, a atividade científica lembra um pouco a montagem de um quebra-cabeça, no qual estão faltando peças que é preciso encontrar. Nessa determinação, entendemos que será grande a importância da concepção do todo que se tenha. Possuindo-se uma idéia, ainda que simplificada, da configuração do conjunto, é possível que seja necessário um menor número de tentativas (e de fracassos) para se chegar a um resultado cientificamente positivo. É possível também que muitos cientistas, com freqüência, insistam em demasia numa determinada linha de solução dos problemas porque, pela pressão psicossocial de sua formação, tornam-se incapazes de entrever outra. Por isso mesmo, os grandes momentos de avanço científico correspondem a uma ruptura com modos de pensar anteriores. Esses momentos, que levam a uma reestruturação das teorias, à solução de problemas antigos e ao surgimento de uma série de novos, geralmente coincidem, como já notamos, com mudanças estruturais ocorridas no âmbito da sociedade. Esses períodos de rupturas e de cortes epistemológicos são os mais notáveis da história da ciência porque, neles, ganham outras dimensões (epistemológicas e sociais) uma série de questões teóricas e práticas. São nesses momentos que muitas delas passam a ser vistas como de algum modo relacionadas por vias antes não-imaginadas.

Como se tem notado, nossa posição é de que há sempre alguma teoria orientadora da pesquisa. Poder-se-ia alegar que alguns cientistas parecem trabalhar sem estar guiados por qualquer uma delas. No entanto, dificilmente essa falta de teoria chega ao ponto de não se ter nenhuma idéia antecipada do caminho a ser seguido e do resultado pretendido. Há uma hipótese qualquer, ainda que subjacente. É o caso de pesquisas técnicas e exploratórias visando alcançar um objetivo desejável, para o que a teoria disponível não indica o caminho. Faz-se um trabalho tentativo, de ensaio e erro. Se algum resultado for alcançado, só então se procurará investigar o porquê dele, bem como as relações causais envolvidas. Um exemplo interessante disso é a pesquisa de Erlich à procura de uma terapia para a sífilis, que levou à descoberta do composto arsenical Salvarsan.

Possivelmente, na atualidade, têm o mesmo caráter muitas das pesquisas que estão sendo realizadas visando descobrir substâncias que auxiliem na cura do câncer. Trata-se de um tipo de pesquisa perfeitamente aceitável. Se algum desenvolvimento tecnológico for alcançado, ele levará, posteriormente, ao desenvolvimento da ciência pura, a fim de explicar o que esse tipo grosseiro de ciência aplicada conseguiu. Seria conveniente notar, contudo, que os homens não se propõem nunca problemas que eles já não tenham condições de resolver (cf. Marx, 1970a). Se inexistem tais condições, os problemas não se colocam. Se na história do avanço tecnológico, técnicos sem formação científica realizaram importantes invenções, isso não significa, necessariamente, que a ciência da época já não tivesse as soluções teóricas. A mais importante conseqüência desses avanços tecnológicos para a ciência talvez esteja no redirecionamento a ela imprimido. Ela é levada a se voltar para novos temas e questões, agora mais vinculados às condições sociais concretas existentes, indicados que foram os caminhos pelas invenções técnicas realizadas.

A explicação dos fenômenos biológicos

No tocante às explicações científicas propriamente ditas, se a medicina fosse tomada apenas como disciplina voltada para o estudo do corpo humano e de suas patologias e disfunções, possivelmente as explanações que melhor se lhe aplicariam seriam as teleológicas. Conforme os objetivos e os problemas empíricos investigados, e na dependência das perguntas feitas, também outros tipos de justificativas poderiam ser buscados (seqüenciais, probabilísticos, de dependência funcional, dedutivos) (cf. Hegenberg, 1965, cap.III). Nos fenômenos biológicos, historicamente, a explicação mais utilizada foi e tem sido a teleológica porque, neles, a pergunta assume, freqüentemente, a forma: *para quê?* A resposta, por sua vez, é dada mostrando que é para alcançar um fim, para atender a uma necessidade inelutável. A meta, no caso, é não-intencional. É a cadeia causal do sistema constituído pelo organismo que determina que assim seja. R. B. Braithwaite (1965, p.353) dá o seguinte exemplo de uma explicação desse tipo:

> se se pergunta a um fisiólogo porque bate o coração e ele responde que para que o sangue circule por todo o corpo, que para transportar oxigênio dos pulmões aos tecidos e anidrido carbônico destes para aqueles ... ou para que o corpo possa continuar vivendo (em função de um fim biológico último) estará dando ... uma explicação teleológica, à base da meta ou fim da ação: a explicação consiste em enunciar uma meta a conseguir, e descreve a ação como algo dirigido para certo fim – como uma "atividade dirigida para um fim" ... empregando a palavra "dirigida" de forma que implique uma direção, porém não um diretor.

Explicações desse tipo obrigam, contudo, para que haja maior aprofundamento na resposta, que a pergunta inicial seja desdobrada numa sucessão de outras quanto aos *para quês*. É preciso sempre "olhar a totalidade da cadeia causal e não, meramente, seu estado final" (ibidem, p.359). De fato, esta, nas explicações teleológicas, seria "uma situação temporal de quiescência" (de descanso). Isso é inadequado porque, no caso dos organismos vivos, o que há são ciclos repetidos de comportamentos para mantê-los assim, auto-regulando-se por meio de um mecanismo de *feedback*, de retroalimentação. Chegar ao final não seria distintivo de uma atividade diretiva, porque também os processos inorgânicos movem-se na direção de um termo final. O distintivo seria a persistência da atividade diretiva para alcançar a meta (ibidem): por exemplo, manter o organismo vivo. Insistir, no entanto, numa sucessão demasiado longa de *porquês*, no caso da explicação teleológica, poderia transformá-la numa explicação finalista, em que se procurasse não só a direção, mas também o diretor, como nos parece ser o caso do funcionalismo de Teilhard de Chardin. Isso extravasaria os limites da ciência, tal como ela é geralmente entendida.

A explicação na medicina social

Como a medicina social lida, especificamente, com fenômenos relacionados à produção da saúde e da doença em conjuntos de pessoas com características não apenas biológicas, é evidente que o tipo de explicação acima descrito é inadequado para dar conta dos fatos científicos que pertencem ao âmbito de seu objeto. Desde que estejamos de acordo que as condições de funcionamento e o dinamismo do sistema social concorrem, decididamente, para a produção daqueles fenômenos, concluiremos que as explicações pertinentes serão aquelas apropriadas à elucidação das características de manifestação dos acontecimentos histórico-sociais. De fato, há uma alteração na natureza do objeto, que passa de natural a histórico-social, como já tivemos oportunidade de notar. Isso implica, por exemplo, que haverá um aumento das relações de causa e efeito de que dependem a ocorrência dos fenômenos. Realmente, mesmo que não admitamos, com Weber, que essas possibilidades são, conceitualmente, inesgotáveis, temos de admitir que, contrariamente ao que acontece no caso dos fenômenos "naturais", a amplitude dessas relações, em se tratando de fenômenos histórico-sociais, é inegavelmente maior.

A explicação sociológica na medicina social

As ações e relações sociais são capazes de interagir variavelmente de formas muito mais numerosas que, *verbi gratia*, os elementos físico-químicos. Conseqüentemente, podem produzir, também, combinações novas, conceitualmente, em número quase inesgotável. Isso implicará a busca de explicações específicas (para o tempo e a sociedade dados), em vez das explicações gerais e relativamente definitivas (sobretudo em razão da precariedade do conhecimento, e não de mudanças ocorridas no objeto) usadas no caso das ciências "naturais". Entram em cena outras dimensões, como os valores e os conflitos de interesses, inclusive determinados pela volição dos indivíduos e grupos envolvidos. As explicações, nesses casos, tenderão a ser muitas vezes condicionais, porque dificilmente serão estabelecidos totalmente os fatores determinantes da produção dos fenômenos em causa. Se algumas uniformidades foram elaboradas, elas servirão, na maioria das vezes, não como leis gerais, mas como paradigmas para obter uma explicação para o fato nas condições específicas de sua manifestação.

A função dos modelos em ciência

O estabelecimento de algumas uniformidades teóricas nas ciências naturais ou sociais representaria, por assim dizer, o "modelo" de funcionamento e da dinâmica "ideais" de um sistema qualquer em determinadas condições. Tal "modelo" não existe na realidade. Por isso é "ideal". Mas constitui, freqüentemente, a base sobre a qual os pesquisadores procuram entender ou compreender os "desvios" em relação a ele, os quais ocorrem nas condições normais de produção dos fenômenos. Ou seja, o pesquisador procura os fatores intervenientes, alheios às condições ideais estabelecidas teoricamente, que explicariam os resultados diferentes dos esperados. Na verdade, os chamados "modelos teóricos" na ciência têm, freqüentemente, como principal função, orientar o investigador na pesquisa e no entendimento das razões pelas quais eles não funcionam em condições diferentes das idealmente dadas. É por isso que, às vezes, como já dissemos, o fazer ciência assume a aparência de um brinquedo de esconder ou de montar.

No caso das ciências sociais, em que os fenômenos tendem à individualidade e dos quais é preciso explicar sempre a especificidade, talvez essa busca das razões dos desvios seja mais intensa. Tomemos como exemplo a pesquisa de funções latentes (não-buscadas nem reconhecidas) que poderiam explicar por que o sistema sociocultural e econômico não está funcionando como era esperado, segundo as funções manifestas (as que, supostamente, conduzem ao objetivo) anteriormente estabelecidas. Ou por que o funcionamento "racional" do sistema socioeconômico (racional no sentido de os agentes sociais estarem procurando atingir seus objetivos precípuos) produz desvios "irracionais" capazes de transformar esse mesmo sistema, em decorrência das contradições e conflitos entre seus vários níveis, setores, agentes etc. Ou, ainda, por que se manifestam "desvios", tendo como fonte valores discrepantes daqueles que estão orientando a "racionalidade" de um tipo ideal, impedindo que este se transforme em realidade.

Em suma, o pesquisador é levado a examinar como, para que, por que surgem as interferências; e mais, em que condições e níveis, o que as determina etc. É claro que, dependendo do modelo teórico e do objeto de que se trata, esse exame variará. O que entendemos é que, no caso específico da medicina social, em que as interferências na consecução do modelo abstrato (a saúde), representadas pelas doenças, são antes de ordem social em vez de biológica, não se pode assentar a explicação, fundamentalmente, em disfunções biológicas, por exemplo. Há que se procurar a explicação adequada à realidade (social), pois é no nível dela que a interferência está produzindo um resultado diverso do ideal esperado: a saúde (que, é claro, já deveria ter sido determinado).

Os modelos da medicina

Há, pois, no caso da medicina, pelo menos dois modelos de causalidade a serem considerados, um em termos da realidade biológica representada pelos homens como organismos, e outro no âmbito social, uma vez que esses homens não vivem segundo as leis da natureza estritamente, mas em sociedade, estabelecendo uns com os outros relações necessárias que afetam profundamente sua maneira de viver e, portanto, sua saúde. É interessante notar que, tanto no sistema social como no biológico, as transformações (principalmente no primeiro caso) e a regulação (embora não só no segundo caso) tendem a ocorrer pela via do menor esforço. A natureza (inclusive a inorgânica) parece sempre evoluir por um caminho "racional", no sentido de economizar meios para maximizar fins. A realidade, nesse sentido, é *econômica*. Como disse Galileu certa vez: "A natureza não faz com muitos meios o que pode fazer com poucos". Da mesma forma, os homens não precisaram esperar o surgimento do modo de produção capitalista, como muitas vezes se pensa, para também serem "racionais", economizando meios e maximizando fins. Apenas por certos homens possuírem, às vezes, valores diferentes dos capitalistas, é que pode parecer que eles não estão sendo racionais (cf. Godelier, s.d.).

É claro que aqui se trata tão-somente de uma analogia, e que as diferenças entre o que ocorre no organismo biológico e na sociedade são substantivas, não apenas de grau. Naquele, há uma meta única: a manutenção do organismo com vida. Quando existem os meios adequados, o organismo procura sempre o equilíbrio e, quando este é rompido, o reequilíbrio. Ele põe em ação mecanismos compensatórios que produzem (como norma) o menor grau de efeitos negativos em face dos positivos (levando em conta o atingimento da meta). No caso da sociedade, as coisas se passam de maneira diferente. É que, nesta, os fins almejados são, às vezes, bastante diversos, além de conflitantes e contraditórios. Sendo os fins não-coerentes, inclusive para a mesma classe social, a utilização de alguns meios para alcançar um determinado fim pode prejudicar a consecução de outros. Além do mais, os meios não podem ser apenas técnicos (no sentido de independentes de considerações sociais, políticas e culturais), mas, igualmente, hão que ser socialmente aprovados (cf. Pereira, 1977). Tais problemas, evidentemente, só poderão ser equacionados se os aspectos político-ideológicos forem considerados.

No caso específico da medicina social, questões como as acima apontadas surgem, largamente, quando nos voltamos para a discussão da prática social da medicina, como teremos oportunidade de mostrar nos exemplos que serão apresentados. Mas também ao procurarmos explicações sociais da produção da doença, necessariamente teremos de ver os homens como partes de uma determinada sociedade, historicamente dada. Como membros dela, eles participam de relações com outros homens e com a natureza que os fazem entrar, ou não, em contato com ambientes patógenos. Essas relações também podem, ou não, tornar seu organismo mais ou menos resistente às agressões do meio. Elas podem estimular ou dificultar o funcionamento do seu organismo, bem como ajudá-lo a manter-se "normal" biológica, psicológica e socialmente falando. Conseqüentemente, uma medicina que pretender estudar o corpo sociobiológico do homem e compreender globalmente as razões de sua saúde e de suas doenças (ou seja, visando a uma explicação realmente holística) tem de buscar também explicações sociológicas. Com efeito, os fatos pertinentes, neste caso, são em grande parte sociais (embora as manifestações sejam individuais e de natureza biológica). Desse modo, a explicação há que ser buscada nesses mesmos fatos (sociais), e não nos de outra natureza, como bem indicou Durkheim (1960).

Admitida, pois, uma visão holística dos problemas para os quais se volta a medicina, a preocupação com o social se impõe.

A explicação sociológica na medicina social

Para possuir essa visão, não é preciso, certamente, participar do entendimento de Berlinguer, para quem a única doença "não-social" de que soube foi "a febre intermitente que Robinson Crusoé contraiu de 19 de junho a 3 de julho, no primeiro ano de sua estadia na ilha, antes de encontrar Sexta-Feira". Isso porque, "depois desse encontro, as doenças de um e de outro assumiram caráter social, porque modificaram relações interpessoais" (1978, p.181). Além do mais, não há que confundir níveis. Uma explicação deve ser sempre procurada naquele nível que seja pertinente ao objeto investigado. Assim, um fenômeno que se dê no interior da célula (isto é, como fenômeno biológico), possivelmente não será explicado pela interação entre indivíduos biológicos, mas pela interação entre elementos componentes da célula – ou pela interação entre células. Ou seja, a floresta a ser investigada tem de ser aquela da qual a árvore faz parte.

Sociologia, ciência social abrangente

Em se tratando, portanto, do entendimento do conjunto da vida social, ou de seus aspectos específicos, relacionados ao fato de os homens adoecerem desigualmente, seria preciso recorrer às explicações de uma ciência social que abarcasse, mais que outras, a totalidade dessa vida. De fato, não podemos nos esquecer de que, quando falamos em diferenças sociais na manifestação do processo saúde-doença, estamos nos referindo a diferenças que se apresentam não só dentro da mesma sociedade (entre classes sociais ou grupos ocupacionais diversos, por exemplo), mas em diferentes momentos dessa sociedade, globalmente ou não considerada, e também, entre diversificadas sociedades contemporâneas entre si (por exemplo, a sociedade inglesa e a brasileira no mesmo período histórico). A ciência social capaz de tal abrangência, no nosso entender, é a sociologia.

As demais ciências sociais, como diz Aron (1963, p.16), se interrogam sobre um aspecto isolável e isolado da realidade social. Apenas a reflexão sociológica (especialmente em suas expressões européias) "não consente em considerar um aspecto isolado da realidade social", como a economia, por exemplo. Ao mesmo tempo que pretende ser "uma ciência do particular", a sociologia também quer "compreender e analisar o conjunto da sociedade".

É claro que sempre existem aspectos isolados que devem ser considerados. Muitos dos aspectos do processo saúde-doença certamente têm muito a ver com o que se passa no sistema econômico. Por exemplo, a "medicalização" da vida não pode ser inteiramente entendida, supomos, sem que se leve em consideração a expansão da atividade, especificamente capitalista, da indústria de medicamentos e de aparelhos médico-hospitalares. Da mesma forma, a ampliação dos serviços de assistência médica relaciona-se, sem dúvida, ao nível político, mas também, possivelmente, ao cultural. Nesse sentido, poder-se-ia dizer, por exemplo, que o fenômeno teria muito a ver com o modo como as populações passaram a conceber a doença e as soluções que para ela começaram a surgir. Ou seja, a análise mais completa do fenômeno teria de considerar os valores e padrões culturais envolvidos. Contudo, sendo a sociologia "a ciência que tem por objeto estudar a interação social dos seres vivos nos diferentes níveis de organização da vida" (Fernandes, 1970, p.31), ela permite, mais que no caso de outras ciências sociais, que o investigador faça indagações sobre praticamente todos os aspectos do sistema social inclusivo. Em tais condições, julgamos que ela é a ciência social que melhor permite a rotação de perspectivas que advogamos para alargar e aprofundar o estudo dos fenômenos médico-sociais.

2
A determinação social das idéias científicas

Achados científicos são obra do acaso?

Como foi amplamente discutido no decorrer do primeiro capítulo, um número ponderável de investigadores entende que o fazer ciência depende principalmente da utilização estrita de um instrumental técnico rigoroso; por outro lado, uma idéia largamente disseminada e compartilhada por muitos cientistas de renome é que os grandes achados científicos foram e são, em larga medida, obra do acaso. Neste último caso, desconsideram-se as condições sociais que condicionaram ou mesmo determinaram a produção do conhecimento científico.

É exemplificativo desse modo de pensar a ciência a leitura das muitas notas ilustrativas que aparecem em finais de artigos de uma revista tão conceituada na ciência brasileira como *Ciência e Cultura*, da Sociedade Brasileira para o Progresso da Ciência. Essas notas, que representariam, por assim dizer, máximas científicas, em geral adotam a noção da descoberta por acaso, feita por homens geniais que atentaram para o inusitado de alguma situação, condição, reação, relação etc. Vejamos alguns exemplos, retirados de um número escolhido ao acaso (maio de 1981):

> À medida que um investigador prossegue em sua carreira, o acidente lhe apresentará possibilidades de pesquisa, talvez em direções totalmente novas. (Walter B. Cannon, p.634, in VV.AA., 1981)
>
> A maneira pela qual o homem chegou a compreender as questões celestes dificilmente me pareceria menos maravilhosa do que a natureza dos próprios eventos celestes. (Képler, p.648, in VV.AA., 1981)
>
> Existem milhares de mofos diferentes e milhares de diferentes bactérias, e haver o acaso colocado aquele mofo no exato lugar no tempo exato foi como ganhar o *sweepstake* irlandês. (Fleming, p.651, in VV.AA., 1981)

A nota seguinte já está menos vinculada à concepção de que a ciência é uma atividade que decorre grandemente do acaso:

> Quem observa retrospectivamente um desenvolvimento experimental ... que durou muitos anos, dificilmente deixará de notar que seu curso foi excessivamente oscilante. Se o observador for um experimentador, saberá que as oscilações registradas são menores e menos extensas do que as que realmente ocorreram. (Frederick Bartlett, p.658, in VV.AA., 1981)
>
> As pesquisas científicas e as idéias experimentais podem nascer como resultado de observações casuais, fortuitas e quase involuntárias, que se apresentam seja espontaneamente, seja num experimento planejado com objetivo totalmente diverso. (Claude Bernard, p.663, in VV.AA., 1981)

Diante disso, o Eclesiastes, 9:11, também citado à p.674, conteria uma visão igualmente "científica": "Voltei-me para outra coisa, e vi que debaixo do Sol não é o prêmio para os que mais correm, nem a guerra para os que são mais fortes, nem o pão para os que são mais sábios, nem as riquezas para os que são mais hábeis, nem o crédito para os melhores artistas; mas que tudo depende do tempo e das circunstâncias".

O último pensamento expresso já é bem pessimista quanto à possibilidade de fazer ciência não só verdadeira como honesta, pois coloca sob suspeição o comportamento dos cientistas:

> O que os cientistas fazem nunca foi objeto de pesquisa científica, isto é, etológica. Não adianta examinar os artigos "científicos", pois eles não apenas escondem mas ativamente torcem o que se passa no trabalho que descrevem. (Peter Medawar, p.681, in VV.AA., 1981)

Esta última afirmação é, talvez, a mais séria de todas, pondo inclusive em dúvida a noção arraigada de que os cientistas são homens que se preocupam, seja com a metodologia científica, seja até mesmo com a "verdade".

De qualquer forma, entendemos que os exemplos apresentados podem ser tomados como representativos de outra faceta da maneira limitada de compreender a ciência por parte de inúmeros cientistas. Eles, talvez até mesmo a maioria, têm uma concepção da produção científica que exclui praticamente a influência decisiva da sociedade global, ou seja, da cultura, da política, dos interesses econômicos etc. sobre seu trabalho. Pareceria que os homens de ciência, ao contrário dos outros homens, não seriam influenciados pelas condições existenciais. Livres de influências extracientíficas, se voltariam unicamente para a verdade e para o avanço do conhecimento. Evidentemente, trata-se de uma concepção utópica, no sentido de um estado de coisas desejável, ideal. O fato de ela não ser necessariamente conservadora, como no caso da visão ideológica, segundo a distinção de Mannheim (1956) entre ideologia e utopia, não implica que ela não seja igualmente deturpada. Na verdade, teríamos uma dupla utopia: de um lado, os fatos se impondo inteiramente ao homem de ciência; de outro, tendo ele absoluta liberdade para escolher seu caminho entre esses fatos. Talvez sobre esse segundo ponto a explicação sociológica deva incidir mais extensamente, pois a compreensão do processo social da saúde e da doença ficaria extremamente prejudicada se o investigador tivesse uma visão geral do mundo que transformasse cada homem, isoladamente, em responsável pelo seu destino (seja pela sua riqueza, ocupação, educação etc., seja pelas suas doenças), ou em vítima do acaso.

De fato, pensamos que um homem de ciência, e talvez, sobretudo, aquele que lida com a explicação da saúde e da doença, e que procura soluções para os problemas que surgem nesse campo, há que levar sempre em consideração as variadas interferências que dificultam (ou mesmo impedem) ou que facilitam tanto a obtenção como a aplicação do conhecimento. E não se trata apenas das interferências mais patentes, como aquelas pressões políticas no sentido de dificultar investigações sobre temas considerados perigosos, como poderiam ser as pesquisas a respeito das repercussões sobre a saúde do comportamento de certos grupos econômicos, da má-distribuição da renda e propriedade, da política salarial, da política de emprego, do uso desta ou daquela tecnologia, da transformação da assistência médica numa atividade altamente mercantilizada, enfim, das repercussões de um determinado tipo de economia e de sociedade sobre os homens e sua saúde.

As motivações ideológicas

Teriam também menor importância, de certa forma, aquelas motivações ideológicas respaldadas em concepções quanto ao mundo do social que fazem que os investigadores de um país, ou um grupo deles, optem por determinados objetos de pesquisa e não por outros. Estariam nesse caso aqueles temas tidos também como perigosos (às vezes tanto pela sociedade como pelo seu segmento intelectual), porque poderiam subverter as crenças sagradas e solapar a ordem estabelecida. Louis Wirth, já há algumas décadas, teve oportunidade de afirmar algo (no prefácio da edição inglesa do livro de Mannheim, *Ideologia e utopia*, 1956, p.XVII) que, certamente, ainda se mantém atual em suas linhas gerais:

> ... mesmo hodiernamente, a possibilidade de uma investigação aberta, franca e "objetiva" das instituições e crenças mais queridas e sagradas continua sujeita a restrições mais ou menos sérias em todos os países do mundo.

É que em toda sociedade existe uma zona de pensamento perigoso (que varia historicamente). A todo momento, a sociedade, ou pelo menos seus órgãos de controle, rotulam alguns assuntos de "sagrados", vitais, não-passíveis de discussão "profanadora". Não há necessariamente censura aberta, mas os que deles tratam podem suscitar contra si objeções e malquerenças por parte daqueles que não suportam uma interpretação divergente do "real" (ibidem).

É interessante que os cientistas admitem, com certa facilidade, a idéia da influência ideológica no caso da ciência "aplicada", mas resistem a aceitá-la em se tratando da "pura". É que, no caso da primeira, tal interferência dificilmente pode deixar de ser reconhecida, até mesmo pelo fato de que ela se vincula estreitamente aos interesses de grupos econômicos que a estimulam e financiam, ou das classes sociais que dominam os aparelhos de Estado aos quais, geralmente, se subordinam os centros dela produtores. É inquestionável que quem financia as investigações e paga os pesquisadores importa-se que sejam alcançados resultados relativamente precisos. Mais: desejarão uns e rejeitarão outros. Os pesquisadores da área têm perfeita consciência disso. Ora, de certa forma, seria possível estender o raciocínio, igualmente, à ciência "pura", pois ela depende tanto de financiamentos quanto seus pesquisadores de serem remunerados, como no caso da ciência "aplicada". Sem dúvida, o controle dos resultados é menos preciso. No entanto, é evidente que, se os financiadores estão mais voltados para a produção de armas atômicas, por exemplo, acederão muito mais facilmente a financiarem estudos "puros" de física atômica que de ecologia.

Contudo, talvez o aspecto mais importante, relativo à determinação social do conhecimento científico, relacione-se àquelas influências ideológicas que raramente chegam à consciência dos que são por elas afetados e limitados. Essa, na verdade, é uma das características de uma ideologia eficiente. A convicção e o apego emocional a um sistema de idéias particular podem ser tão intensos que, para os que a elas se apegam, essas idéias constituem a "verdade" (cf. Willems, 1950, verbete *ideologia*). Exemplificando: há mil anos, certamente, não passaria pela cabeça de ninguém, homem do povo ou intelectual, que a noção errônea e arraigada de que o Sol girava em torno da Terra era ditada, em grande parte, pelos vieses ideológicos propagados por uma doutrina religiosa e, não necessariamente, pela impossibilidade de, por meio do conhecimento disponível na época, determinar-se a relação correta entre ambos os astros.

As ideologias dominantes (bem como as contra-ideologias) poderão condicionar os problemas a serem investigados, a maneira como a investigação será conduzida e interferir nos resultados e conclusões. É claro que, como já dissemos, essas interferências serão maiores em tudo aquilo que diz respeito às relações e processos sociais. Ora, é exatamente nessa área que, aos investigadores da saúde e da doença, não-afeitos a pensar sociológica e politicamente, poderão passar desapercebidas as interferências. De fato, nenhuma ideologia realiza abertamente sua função de defesa dos interesses de grupos. A conquista e a manutenção do poder (social, político, econômico etc.) se fazem de tal modo que, à maioria, parecerá que o que se tem em mira é o bem-estar de todos. Aquelas instituições médicas, por exemplo, voltadas para o controle social, parecerão ou quererão operar

A explicação sociológica na medicina social

como se estivessem interessadas principalmente na saúde da população. Tais colocações nos sugerem quanto é importante a consideração dos impactos da ordem social sobre a própria ciência. Normalmente, os homens de ciência têm, sobretudo, a preocupação inversa, ou seja, atentam para as influências do conhecimento científico sobre essa ordem. Ainda que influências desse último tipo sejam indispensáveis para a boa compreensão da sociedade ocidental e capitalista (especialmente em se considerando a contribuição desse conhecimento para o desenvolvimento tecnológico e para a solução de problemas "práticos"), se cuidarmos, agora, de entender a evolução da ciência, o que, para que e por que faz, importa (e muito) compreender como ela é determinada, em larga medida, pelo tipo de sociedade na qual está sendo produzida. Importa, em outras palavras, analisar o contexto social não apenas da obra científica em particular, mas do conhecimento científico em geral.

As contribuições da sociologia do conhecimento

Nessas condições, é praticamente imprescindível nos valermos das contribuições da sociologia do conhecimento, pois ela constitui um instrumento de vigilância epistemológica, enriquecedor desse mesmo conhecimento, ao "precisar o conhecimento do erro e das condições que o tornam possível e, às vezes, inevitável" (Bourdieu et al., 1975, p.14). De fato, há condições sociais limitadoras ou estimuladoras da ciência e determinadoras, em maior ou menor grau, das direções que ela assume. Por isso, devemos fazer a análise da ciência como fenômeno tanto social quanto estritamente científico (Cohen, 1964, p.277-8). Não se trata, pois, de discutir as implicações lógicas envolvidas no fazer ciência nem os processos psicológicos implicados (como seriam, por exemplo, as motivações íntimas dos cientistas) (ibidem). Não há que pôr em dúvida os esforços destes para afastar as prenoções, nem a honestidade intelectual e moral que entre eles predomina. Trata-se, repetindo, de buscar entender como realidades extra-científicas influenciam (aberta ou sutilmente) o desenvolvimento da ciência.

Exatamente por serem tais influências insidiosas, dificilmente chegando no nível de consciência dos que são por elas afetados, é que os recursos autocorretivos de que a ciência dispõe nem sempre são suficientes para protegerem-na de explicações incorretas (ibidem). As próprias normas para julgar a validade, o mérito e a profundidade dos trabalhos científicos são, elas próprias, produtos sociais. Isso se aplica a todas as ciências, sociais ou não, ainda que se possa querer limitar às primeiras a existência de uma possível confusão entre consenso e objetividade. Mesmo que houvesse essa limitação do problema às ciências sociais, a medicina social não estaria dele isenta, uma vez que se pode e deve tomá-la como uma disciplina da área social. São muito elucidativas as palavras de Gabriel Cohn a respeito:

> ... sustentar ... que a validade objetiva do trabalho do cientista social é assegurada na medida em que resiste à crítica a que seus resultados são submetidos pela comunidade científica, implica ignorar, em particular no caso da ciência social, a distinção entre *consenso* e *objetividade*. Assim, os métodos de "testabilidade" adotados pela comunidade científica bem podem refletir seu "acordo sobre a maneira e o método de ver a realidade e não a realidade mesma". (1968, p.238; a citação feita pelo autor é de Horton, 1964)

É essa identificação da objetividade com o consenso uma das razões que restringem as medidas adotadas pela ciência para afastar as várias fontes de erro. Não que, de fato, a maior parte delas não seja efetivamente posta de lado. Tal capacidade da ciência de procurar arredar todos os fatores que põem em perigo a objetividade do conhecimento obtido (e que também possam dificultar sua disseminação) constitui fator fundamental de sua superioridade sobre as outras formas de conhecimento, especialmente sobre as doutrinárias. É da ética da ciência ater-se estritamente à evidência, especialmente quando contrária às idéias anteriormente tidas como corretas (cf. Goode & Hatt, 1960, cap.3). Também faz parte dessa ética que o cientista não se envolva emocionalmente na pesquisa e na busca de resultados, a fim de que seja dificultada, ainda mais, possíveis distorções e falsificações (ibidem), às quais se referia Peter Medawar, autor de um dos pensamentos citados no início deste capítulo.

Profecias suicidas que se autocumprem

Mas, e quando os valores do cientista se confundem de tal maneira com os dos grupos sociais de que é membro (inclusive grupos de cientistas), que fica praticamente impossível distinguir o que é idiossincrasia pessoal daquilo que pode ser consenso grupal (ou mesmo societário) no erro? É claro que a ciência dispõe de um corretivo extraordinário, que é o de repelir as teorias incapazes de predizer acertadamente o futuro. No entanto, tal corretivo é ainda imperfeito, pois teorias falsas podem, em determinadas condições, realizar predições exatas, enquanto teorias corretas, também em dadas condições, podem produzir vaticínios aparentemente inexatos. A teoria geocêntrica permitia aos homens prever com perfeição a grande maioria dos acontecimentos astronômicos nos quais estavam mais vitalmente interessados. Mas é nas ciências sociais, possivelmente, que ocorre a maioria dos casos de teorias proféticas que se autocumprem, validando conhecimentos errôneos ou, inversamente, de profecias suicidas, por evitarem, uma vez vindas a público, o acontecimento previsto, dando, conseqüentemente, a impressão de serem errôneas, quando, na verdade, são corretas (cf. Merton, 1964, cap.XI).

Exemplificando o que estamos dizendo, no caso de profecias que se autocumprem, certos eventos econômicos tendem a se cumprir realmente, uma vez que as predições sejam formuladas e transmitidas ao público. Hoje, são mais difíceis as falências de empresas em conseqüência de boatos ou mesmo de estudos sérios (e no entanto incorretos) a respeito de sua capacidade econômico-financeira, idoneidade, viabilidade etc., mas ainda podem ocorrer, especialmente em se tratando de bancos. Contudo, fenômenos e processos econômicos de vulto ainda devem muito de seu acontecer efetivo ao fato de serem previstos. Estão entre eles o processo inflacionário. De modo geral, as previsões quanto à elevação de preços tendem a se confirmar pelo simples fato de que quase todos costumam agir em conformidade com a previsão: seja elevando seus preços, no caso de produtores e comerciantes; seja aumentando a procura, no caso dos consumidores. Como os processos econômicos têm profunda influência sobre a saúde e a doença, a possibilidade de se produzirem profecias que se autocumprem há que ser considerada pela medicina social.

É mais difícil a ocorrência de tais profecias diretamente no campo da saúde. No entanto, poderão ocorrer muitos casos de situações inversas, ou seja, de profecias suicidas. Elas se produzem em todos os campos de atividade social, uma vez que os homens, ao agirem para prevenir a ocorrência do fenômeno previsto, impedem-no efetivamente de se realizar. Estão nesse caso todas as epidemias previstas e não-acontecidas por terem sido tomadas as medidas convenientes, como vacinações em massa, por exemplo. No campo sócio-político-econômico, talvez fosse possível citar como profecia parcialmente suicida a teoria marxista a respeito dos vários eventos e mudanças que se operariam no capitalismo. Por exemplo, muito da análise marxista quanto aos fatores produtores das crises cíclicas do capitalismo é levado em consideração, pelo Estado, ao pôr em prática medidas para evitá-las ou atenuá-las. Uma dificuldade acessória na análise científica dessas profecias suicidas está em que, se podiam ser corretas (só não se produzindo o evento previsto em razão da ação desencadeada em decorrência da própria previsão), também poderiam ser falsas, não sobrevindo o acontecimento previsto, não por causa das medidas tomadas, mas simplesmente porque, realmente, não ocorreria de maneira nenhuma. Seria o caso de uma epidemia que não se produziu não porque as pessoas foram vacinadas, mas porque não ocorreria de qualquer modo.

Também o pensamento científico é socialmente condicionado

É claro que a influência das ideologias sobre a ciência pode ser maior ou menor. Geralmente, no entanto, o influxo ideológico é mais evidente quando se realizam investigações que envolvem valores, caso relativamente comum na área da medicina social. Na verdade, todos nós (cientistas e tecnólogos também, como não poderia deixar de ser) somos guiados na ação, na vida social, por ideologias. Elas nos indicam o que queremos saber, inclusive em matéria científica e tecnológica (cf. Robinson, 1964, p.9-10). Afinal, o que vamos considerar relevante, e as concepções que tenderemos a aceitar mais fácil ou mais dificilmente, dependerão de nossa postura ideológica. Os cientistas, como as demais pessoas, são membros de uma determinada classe social e, sobretudo, de um determinado grupo social que os ressocializa, fazendo-os adotar seus valores, sem o que, não seriam considerados seus membros.

O pertencer a uma classe ou grupo social mais restrito desenvolve uma "apercepção social" de classe ou grupo. Ao fixar um certo *horizonte mental*, essa apercepção determina aqueles enunciados científicos que poderão ser adotados e tornar-se parte da consciência social da classe ou grupo (cf. Lange, 1963, p.302-3). Aqueles que ultrapassarem essa "consciência possível", na fraseologia de Lucien Goldmann, serão, ou tenderão a ser, rejeitados (cf. 1958, p.93-104). Em suma, a ciência não é um processo puramente intelectual e os cientistas não são seres humanos diferentes dos outros; sua inserção numa camada social condiciona, e até mesmo determina, em grande parte, sua perspectiva, inclusive científica, apesar de todo o treinamento a que são submetidos. O mais significativo, contudo, é a determinação histórica do conjunto do padrão de pensamento científico, e não, exatamente, do grupo social constituído pelos cientistas. De fato, em cada época e em cada sociedade, esse pensamento é condicionado pelas condições sociais imperantes, de modo a até mesmo variarem as possibilidades quanto à colocação de problemas e à aceitação de soluções (cf. Schumpeter, 1964, p.341).

A influência de Marx e Engels

Foi com Marx (e também com Engels) que se indicou com precisão essa interdependência entre a ciência e outros aspectos da história. Assim, na *Ideologia alemã*, por exemplo, afirmam que

> os homens que desenvolvem sua produção material e seu intercâmbio material, trocam também, ao mudar esta realidade, seu pensamento e os produtos de seu pensamento. Não é a consciência que determina a vida, mas a vida que determina a consciência. (Marx & Engels, 1959, p.27)

Da mesma forma, na *Contribuição à crítica da economia política*:

> o modo de produção da vida material condiciona o processo da vida social, política e intelectual em geral. Não é a consciência dos homens que determina a realidade: mas, ao contrário, a realidade social é que determina sua consciência. (Marx, 1970a, p.37)

A explicação sociológica na medicina social

Ainda que, como já assinalamos, a maioria dos cientistas continue não tendo uma percepção clara do condicionamento social da produção científica, aqueles voltados para as ciências sociais já o aceitam com certa facilidade. São um bom exemplo economistas não-marxistas do porte de Joseph Schumpeter e Joan Robinson, já citados neste capítulo.

Entre os não-vinculados às ciências sociais, por vezes, chega-se a fazer uma sociologia da comunidade científica, na qual, embora não haja uma compreensão mais ampla do papel da sociedade inclusiva, consideram-se as condições sociais imperantes no seio do grupo de cientistas, como é o caso, por exemplo, da obra de Thomas S. Kuhn (1978). Esse condicionamento do pensamento, inclusive científico, às condições sociais vigentes, decorre do fato de que a classe ou classes sociais dominantes ditam, numa determinada época e numa determinada sociedade, as idéias que também serão dominantes naquele lugar e naquele tempo. Isso pela simples razão de que "a classe que exerce o poder *material* dominante na sociedade é, ao mesmo tempo, seu poder *espiritual* dominante". Não poderia ser de outra forma, uma vez que os que dominam a produção material dispõem dos meios de produzir também as idéias dominantes, ou, o que é o mesmo, os que carecem de meios materiais não dispõem de condições para produzir tais idéias (Marx & Engels, 1959, p.48-9).

Assim dito, pareceria haver um excessivo mecanicismo nas relações entre pensamento e condições materiais de existência, como se os homens fossem apenas reflexo de uma realidade que pouco influenciariam. Na verdade não é assim e, como veremos mais adiante, os seres humanos (especialmente os cientistas) possuem condições de atingir a objetividade e de se antecipar ao seu tempo e à sua sociedade. Algumas colocações de Marx dão, de fato, aquela impressão. Entendemos que elas seriam, antes de mais nada, decorrência inevitável da postura crítica por ele adotada em relação às idéias dominantes em seu tempo, principalmente na Alemanha. Na situação em que ele e Engels se encontravam, houve uma inevitável radicalização das posições defendidas para marcá-las bem em relação às dos oponentes. Na própria *Ideologia alemã* há outras referências à sujeição dos homens às condições existenciais com as quais se deparam, em que ela é mais relativizada. De fato, na *praxis* resultante das relações dialéticas entre as circunstâncias e os homens, estes, por sua vez, criam aquelas. Assim, por exemplo:

> cada geração transfere à que se segue uma massa de forças produtivas, capitais e circunstâncias que ainda que sejam parcialmente modificados pela nova geração, dita a esta, por outro lado, suas próprias condições de vida, e lhe imprimem um determinado desenvolvimento, um caráter especial ... portanto, as circunstâncias fazem o homem na mesma medida em que este faz as circunstâncias. (1959, p.39)

Isto foi dito, de outro modo, em outras partes, como em *O 18 Brumário de Luís Bonaparte: "Os homens fazem sua própria história*, mas não a fazem como querem; não a fazem sob circunstâncias de sua escolha, e sim sob aquelas com se defrontam diretamente, legadas e transmitidas pelo passado" (Marx, 1956, p.17). Engels foi mais longe no tocante às possibilidades de as ciências físicas e naturais ultrapassarem o condicionamento ideológico em *Anti-Dühring* (1961), mas principalmente em *A dialética da natureza* (1976). Na verdade, nos últimos tempos de sua vida, parece ter se encantado com os avanços dessas ciências, uma vez que possivelmente entendia tais avanços como vindo ao encontro das suas idéias e das de Marx, quanto à determinação material do conhecimento.

Mesmo no caso das ciências mais vinculadas ao social, os pensadores marxistas não descartam absolutamente a possibilidade da existência de posições divergentes e opostas às defendidas pela classe social dominante. Negá-la seria o mesmo que negar a dialética e a capacidade de os homens alterarem suas condições de existência por meio da ação política, objetivo ao qual estariam subordinados os próprios conhecimentos sobre a realidade social colocados por Marx e Engels à disposição das classes subordinadas. Como dizia Marx na 11ª das teses sobre Feurbach: "Os filósofos não fazem mais do que *interpretar* o mundo de diferentes maneiras; mas trata-se de *transformá-lo*".

Relativizando posições

Entre os pensadores marxista, foi Gramsci um dos que mais enfaticamente defendeu a inexistência de um condicionamento direto e mecânico da produção intelectual às condições sociais vigentes. Ele não nega a possibilidade de uma certa autonomia dos próprios intelectuais "tradicionais". Quando se sentem autônomos e independentes em relação ao grupo social dominante podem, até, ser parcialmente assimilados pelos intelectuais "orgânicos" de outras classes que não a dominante hegemonicamente. Estes últimos são criados por cada nova classe no próprio processo histórico; o papel desse tipo de intelectual constituiria uma "especialização" das atividades parciais anteriores da classe. A transformação é possível porque Gramsci considerava que todos os homens desenvolvem atividades intelectuais, embora alguns tenham como atividade profissional específica a elaboração intelectual (1978).

Pensadas em termos de atividade científica, tais colocações relativizam o inegável condicionamento social da produção intelectual em geral e científica em particular. Claramente, todos podem ser ressocializados até o ponto de superarem seus valores sociais ligados à classe de origem. No decorrer dos séculos, os camponeses que se fizeram eclesiásticos (contribuindo consideravelmente para a formação do grupo de intelectuais "tradicionais") assimilaram sempre, em sua quase totalidade, os valores e interesses do clero, ainda que estes pudessem se contrapor, em maior ou menor grau, aos do campesinato. Do mesmo modo, as classes médias modernas sempre produziram oficiais militares, os quais são, no geral, quase inteiramente ressocializados pelo estamento militar, a ponto de ser extremamente discutível relacionar o pensamento militar aos ideais daquelas classes (como Nélson Werneck Sodré tentou fazer entre nós).

As condições em que se faz essa ressocialização dependem, evidentemente, da situação social existente. Assim, ela quase sempre se dá no sentido de membros das classes dominadas passarem a participar de grupos sociais que estão, em termos de estratificação social, identificados com grupos socialmente iguais ou superiores ao de origem do elemento ressocializado (nos exemplos, eclesiásticos e oficiais militares). Pois bem, os que se tornam cientistas também são ressocializados por esse grupo, que tem suas tradições, sua historicidade, seus valores. Isso tudo não impede que o pensamento científico seja amplamente condicionado do ponto de vista social, uma vez que a própria continuidade histórica do grupo intelectual está na dependência do não-ultrapassamento da "consciência possível" das classes dominantes, para o que se faz necessário, às vezes, em períodos de rápidas transformações sociais, uma mudança no estilo desse pensamento. As classes dominantes, no entanto, podem estar divididas. Assim, da luta pelo poder entre coroa, aristocracia e burguesia, surgiu a doutrina da divisão de poderes (Marx & Engels, 1959, p.49).

Essa divisão das classes dominantes constitui a condição "normal" do mundo moderno e contemporâneo. A partir dela, inclusive, é que se desenvolveu a ciência moderna. Em outras palavras: podem surgir teorias científicas conflitantes com o modo de pensar ainda dominante (e com possibilidades de virem a ser aceitas por parcela significativa do grupo de cientistas e pelas classes sociais emergentes), pois já existem contradições e conflitos de interesse entre as forças sócio-econômicas e políticas dominantes. Tais oposições podem se dar não só na órbita nacional, mas, por exemplo, entre as burguesias de um país periférico e as de um país central. Isso ficou muito evidente nas décadas subseqüentes à Segunda Guerra Mundial, em que os interesses das burguesias industriais de um e de outro lado quase sempre não coincidiam. Daí, inclusive, o apoio que grupos de esquerda passaram a ter não só por parte dessas burguesias nacionais como também, até mesmo, das Forças Armadas de alguns países dependentes. Na área da ciência econômica, por exemplo, os economistas reunidos na Cepal (Comissão Econômica para a América Latina) colocaram-se fortemente contra a corrente dominante em sua ciência.

Pode também ocorrer que posições filosóficas, doutrinárias e científicas, aparentemente defendidas no passado, ganhem novas roupagens, parecendo, aos contemporâneos, que se teriam antecipado ao seu tempo. Na verdade, o que em geral sucede é que a releitura de escritos de pessoas célebres do passado acaba descobrindo neles certas idéias que, reelaboradas pelo pensamento moderno, dão essa impressão. Isso pode ocorrer de fato. Mas, quase sempre, tais antecipações são indevidamente atribuídas. Sobretudo em certas áreas é costume buscar em filósofos (gregos especialmente, como Aristóteles) conceitos, noções e concepções supostamente surgidas antes do tempo. Em grande parte isso se explica: "...muitas vezes, à vista das lutas de uma época posterior, se invocam como autoridades doutrinas de teóricos anteriores" (Marx & Engels, 1959, p.81).

Igualmente é comum haver certa convergência entre o pensamento conservador e o revolucionário no tocante à crítica ao estado de coisas presente. A diferença está em que, basicamente, no caso do primeiro, a crítica se faz tomando por base o passado (freqüentemente idealizado), apontando-se como solução a volta a ele, enquanto, no segundo, ela é feita considerando-se um tipo social emergente (Mannheim, 1963). É típica a crítica a que a Igreja Católica sempre submeteu o capitalismo e o pensamento burguês: alicerçada na tradição e num existir idealizado do mundo feudal, realiza sínteses gerais que seus membros aplicam a pontos concretos do mundo presente. As divisões no modo de pensar dominante ou entre os pensadores das classes hegemônicas e os membros ativos dessas mesmas classes tendem a desaparecer, contudo, quando ocorrem acontecimentos que põem em perigo o domínio exercido pelo conjunto dominante. Nesses momentos desaparece "a aparência de que as idéias dominantes não são as da classe dominante, mas que estão dotadas de um poder próprio, distinto desta classe" (Marx & Engels, 1959, p.50).

Inevitabilidade de influências ideológicas

Aceitando-se tais colocações, concluiremos que é inevitável que as ciências sociais sejam, de modo geral, saturadas de ideologia e constituam sempre, pelo menos parcialmente, um veículo para as ideologias dominantes em cada período (cf. Robinson, 1964, p.2). Aos cientistas cabe a tarefa de, usando uma metodologia científica adequada, tentar "separar da mistura, tanto quanto possível, o que é ideologia do que é ciência" (Meek, 1971, p.269). Porém, nos tempos atuais, também poderemos considerar a ideologia como constituída tanto de elementos ilusórios como científicos, seguindo a posição de Joan Robinson (1964, p.9), pois, com a secularização do pensamento, principalmente a partir de meados do século XIX, tornou-se cada vez mais difícil conseguir fazer que um número ponderável de grupos e camadas sociais aceitem proposições ideológicas que não tenham um certo respaldo científico. Enquanto Marx e Engels parecem considerar essas proposições mais como ilusões criadas pelos ideólogos a respeito de si mesmos e de sua classe, Schumpeter as entende como racionalizações (das quais não somos conscientes); não simples mentiras, mas "afirmações verídicas acerca do que um homem crê ver" (cf. ibidem, p.342).

A explicação sociológica na medicina social

Julgamos que a aceitação da existência, nas ideologias, de uma mistura de elementos em que há predominância dos ilusórios sobre os científicos e, na ciência, do predomínio (em grau variável, conforme a ciência) destes sobre aqueles, constitui uma posição mais de acordo com a situação presente no campo do pensamento, tanto da ciência como da ideologia. Essa é também a posição de Oskar Lange (1963, p.299), para quem "as concepções científicas são parte integrante da ideologia, na medida em que as idéias que contêm apresentam o caráter de idéias sociais ...". Porém, enquanto

> as Ciências Sociais têm, em sua totalidade, um caráter ideológico, as Ciências da Natureza podem assumir esse caráter parcialmente, na medida em que seus enunciados entram em contato indiretamente com as relações sociais

– por exemplo:

> os ensinamentos de Copérnico ou a teoria da evolução de Darwin, embora não se ocupem, por seu conteúdo, das relações sociais, tomaram um significado social em razão do fato de que comprometeram a autoridade das concepções geralmente admitidas, e que constituíam a substância do ensino de uma certa organização social, a saber, a Igreja.

Tais ensinamentos "vibraram indiretamente um golpe nas relações sociais ... Assumiram, por conseguinte, um caráter ideológico ...". Isto é, as ciências da natureza são arrastadas também para a luta ideológica à medida que apresentam características às quais se possa dar um significado ideológico. Sua estimulação e aceitação por uma classe, como já se viu, depende de seus conteúdos estarem de acordo ou, pelo menos, não contrariarem a ideologia dessa dada classe (ibidem, p.301).

As teorias aceitáveis

A história das ciências mostra esse condicionamento à exaustão. Mas podem surgir teorias científicas que se antecipam ao seu tempo, não parecendo vir ao encontro de nenhuma necessidade óbvia, prática ou ideológica. Geralmente, as que sobrevivem são as que têm duas características: são capazes de produzir resultados e de estar de acordo com as expectativas da sociedade da época e com o ambiente intelectual existente (cf. Koestler, 1961, p.361). Esse é o caso, por exemplo, da teoria da hereditariedade de Mendel, sobre a qual falaremos mais adiante. Outra característica que normalmente contribui para a aceitação de uma teoria é que ela se refira, de preferência, a situações, relações, condições, fatos concretos ou que sejam concretizáveis. Discorrendo a respeito de uma afirmação de Joan Robinson de que "valor" (em economia) é um conceito que "não ajuda", que "não tem conteúdo operacional", que "não passa de uma palavra" (cf. 1964, p.48) diz Meek (1971, p.271-2) que ele "dificilmente agradará o sólido bom senso, que exige dos conceitos, antes de considerá-los como 'verdadeiros' ou 'científicos', que reflitam de modo simples e direto o que se vê, ouve e sente". Uma teoria, por conseguinte, tem de se fazer presente e ser posta como objeto.

> Sem sua reiterada corporificação na fala, na escrita, na ação, uma teoria não está presente, não existe em sua plenitude; no máximo é posta como objeto visado por um discurso esquecido, perdido no emaranhado duma biblioteca e que, como tal, não possui mais verdade do que a dum conto infantil. (cf. Giannotti, 1971, p.141)

Por que isso? Porque, mais uma vez, são os problemas concretos que estimulam o pensamento criador; daí porque, normalmente, uma teoria não surge enquanto não houver condições sociais que se traduzam num desafio intelectual a ser

A explicação sociológica na medicina social

vencido por um desenvolvimento científico que, vindo ao encontro de questões específicas, será mais facilmente aceito. No caso do conhecimento que produza avanços tecnológicos ou explique condições sociais emergentes, a relação entre a teoria e a prática se faz quase de imediato. No caso da ciência dita "pura", tais relações são, evidentemente, mais mediatizadas. A necessidade de que as teorias disponham de certa corporeidade para realmente existirem como conhecimento e como prática é decorrência da impossibilidade de pensar construtivamente sobre o vazio, como de certa forma ocorria com o pensamento medieval (embora ele nascesse de condições sociais muito concretas e tivesse repercussões também muito reais sobre a organização da vida social, política e econômica). Nisto, o positivismo constituiu um avanço notável (ainda que tal progresso represente, como já vimos, uma comprovação da determinação social da ciência). Ele foi uma reação progressista contra o pensamento escolástico, silogístico, que dava voltas sobre si mesmo, sobre o já conhecido, uma vez que a conclusão já estava contida na premissa maior. Sendo não-experimental, não desenvolvia temas sobre os quais o pensamento poderia ser aplicado criativamente.

Exceções não fazem a regra

O estabelecimento desse relacionamento entre o desenvolvimento científico e a história político-social do homem, ainda que relativizado pela capacidade deste de fazer a história, impede-nos de entender esse avanço (composto também de recuos), de um lado, como linear e, de outro, como casual. Sendo o conhecimento científico socialmente determinado, torna-se difícil aceitar a sugestão de Koestler de que essa determinação é somente parcial, no sentido de que a produção intelectual, em grande parte, independeria dela, enquanto sua aceitação estaria condicionada pelo social. Conseqüentemente, esse desenvolvimento se teria feito por meio de um doido ziguezague. É que fazendo uma analogia entre a evolução biológica e o que se passou na história da ciência, Koestler sugere que há muita descontinuidade nesse processo de desenvolvimento. Ele teria sido desperdiçador, atrapalhado, com repentinas mudanças. Teria havido saltos e pulos casuais, que teriam levado a becos sem saída, a progressos, como também a regressos:

> Espontaneamente, como as mutações, surgem novas idéias, cuja grande maioria não passa de teorias inúteis, equivalentes às anomalias biológicas sem valor de sobrevivência. Há uma luta constante pela sobrevivência entre teorias rivais, em todos os ramos da história do pensamento. O processo de "seleção natural" possui, também, o seu equivalente na evolução mental: entre a multidão de novos conceitos que emergem, apenas sobrevivem os bem adaptados ao *milieu* intelectual do período. Qualquer novo conceito teórico viverá ou morrerá segundo puder entrar em acordo com esse ambiente, dependendo-lhe o valor de sobrevivência de sua capacidade de produzir resultados. (1961, p.360)

Não deixa de ser uma proposição de alto valor (à qual voltaremos), que explicaria parcialmente o que ocorreu na história da ciência. Mas não se pode transformar aparentes exceções numa explicação geral do acontecido ou do ocorrido. O defeito de algumas hipóteses desse tipo está em que seu proponente tende a buscar fatos que a confirmam, deixando de lado a maioria daqueles outros que a rejeitam ou, pelo menos, não a corroboram. Não que o conjunto dos fatos viesse desmentir a possibilidade de a hipótese ser parcialmente correta, como julgamos que é. Eles mostrariam o que temos afirmado no decorrer deste capítulo, ou seja, que é o quadro social em sua globalidade que vai determinar a direção da investigação científica, sobretudo quando ela se torna uma atividade institucionalizada e não obra de amadores, cujos interesses centrais estão em outros pontos.

A explicação sociológica na medicina social

Se não fosse assim, bastaria, em geral, a essa altura dos acontecimentos, apenas nos voltarmos para o passado, para as teorias que se mostraram inúteis à época em que foram propostas, que teríamos razoáveis possibilidades de encontrar a solução para os problemas teóricos e práticos do presente. É certo que é sempre possível redefinir teorias antigas, fazer delas uma releitura. Contudo, freqüentemente, nesse ato, lhes estaremos dando um significado e alcance que seus próprios autores não lhes atribuíram, exatamente porque as condições sociais com as quais conviveram eram outras. E também, com relativa freqüência, o fato de que os cientistas estejam redescobrindo o que já era sabido, tanto pode indicar sua ignorância (em geral decorrente da tendência à ultra-especialização), quando deixam de lado o estudo da obra dos grandes vultos de sua própria ciência, como pode mostrar a genialidade destes para dar soluções tão globais a problemas de seu tempo que continuam encontrando aplicação nas questões do presente (especialmente quando, em se tratando de ciências sociais, os aspectos essenciais do tipo social não se alteraram de maneira radical).

Criatividade e alteração da visão de mundo

Na verdade, o que mais dificultaria o avanço da ciência não seria exatamente o esquecimento de teorias do passado, mas o fato de que a lei do menor esforço também se aplica aos cientistas. Eles também têm a tendência de restringir a investigação (temas e soluções) às idéias anteriores já aceitas em sua disciplina. Do mesmo modo que ocorre no caso da maioria dos homens, aquilo que não se enquadra em sua moldura mental tende a ser rejeitado. Não poderia ser de outro modo, pois, para pertencer ao grupo, é preciso aceitar suas normas e valores. Aqui, estamos de pleno acordo com Koestler: o conservadorismo do grupo dos cientistas faz parte do condicionamento social geral das idéias. Não seria por ter um grupo humano, cuja atividade específica é a produção intelectual, que os cérebros de seus membros, a exemplo dos demais homens, não seriam oprimidos pelo pensamento dos mortos que os antecederam.

Sem dúvida, sempre surgem homens criativos em todos os setores, da mesma forma nas ciências, capazes de arrancar um objeto de seu ambiente habitual e vê-lo sob um outro prisma. Essa sua capacidade, possivelmente, vincula-se, em larga medida, às circunstâncias que cercaram seu processo de socialização, ou mesmo por pertencerem a grupos socialmente divergentes por alguma razão. Os puritanos produziram, principalmente nos séculos XVII e XVIII, um número muito maior de cientistas e de obras científicas que outras seitas protestantes, e estes, em conjunto, muito mais que os católicos (cf. Merton, 1964, cap.XVIII).

Contudo, não ocorrendo uma alteração da concepção geral do mundo (*weltanschauung*), é preciso alguma ruptura ou corte epistemológico para que os cientistas vejam o mundo que investigam de um modo diferente do usual. E isso não é fácil, em primeiro lugar, porque essa visão pode estar correspondendo ao estado das forças produtivas, a não ser que estivéssemos diante de uma situação em que já fosse marcante o descompasso entre aquele estado e a superestrutura (ideológica e científica); em segundo lugar, porque o discurso da disciplina na qual os cientistas militam está normalmente articulado. Um objeto estranho (como uma teoria) poderia prejudicar sua coerência, obrigando a esforços muito grandes para restabelecê-la, de modo a engrenar a novel teoria no corpo da doutrina, o que exigiria a sua reestruturação. São sempre lembrados vários exemplos de teorias que acabam ficando desconhecidas por muito tempo, mas o de Mendel é considerado um dos mais elucidativos: "Numa época em que os biólogos tendem a privilegiar a integração das partes no todo, o funcionamento global do organismo e as relações funcionais, Mendel inova tomando esses fatores

A explicação sociológica na medicina social

como descontínuos, separados uns dos outros" (Giannotti, 1971, p.137). Transformando a qualidade em fator descontínuo, dependente do acoplamento de fatores aleatórios existentes numa população, a teoria de Mendel, "nesses termos abstratos não tinha condições de ser aceita por seus contemporâneos, que dificilmente podiam compreender uma análise formal sem o correspondente objeto visível" (ibidem, p.137-8).

Reputação profissional do descobridor

O exemplo da teoria da hereditariedade de Mendel é elucidativo também porque mostra como as características sociais do personagem que apresenta a teoria inovadora são de rara importância na sua aceitação. Uma delas consiste na reputação profissional do descobridor. A resistência a novas descobertas científicas diminui, em qualquer área do conhecimento, quando o inovador tem posição e reputação elevadas. Inversamente, os que não as têm podem, às vezes, chegar a resultados científicos notáveis e não serem ouvidos, não só por causa de problemas de comunicação e de atenção dispensada, mas também porque poderão encontrar resistências ativas por parte dos cientistas tidos como autoridades no assunto. "O caso de Mendel é, talvez, o exemplo clássico da pequena categoria social ajudando a criar resistência dos cientistas contra as descobertas". Lembremonos de que a monografia de Mendel foi enviada a 120 sociedades científicas, universidades e academias de todo o mundo. Sua teoria foi comunicada por ele a botânicos distintos e completamente ignorada porque, em grande parte, ele era um monge insignificante (cf. Barber, 1976). Intimamente relacionada a esse fator de resistência está a especialização profissional, a qual constitui outra fonte de objeção a inovações vindas "de fora", e causa um inevitável viés quanto ao modo de ver os problemas, limitando temas, soluções e métodos de investigação (ibidem, p.47).

A especialização como fator limitante

Evidentemente, a especialização profissional foi um fator significativo no avanço da ciência. Seguindo a tendência da introdução da divisão técnica do trabalho em todos os ramos da atividade humana, ela atingiu igualmente aqueles que se dedicavam e se dedicam a fazer ciência (cf. Pereira, 1980). Analogamente ao que ocorreu em outras partes, produziu também nesse setor resultados positivos. No entanto, à medida que avança, a especialização torna-se cada vez mais limitadora, pois o aprofundamento num campo restrito cerceia as possibilidades de conhecimento do que se passa até mesmo em áreas limítrofes. Conseqüentemente, uma vez que foram ocorrendo necessidades socioeconômicas e políticas que exigiram maior enlace entre partes desconectadas (pelo menos para que houvesse um mínimo de coordenação), estamos assistindo hoje ao surgimento de trabalhadores científicos que se preocupam com áreas interdisciplinares, e que estão realizando fusões e integrações úteis, quer para o avanço da ciência, quer para o avanço da tecnologia. Possivelmente, o processo nesses setores guardará semelhanças com o que ocorreu no caso dos ofícios, que depois da divisão, até o nível das microespecializações, mostram agora uma tendência a regredirem a especializações mais abrangentes, uma vez que os trabalhos simples passaram a ser realizados por máquinas (estamos chegando, inclusive, à era dos robôs).

Na verdade, cada geração sofre os processos de socialização e ressocialização necessários para atender às exigências de seu tempo. E, ao mesmo tempo, cegos seus membros à sua própria cegueira (que só será percebida pelas gerações posteriores), criticam os "erros" da geração que os precedeu, que os deixam pasmos (White, 1955). Sobretudo a geração de cientistas do período concomitante e subseqüente à Segunda Guerra Mundial foi vítima dos descaminhos e vieses decorrentes dessa especialização exagerada, embora exigida pelas condições sociais gerais do tempo. Daí porque, se houve crise da ciência no período (diga-se de passagem, que a vida em sociedade, em épocas de transformações rápidas, como as enfrentadas pela humanidade a partir do Renascimento, é uma sucessão de crises), foi por causa desse desenvolvimento unilateral, ultra-especializado, que levou, por vezes, ao pensamento circular o qual, talvez, tenha constituído uma parte da cegueira dessa geração.

Mudanças sociais e avanço científico

O que, entretanto, estimula ou não o surgimento de novas teorias, bem como sua aceitação ou não, são as já referidas condições sociais globais, as quais, no campo do ambiente sociocientífico, se traduzem por um aparente maior ou menor amadurecimento em relação às épocas precedentes. Diz Koestler, nesse sentido:

> Foi o clima filosófico da Grécia, após a conquista macedônica, que enregelou, ao nascer, o conceito heliocêntrico de Aristarco ... Por outro lado, o "amadurecimento" do século dezessete para Newton, ou o do século vinte para Einstein e Freud, foi causado por uma disposição geral de transições e consciência de crise, que abrangia todo o espectro humano de atividades, organização social, crenças religiosas, arte, ciência, modas. (1961, p.363-4)

São as sociedades em mudança, realmente, as que oferecem as melhores oportunidades para o avanço científico (e tecnológico). Nas estáticas, a tradição dá conta de oferecer soluções aos poucos problemas que porventura surjam. De fato, se o pensamento se desenvolvesse com base no mesmo processo por meio do qual se formam os hábitos, ele seria quase sempre do mesmo tipo e as inovações seriam muito raras. Só numa sociedade diferenciada e sobretudo dinâmica é que os tipos de pensamento humano mudam constantemente (Mannheim, 1963, p.85). É que, nelas, há questões novas para impelir os homens à investigação, e para pôr em dúvida as soluções encontradas no passado. Por isso mesmo, a ciência avançou a largos passos a partir do Renascimento e não na Idade Média. Nesses períodos de mudança, não só surgem problemas novos que inquietarão a consciência e porão à prova a argúcia, principalmente dos homens cuja atividade básica é a produção de idéias novas, como, além do mais, há maiores facilidades de comunicação, maior divisão social e técnica do trabalho, maior número de idéias em circulação etc.

Em todas essas situações, a ideologia terá um papel relevante: nos períodos de estabilidade, por representar a maneira como as classes sociais dominantes se vêem e ao seu mundo social e natural, acaba sendo compartilhada pelas demais classes; nos períodos de mudanças, porque há certa luta entre as próprias classes dominantes (luta que se reflete na ideologia), ou porque grupos e classes sociais dominadas, mais ou menos revolucionárias, surgem no palco da história, inovando também o campo das idéias. De qualquer forma, reiterando o que já foi dito, a ideologia estará presente nas idéias científicas, ainda que nelas esteja penetrando pela porta dos fundos da investigação. É que, quase necessariamente, o trabalho analítico "começa com material fornecido pela nossa visão das coisas, e tal visão é ideológica quase por definição" (Schumpeter, 1954, p.42 apud Meek, 1971, p.256). Poder-se-ia, é claro, colocar a questão de ser ou não possível, usando-se normas adequadas de procedimento, superar esse condicionamento e chegar a resultados que tenham validade totalmente objetiva. Schumpeter acredita firmemente nessa possibilidade (idem, 1964, p.257). Esta de fato existe, em maior ou menor grau, dependendo da ciência, pois, caso contrário, não haveria diferenças acentuadas entre ciência e ideologia. No decorrer da exposição, já indicamos vários caminhos e situações que permitem superar o condicionamento sociocultural (sobretudo o predomínio exercido pela ideologia

A explicação sociológica na medicina social

das classes dominantes), embora a inexistência de elementos ideológicos não seja uma condição fundamental para fazer ciência de alto nível (é claro que isso depende da concepção que se tenha de ciência).

Correção de desvios

Fica a pergunta: será que a ciência não dispõe de meios para superar as interferências citadas? Fundamentalmente, há disposição para isso e a formação de boa parte dos cientistas enfatiza a preocupação com muitos dos tipos de interferência mencionados. É inegável que a ciência supera decididamente outras formas de conhecimento em seu afã de procurar remover, contínua e declaradamente, as possíveis perturbações e desvios, ainda que tal desiderato seja mais uma colocação de princípio que um comportamento de fato, dada a também inquestionável resistência de boa parte dos cientistas à descoberta científica (cf. Barber, 1976). No entanto, ainda que tenhamos nos referido ao fato de que, muitas vezes, a validade objetiva do trabalho científico é assegurada, simplesmente, pelo acordo dos próprios cientistas a respeito de como ver a realidade, não podemos desconhecer que as normas e procedimentos adotados pela ciência, procurando validar os resultados científicos alcançados podem, com o correr do tempo, efetivamente corrigir muitos erros, em especial aqueles concretizáveis em alguma espécie de medida.

Nossas principais dúvidas referem-se àquelas posições que supõem a possibilidade de superar inteiramente as influências ideológicas, notadamente porque, no nosso entender, o problema fundamental não está aí, mas na não-aceitação, por parte dos cientistas, especialmente os sociais, de que eles estão sempre adotando uma postura que tem algo de ideológica. A própria ciência constitui um modo valorativo de ver a realidade, ao privilegiar uma forma de obtenção de conhecimento em detrimento de outras. Mencionam-se, contudo, ainda, possibilidades alternativas de superação, entre elas a profissionalização acelerada dos cientistas. Sua concentração em universidades e institutos de pesquisa poderia ter como conseqüência, segundo Lange, o desenvolvimento de uma preocupação maior com a dialética do processo de pesquisa. Isso contribuiria para que os profissionais a ela dedicados conseguissem realizar a superação "dos interesses intelectuais e das concepções do meio social de onde provieram" (Lange, 1963, p.290-1). O autor se refere especificamente à ciência da economia e diz que "Engels já havia notado que a profissionalização da política, da religião, da filosofia etc., cria 'esferas particulares de divisão de trabalho' que adquirem uma certa autonomia em relação ao meio social onde tiveram sua origem" (ibidem), citando uma carta de Engels a Konrad Schmidt (de 27 de outubro de 1890), a qual, segundo Meek (1971), não vai realmente tão longe.

O ponto fundamental, no entanto, no tocante à superioridade da ciência, diz respeito à verificação, na prática, da verdade de seus enunciados. Ainda que tenhamos nos referido à existência de teorias científicas suicidas e de outras que se autocumprem, não resta dúvidas de que, com freqüência, essa verificação é possível. Ela é mais facilmente realizada no caso das ciências físicas e naturais, e menos nas sociais, porque, nestas, a descontinuidade do universo às vezes dificulta a prova. Mas em geral, também aí é possível a verificabilidade prática da conformidade entre o enunciado e a realidade objetiva, por meio, por exemplo, dos resultados da ação transformadora sobre essa realidade, ou da verificação histórica, estatística etc. (cf. Lange, 1963, p.298). A esse respeito, já nos referimos, por exemplo, à tese II de Marx sobre Feuerbach, na qual ele indica que a questão da verdade almeja a prática, não a teoria.

Entendemos que outra postura cientificamente válida a adotar-se seria a de o cientista assumir sua perspetiva ideológica. Apenas um positivismo algo extremado postula e sustenta a

A explicação sociológica na medicina social

possibilidade de evitar que os valores (ligados fundamentalmente às ideologias) interfiram no trabalho científico. A total objetividade por ele pressuposta oporia radicalmente o sujeito e o objeto da investigação. Eles não só são vistos como distintos, mas o ideal proposto e suposto possível é o de que o objeto se imponha completamente ao sujeito. Veremos como tal postura é adotada pelo funcionalismo genético de Durkheim. Uma posição inversa, bastante relativista, seria a adotada por Weber, para quem os objetos do conhecimento dependem do modo como o sujeito cognoscente não só os conhece mas, sobretudo, os compreende. A multiplicidade dos pontos de vista seria uma condição normal do fazer ciência. Dificilmente haveria real superioridade de uma ótica sobre a outra, constituindo a verdade científica o conjunto das várias posturas. Diferentemente dessas duas posições antagônicas, situa-se a visão dialética. Ela não constitui uma síntese de ambas, inclusive por lhes ser anterior. Segundo essa visão, há uma ação recíproca entre sujeito e objeto, ambos se construindo mutuamente (Pereira, 1970). Essas várias posturas serão vistas e discutidas nos capítulos seguintes.

3
A interpretação funcionalista

Introdução

A exposição das características do funcionalismo se complica um pouco (ainda que não seja mais difícil) porque, em primeiro lugar, foram vários os autores que a desenvolveram. Apesar da manutenção feita por eles de características essenciais do método, as diferenças produzidas por suas contribuições são, às vezes, bastante significativas. Inevitavelmente, será preciso fazer uma seleção. Em segundo lugar, fala-se muito sobre o que se pensa ser o funcionalismo. Em parte, por ter o método diferentes pais, mas basicamente porque ele é, muitas vezes, objeto de condenação (freqüentemente preconceituosa), sobretudo por parte daqueles que são ou se julgam vinculados à dialética (Fernandes, 1978, p.87). Tais críticas, quase sempre supõem a existência de um funcionalismo mais ou menos caricato. Deturpando-o, faz-se-lhe uma crítica impiedosa.

Entendemos não ser necessária tal deturpação, pois a interpretação funcionalista, se aplicada inadvertidamente às sociedades industrializadas e urbanizadas, complexas e mutáveis de nossos tempos, nas quais os aspectos dinâmicos são fundamentais, ou, como é também muitas vezes o caso, a partir de uma visão ideologicamente conservadora do mundo, pode realmente gerar mal-entendidos e falsificações. Diga-se, no entanto, que tais falsificações, científica e ideologicamente falando, podem ser do mesmo tipo das que se fazem, ou da dialética, ou das relações sincrônicas, quando estas são tratadas de uma perspectiva dialética (ibidem). Se há preconceitos em relação ao método por parte de sociólogos que teriam a obrigação profissional de ser mais bem informados a seu respeito, que não dizer de muitos estudiosos voltados para a medicina social que, às vezes, estão se aproximando das ciências sociais pela única via do marxismo! De qualquer modo, cremos que essas situações são compreensíveis e até mesmo inevitáveis, porquanto se está travando, geralmente, uma luta contra idéias exageradamente arraigadas quanto ao que seja ciência e metodologia científica, como já tivemos a oportunidade de discutir no primeiro capítulo. Dessa forma, é natural que as pessoas tendam a radicalizar suas próprias posições científicas e ideológicas em face das idéias que os adversários, supostos ou reais, sustentam (ou se julga que sustentam).

A noção de função é instrumental

Na verdade, há dois aspectos na questão. De um lado, o funcionalismo é simplesmente instrumental, sendo imprescindível na análise das conexões funcionais das várias partes integrantes da sociedade. A análise científica dessas conexões ou relações é básica para a perfeita compreensão do sistema social em estudo, pois elas são necessárias para a sua existência. De fato, a socie-

A explicação sociológica na medicina social

dade não perduraria se seus elementos constituintes não estivessem coordenados ou articulados, garantindo uma certa estabilidade da ordem social. Porém, é inegável que, a partir dessa necessidade de manutenção da estabilidade, há autores que acabam privilegiando os aspectos estáveis da ordem social, tendendo a ver nas mudanças e antagonismos problemas sociais em vez de uma característica inerente ao tipo social dominante ou funcional em relação ao tipo emergente. Neste segundo caso, é possível justificar as críticas, por vezes exercerbadas, feitas às análises funcionais.

Quanto à noção de função, básica no funcionalismo, há que se distinguir da mesma forma, como teremos oportunidade de mostrar, aquelas concepções finalistas ou naturalistas dos fenômenos sociais, voltadas para a descoberta do fim, ou mesmo para a descoberta dos efeitos socialmente úteis, daquelas outras concepções que enfatizam as relações de interdependência que, muitas vezes, são necessárias, dado o sistema social vigente. Nesses termos, a determinação da função de fenômenos, relações, processos e instituições sociais deveria ser buscada por qualquer método de interpretação para que a explicação seja completa. Acreditamos ser hoje difícil encontrar funcionalistas que sejam simplistas a ponto de só se preocuparem com a interpretação superficial dos fenômenos sociais (ou culturais, uma vez que o método é usado sobremaneira por antropólogos), ou seja, com a função que lhes é atribuída conscientemente pelos agentes sociais da ação.

No tocante à crítica de que o método é a-histórico, trata-se de uma crítica externa. Realmente, ao se preocupar com uniformidades de coexistência, é evidente que só poderá voltar-se para relações sociais que ocorram num espaço de tempo muito curto. Em suma, à análise funcional interessa como se associam as partes constitutivas da sociedade, como elas funcionam, de modo a manter e desenvolver o sistema social. Conseqüentemente, volta-se para a persistência da estrutura e de causas (processos recorrentes), ficando excluídos de seu exame as relações diacrônicas e antagônicas.

Uso de analogias entre sociedade e organismo

Julgamos também que uma das razões do preconceito contra o funcionalismo procede do fato de que ele se liga, originalmente, ao organicismo, teoria sociológica já praticamente desacreditada. Historicamente, a noção de função social tem nele sua origem, na tendência de encarar a sociedade como se fosse um organismo social. Concebia-se que a existência de necessidades, basicamente orgânicas ou delas derivadas, deveria ser atendida por um objeto, um comportamento, uma instituição social. Desse modo, procurava-se sempre a finalidade (a função) à qual um fato social servia. Um dos sociólogos organicistas mais famosos foi Herbert Spencer (apud Fernandes, 1959d, cap.1, item 1) – sua fama se vincula mais, talvez, às justificativas ideológicas que forneceu ao capitalismo "selvagem" de seu tempo, na segunda metade do século XIX, do que a contribuições científicas que tenha feito. Ele recorria constantemente a princípios e conceitos calcados na biologia, pois entendia que "as relações permanentes que existem entre as partes de uma sociedade são análogas às relações permanentes que existem entre as partes de um corpo vivo" (1910; a edição original é de 1877). Como veremos, o sociólogo funcionalista mais destacado, Durkheim, repeliu inteiramente semelhante analogia.

Malinowski

Outro clássico do funcionalismo foi o antropólogo Bronislaw Malinowski (1884-1942). Para ele, a explicação dos fatos culturais ligava-se, fundamentalmente, à satisfação das necessi-

A explicação sociológica na medicina social

dades humanas "primárias ou biológicas e derivadas ou culturais". As instituições estariam vinculadas a tal desiderato. Conseqüentemente, "a função significa sempre a satisfação de uma necessidade" (1948, p.184). Esse seria o ponto de partida para o estudo da função. Malinowski chegou a estabelecer alguns axiomas gerais do funcionalismo, como:

> A. A cultura é essencialmente um patrimônio instrumental através do qual o homem é colocado na melhor posição para solucionar os problemas concretos específicos que enfrenta dentro de seu ambiente, no curso da satisfação de suas necessidades; B. É um sistema de objetos, atividades e atitudes no qual cada parte existe como um meio para um fim; C. É um conjunto integral no qual os vários elementos são interdependentes; D. Tais atividades, atitudes e objetos estão organizados ao redor de importantes e vitais tarefas, em instituições como a família, o clã, a comunidade local ... (ibidem, p.175)

Radcliffe-Brown

Igualmente, Radcliffe-Brown (1881-1955) fez contribuições significativas para o método de interpretação funcionalista. Ele também procurou utilizar analogias entre sociedade e organismo, tanto assim que afirma: "Concebo a antropologia social como a ciência teórico-natural da sociedade humana, isto é, a investigação dos fenômenos sociais por métodos essencialmente semelhantes aos empregados nas ciências físicas e biológicas" (1973, p.233). No entanto, basicamente, o que lhe interessava no estabelecimento dessa analogia, no que diz respeito à interpretação funcionalista, é que, da mesma forma que as mudanças ocorridas nas unidades de um organismo não destroem sua estrutura, assim também mantém-se a continuidade da estrutura social, apesar de alguns indivíduos deixarem a sociedade, enquanto outros nela entram. Diz ele: "A continuidade da estrutura é mantida pelo processo da vida social, que consiste de atividades e interações dos seres humanos como indivíduos, e dos grupos organizados nos quais estão unidos". E prossegue, para definir função:

> A vida social da comunidade é definida aqui como o *funcionamento* da estrutura social. A *função* de qualquer atividade periódica ... é a parte que ela desempenha na vida social como um todo e, portanto, a contribuição que ela faz para a manutenção da continuidade estrutural. (ibidem, p.222-3)

Vê-se, pois, que seu interesse está na maneira como se perpetua a ordem social, apesar de todas as mudanças, de tal sorte que se pode reconhecer uma sociedade como idêntica a si mesma, ainda que de uma geração para outra, ou apesar de mudanças de vulto. Ou seja, ele se volta para o estudo dos aspectos sociais recorrentes. Não está, como Malinowski, preocupado com a satisfação de uma necessidade proporcionada por um objeto, atividade, atitude, instituição. Daí sua definição de função acima citada ou, ainda, como:

> O conceito de função ... implica ... a noção de uma *estrutura* constituída de uma *série de relações* entre *entidades unidades*, sendo mantida a *continuidade* da estrutura por um *processo vital* constituído das atividades das unidades integrantes. (p.223)

Ele concebe o sistema social total como possuindo uma unidade funcional, uma certa consistência interna. A função é a contribuição de um costume para essa unidade. Esse tipo de unidade seria "a condição pela qual todas as partes do sistema social atuam juntas com suficiente grau de harmonia ou consistência interna, isto é, sem ocasionar conflitos persistentes que nem podem ser solucionados nem controlados", embora, em nota, observe que "oposição, isto é, antagonismo organizado e regulado, é, evidentemente, aspecto essencial de todo sistema social" (p.224). Radcliffe-Brown é arguto o suficiente para tomar o conceito de função apenas como hipótese de trabalho. A vantagem dessa posição, que julgamos cientificamente correta, é, como ele mesmo diz, que uma "hipótese não precisa ser assertiva dogmática de que tudo na vida de toda comunidade tenha função. Exige apenas a pressuposição de que *pode* ter uma, e que vale a pena investigá-la" (p.227). Rebela-se, no entanto, contra o fato de que outros investigadores tenham confundido as coisas, em vez de esclarecê-las, ao empregarem o termo "função" para designar "uso", "propósito", "significado". Ele dá uma definição de função que, cremos, ser a mais representativa de seu pensamento: a reação de "certo modo socialmente padronizado de agir ou pensar o relacionado com a estrutura social e para cuja existência e continuidade contribui" (p.247).

Émile Durkheim

Émile Durkheim (1858-1917), ainda que anterior aos dois autores precedentes, tendo editado pela primeira vez suas *As regras do método sociológico* (cf. 1960) em 1895, talvez possa ser considerado o representante mais lúcido do funcionalismo até praticamente o fim da primeira metade do século XX. Influenciado pelas ciências maduras de sua época, é bastante positivista em suas concepções de ciência e de como se deve investigar e interpretar. As regras que estabeleceu a respeito deveriam levar à geração de hipóteses empiricamente consistentes e comprováveis (cf. Fernandes, 1959d, p.193). Mas a consideração empírico-indutiva dos fenômenos sociais não significa que entendesse a ciência como dependendo da acumulação puramente empírica dos fatos. Pelo contrário, Durkheim julga que às vezes basta uma única observação ou experiência bem-feita ou bem-conduzida para que se chegue ao estabelecimento de uma lei (1960, p.77).

Durkheim, no dizer de Florestan Fernandes, "confiava na razão dentro dos limites da experiência e ... acreditava na experiência segundo as regras da razão" (1959c, p.75). Tendo estabelecido como ponto de partida a definição de fato social, procura desenvolver uma teoria sociológica de investigação e de interpretação. Nesse propósito, é extremamente realista em sua concepção das relações entre sujeito e objeto. Partindo de sua definição de fatos sociais como coisas, entende que os objetos da investigação hão de se impor ao sujeito, que os deve observar procurando afastar todas as prenoções. Além do mais, estabelece que o estudo dos fatos deverá ser feito por meio de seu agrupamento em tipos sociais, escolhendo o investigador, para isso, os caracteres essenciais. Por esse caminho chega às regras relativas à explicação dos fatos sociais, que nos interessam mais de perto e que analisaremos mais detalhadamente.

Logo no início do capítulo, Durkheim repele a confusão entre fim e função em que teriam incorrido sociólogos mesmo do porte de Comte e Spencer. Nega que a explicação dos fenômenos sociais se resuma a indicar o fim para o qual servem, como se eles existissem tão-somente em relação ao papel que exercem. Afirma a respeito:

> Mostrar a utilidade de um fato não é explicar como se originou, nem porque ele é tal como se apresenta. Pois as utilizações em que é empregado supõem as propriedades que o caracterizam, mas não o criam. A necessidade que temos das coisas não pode fazer com que elas sejam deste ou daquele jeito e, por conseguinte, não é a necessidade que as pode tirar do nada e conferir-lhes o ser. É a causa de outro gênero que devem sua existência. (1960, p.88)

Os fatos sociais podem existir sem servir para nada (por terem perdido sua utilidade); além do mais, uma prática social pode mudar de função, ou ainda, servir a diferentes fins, sem mudar de natureza. Conseqüentemente, a procura das causas deve ser diferente da busca da função. A percepção desta, da uti-

A explicação sociológica na medicina social

lidade de um fato social, é posterior à sua existência. Seria o caso da divisão social do trabalho, cuja utilidade só foi notada depois de ter começado a existir. Só então a necessidade dela se fez sentir. O que o exemplo indica? Que a divisão do trabalho foi um produto necessário das transformações sociais: "a intensidade maior da luta, devido à condensação maior das sociedades, tornou cada vez mais difícil a sobrevivência de indivíduos que continuassem a se consagrar a tarefas gerais" (p.91).

Repele-se, assim, qualquer finalismo, se bem que se deixe espaço, na explicação, para as necessidades humanas. A impossibilidade de torná-las (as necessidades) explicativas ocasiona um fato ao qual Malinowski não deu atenção, ou seja, elas também evoluem e suas modificações só podem ser explicadas "por causas que nada têm de finais" (ibidem). Durkheim descarta, ainda, os fins como explicativos, por eles não se imporem indistintamente a todos os homens e porque, se o desenvolvimento histórico ocorresse dessa forma, os fatos sociais teriam uma infinita diversidade. Chega-se assim, a uma regra básica: "*Quando, pois, procuramos explicar um fenômeno social, é preciso buscar separadamente a causa eficiente que o produz e a função que desempenha*" (1960, p.93; grifado no original). Por não existirem os fatos sociais em razão dos resultados úteis que produzem, é que Durkheim utiliza o termo função para designar as conexões funcionais. Diz ele: "O que é preciso determinar é se há correspondência entre o fato considerado e as necessidades gerais do organismo social, e em que consiste esta correspondência, sem se preocupar em saber se ela é intencional ou não" (ibidem, p.93). Como é preciso procurar a causa antes de determinar os efeitos, percebemos que a explicação, na concepção de Durkheim, é genética. No entanto, a determinação da função é primordial para a explicação uma vez que, "se a utilidade do fato não lhe dá o ser, para poder se manter é preciso geralmente que seja útil" (p.94).

O ponto fundamental do funcionalismo durkheimiano é que os fatos sociais são determinados pelo próprio processo de associação, que dá sentido ao todo integrado representado pela sociedade. "O grupo pensa, sente, age diferentemente da maneira de pensar, sentir e agir de seus membros, quando isolados." Daí considerar falsa toda explicação de um fenômeno social que se baseie diretamente num fenômeno psíquico (p.101). Chega-se assim a uma outra regra: "*A causa determinante de um fato social deve ser buscada entre os fatos sociais anteriores, e não entre os estados de consciência individual*" (grifado no original). Na mesma ordem de idéias, observa-se que a função, isto é, a produção de efeitos úteis, é social e não individual, ainda que um fato socialmente útil possa sê-lo também para os indivíduos. Completa, pois, a proposição afirmando: "*A função de um fato social deve ser sempre buscada na relação que mantém com algum fim social*" (p.107; grifo do autor).

Como os fenômenos sociais variam conforme as formas de associação ou de acordo com o meio interno da sociedade, estabelece: "*A origem primeira de todo processo social de alguma importância deve ser buscada na constituição do meio social interno*" (p.109; grifo do autor), que é, talvez, a regra básica no tocante ao estabelecimento das conexões tanto funcionais como causais. No caso das primeiras, o que haveria de determinar, para estabelecer a função cumprida por um fenômeno social qualquer, seria sua relação com a totalidade representada pelo meio social interno.

Tal meio é composto de coisas (que vão desde objetos materiais até o direito e os usos e costumes) e pessoas, sendo o meio propriamente humano aquele capaz de influenciar o curso dos acontecimentos. A dois caracteres desse meio deu Durkheim grande importância: o volume da população e seu grau de concentração. A partir desses dois fatores buscou estabelecer muitas relações de causalidade, como em *De la Division du Travail Social*. O estado de um fenômeno social qualquer, num dado momento de uma sociedade, derivaria de acontecimentos anteriores ocorridos nessa sociedade ou de ações e relações que foram

A explicação sociológica na medicina social

estabelecidas entre ela e suas vizinhas (p.112-3). Ainda que salientando, contudo, não poder ser a causa eficiente de um movimento senão outro movimento, nosso autor nota, lucidamente, que, numa seqüência de mudanças, podem inexistir laços causais. "O estado antecedente não produz o conseqüente, mas a relação entre eles é exclusivamente cronológica" (p.114). Para esse problema procura dar a solução no capítulo VI, que trata das "Regras relativas à administração da prova". Nele, estabelece que o método adequado à sociologia comparada, para determinar relações causais, seria, dentre os propugnados por Stuart Mill, o das variações concomitantes.

Como salientou Florestan Fernandes, o mérito de Durkheim está em ter se preocupado em fundamentar, de modo sistemático, os princípios da explicação sociológica. Sua teoria representou "o primeiro passo decisivo na conceituação sociológica de função social e na fundamentação de *interpretação funcionalista* dos fenômenos sociais". É bem verdade que lhe cabe a crítica determinante de que os procedimentos que indica não retêm os momentos realmente críticos de alteração das conexões causais (cf. 1959d, p.210-1). Este é, contudo, um defeito inerente ao método de interpretação funcionalista, uma vez que ele se propõe, explicitamente, a buscar determinar as conexões funcionais, e não propriamente as causais. É evidente, no entanto, que sua concepção da totalidade da vida social é inadequada, pois supõe a possibilidade de uma correspondência harmônica entre a função e o sistema social global. Não considera as oposições e contradições; nem mesmo o fato de que os diferentes grupos têm interesses diversos. Se tivesse isso em mente, seria levado a concluir, como o fará Merton depois, que algumas manifestações da vida sociocultural podem ter conseqüências funcionais para certos grupos, mas disfuncionais para outros. De qualquer modo, Durkheim é superior, praticamente, a todos os cientistas sociais funcionalistas que o sucederam até o final da primeira metade do século XX.

O funcionalismo segundo Merton

Em 1949, com a publicação de *Social Theory and Social Structure*, por Robert K. Merton, foi dada uma notável contribuição à interpretação funcionalista dos fenômenos sociais. Reconhecendo que o funcionalismo, por ter se desenvolvido em várias frentes, havia crescido em remendos, mas não em profundidade; sendo, por isso, a menos codificada das orientações metodológicas nas ciências sociais (Merton, 1964, p.29), ele se propôs a estabelecer um paradigma desse tipo de análise. Nele procura expor, codificando-os e, ao mesmo tempo, fazendo-lhes a devida crítica, conceitos, procedimentos, inferências e problemas da análise funcional.

No entendimento de Merton, a lógica da orientação funcional predomina numa grande variedade de disciplinas científicas, de modo que empregá-la não significaria aceitar analogias descabidas, sobretudo com as ciências biológicas (ibidem, p.57), nas quais está bem estabelecida. Não ocorreria o mesmo na sociologia, na qual nos deparamos com concepções muito variadas sobre análise funcional.

> Para uns ela consiste sobretudo (ou, ainda, somente isso) em estabelecer relações empíricas entre "partes" de um sistema social; para outros, em mostrar o "valor para a sociedade" de uma prática socialmente estandardizada ou de uma organização social; e, para outros, consiste na exposição dos fins das organizações sociais formais. (p.59)

Ao tentar codificar o funcionalismo, Merton tinha ainda um outro propósito. Ele o julgava capaz, mais do que o seriam outras orientações metodológicas, de proporcionar a elaboração de teorias de alcance intermediário que melhor contribuiriam para o avanço da própria teoria sociológica. É que entendia que a principal tarefa do sociólogo contemporâneo era formular "teorias especiais aplicáveis a campos limitados". Para reali-

A explicação sociológica na medicina social

zá-la, seriam mais adequadas as teorias de alcance intermédio, bem fundamentadas, situadas entre as estreitas hipóteses de trabalho produzidas abundantemente durante a rotina da investigação e os amplos e imponentes sistemas conceituais da atualidade (cf. Merton, 1964, item "Teorias de alcance intermédio", na "Introdução", p.15-20).

Antes de desenvolver seu paradigma, Merton examina o que considera os três postulados básicos da análise funcional. Critica-os e repele-os, não só os julgando discutíveis e desnecessários, mas também responsáveis pela acusação muito disseminada de que a adoção daquela análise equivaleria a assumir compromissos ideológicos conservadores (p.46). Em essência, esses postulados sustentam: 1) "que as atividades sociais ou elementos culturais padronizados são funcionais para *todo* o sistema social ou cultural"; 2) "que todas essas normas sociais e culturais desempenham funções sociológicas"; 3) "que são, em conseqüência, *indispensáveis*" (p.35). Quanto ao primeiro, o da *unidade funcional da sociedade*, entende que ele foi explicitamente enunciado por Radcliffe-Brown (já discutido quando foi exposto o pensamento deste autor):

> A função de determinado costume social é a contribuição que este oferece à vida social total como funcionamento do sistema social total. Tal modo de ver implica que certo sistema social ... tem certo tipo de unidade a que podemos chamar de unidade funcional. (Radcliffe-Brown, 1973, p.224)

Merton observa que isso não é um postulado, mas uma variável passível de comprovação empírica. E o que se pode observar empiricamente é que o grau de unificação não só difere de uma sociedade para outra, mas muda para a mesma sociedade. Por definição, todas as sociedades devem ter algum grau de unidade funcional, mas nem todas a têm em *alto grau*. Em síntese, a suposição é contrária à realidade. Seria necessário especificar para que unidades socioculturais uma manifestação desse tipo é funcional. Afirma, em conclusão, que se tem de admitir, "de forma expressa, que uma manifestação tem conseqüências diferentes, funcionais e disfuncionais, para os indivíduos, os subgrupos, a estrutura social e a cultura mais amplas" (Merton, 1964, p.35-40, citação da p.40).

O postulado do *funcionalismo universal* foi exposto por Malinowski: "...*em todo tipo de civilização, todo costume, objeto material, idéia e crença desempenham alguma função vital...*" (ibidem, p.40). Merton nega tal postulado, entendendo que muito mais útil seria uma

> suposição provisória de que as formas culturais persistentes têm um *saldo líquido de conseqüências funcionais*, tanto para a sociedade considerada como uma unidade, quanto para subgrupos suficientemente poderosos para conservar intactas essas formas por meio da coação direta ou da persuasão indireta. (ibidem, p.42)

O terceiro postulado, o da *indispensabilidade*, aparece na complementação da afirmação de Malinowski: "...objeto material, idéia e crença desempenham alguma função vital, representam um *papel indispensável* dentro de um todo que funciona" (Merton, 1964, p.42). O postulado contém duas afirmações diversas: uma, a de que, se algumas funções não se realizam, a sociedade não subsiste; outra, a de que algumas formas socioculturais são indispensáveis para realizar aquelas funções vitais. Contrastando com isso, Merton diz haver muitas *alternativas* ou *equivalentes funcionais*, podendo "*a mesma coisa ter múltiplas funções e uma mesma função ser desempenhada* por coisas diferentes" (1964, p.43).

Quanto ao paradigma proposto por Merton, ele consiste de onze itens. Nós os sumarizaremos, dando maior destaque àqueles pontos que consideramos básicos na codificação sugerida: 1) As coisas às quais se atribuem funções:

> O requisito fundamental é que o objeto represente uma coisa estandardizada (isto é, padronizada e reiterativa), tais como pa-

A explicação sociológica na medicina social

péis sociais, normas institucionais, processos sociais, padrões culturais, emoções culturalmente normatizadas, normas sociais, instrumentos de controle social etc. (p.60)

2) *Disposições subjetivas (motivos, propósitos)*: implícita ou explicitamente, a análise funcional supõe que os indivíduos membros de um sistema social possuem algum tipo de motivação (ibidem). 3) *Conseqüências objetivas (funções, disfunções)*: haveria duas principais confusões quanto à concepção de função: uma seria a de limitar o conceito a contribuições positivas para o ajuste do sistema sociocultural; outra, entendê-lo como sendo o motivo da ação. Merton propõe, no primeiro caso, o conceito de *conseqüências múltiplas*, para verificar qual seria o *saldo líquido* delas, de onde poderemos ter tanto funções como disfunções. Define *funções* como "as conseqüências observadas que favorecem a adaptação ou ajuste de um sistema dado", e *disfunções* como "as conseqüências observadas que diminuem a adaptação ou ajuste do sistema". Haveria ainda conseqüências *afuncionais*. Ele também distingue *funções manifestas*, que seriam "as conseqüências objetivas que contribuem para o ajustamento ou adaptação do sistema e que são buscadas e reconhecidas pelos participantes do sistema, de *funções latentes*, que são, "correlativamente, as não buscadas nem reconhecidas". As funções latentes, sobretudo, é que poderiam ser funcionais, disfuncionais e afuncionais (1964, p.81). 4) *Unidade servida pela função*: uma vez que as coisas podem ser funcionais para uns e disfuncionais para outros, é preciso "examinar um *campo* de unidades para as quais uma coisa tem conseqüências previstas: indivíduos em posições sociais diferentes, subgrupos, o sistema social global e os sistemas culturais" (p.61-2). 5) *Exigências funcionais (necessidades, requisitos prévios)*: Merton considera discutível e nebulosa a concepção, incrustada na análise funcional, de exigências funcionais do sistema estudado. Entende que o conceito é tautológico ou *ex post facto*, por isso "tende a se limitar às condições de 'sobrevivência'

de um sistema dado" (p.62). 6) *Mecanismos mediante os quais se realizam as funções*: como em outras disciplinas, a análise funcional em sociologia também "exige uma exposição 'concreta e detalhada' dos mecanismos (sociais) que atuam para realizar uma função deliberada" (ibidem). 7) *Alternativas funcionais (equivalentes ou substitutos funcionais)*: abandonada a suposição da indispensabilidade de certas estruturas sociais particulares, é preciso atentar para a existência de uma *"margem de variação possível* nas coisas que podem ... satisfazer uma existência funcional" (ibidem). 8) *Contexto estrutural (ou coerção estrutural)*: "A margem de variação das coisas que podem desempenhar funções deliberadas em uma estrutura social não é ilimitada... A interdependência dos elementos de uma estrutura social limita as possibilidades efetivas de troca ou de alternativas funcionais" (p.63). 9) *Dinâmica e mudança*: Merton não considera o estudo de aspectos estáticos algo inerente à análise funcional. Entende que isso foi, simplesmente, uma reação útil dos primeiros antropólogos à tendência de escrever histórias conjecturais sobre as sociedades ágrafas. Julga que a mudança poderia ser estudada por meio do conceito de disfunção (p.63-4). 10) *Problemas de validação da análise funcional*: ela exige, acima de tudo, "uma formulação rigorosa dos procedimentos de análise sociológica que mais se aproximam da *lógica* da experimentação. (Isso) requer uma revisão sistemática das possibilidades e limitações da *análise comparada*" (p.64). 11) *Problemas das implicações ideológicas da análise funcional*: ainda que considerando neutra a análise funcional, Merton não nega que algumas análises particulares "possam ter um papel ideológico perceptível". Mas isso seria um problema específico de sociologia do conhecimento: "Em que medida a posição social do sociólogo funcional ... implica uma formulação e não outra de um problema, afeta suas suposições e conceitos e limita o campo de inferências que pode tirar de seus dados?" (ibidem).

Ao codificar aqueles pontos que considera fundamentais na análise funcional, Merton fornece um guia para todos aqueles que queiram aplicá-la. Tornando explícito muito do que estava implícito, permite, certamente, a realização de análises funcionais mais completas. Merecem atenção algumas das observações feitas por ele em alguns tópicos do paradigma. Entre elas a distinção entre funções manifestas e latentes, pois é freqüente entender que os agentes da ação têm consciência de suas conseqüências. Porém, a indicação de que é preciso explicitar para quais grupos sociais determinados elementos socioculturais são funcionais constitui um alerta para os analistas que tendem a confundir aquilo que é funcional para os grupos dominantes como sendo, ao mesmo tempo, funcional para a sociedade inclusiva. Fica claro, também, que não há que confundir a motivação psicológica para realizar uma prática social estandardizada com as funções sociais dessa prática. Uma norma social tem funções sociais que diferem das razões dos indivíduos para a ela se conformarem ou para a rejeitarem.

Sua noção de disfunção abre uma perspectiva inovadora ao possibilitar a análise de práticas sociais que, de um lado, são positivas, por exemplo, para o ajustamento e manutenção das normas e valores sociais vigentes, mas que, por outro lado, podem ser negativas para o ajustamento ou estabilidade do sistema social globalmente considerado. Seria o caso da ação empresarial que pode reforçar os valores sociais capitalistas ao buscar o lucro a todo custo, mas que pode ter efeitos adversos futuros sobre o sistema. Merton não chega a isso, uma vez que se limita a indicar desajustes que se criam quando, por exemplo, os comportamentos seguem padrões e normas ideais que, concretamente, podem ser disfuncionais para a sociedade em questão.

A respeito da questão da mudança social, Florestan Fernandes entende que a solução de Merton de discuti-la por meio do conceito de disfunção é pouco satisfatória, desde que a noção básica retida pelo conceito é de que não estão sendo produzidos os efeitos sociais esperados (ou normais), o que leva à idéia de sua correção para restabelecer a eunomia do sistema (1959a, p.249-50). Não deixa, ainda, de ser interessante, a observação de Merton (em outro ponto de sua obra) de que, considerando-se sempre a análise funcional como conservadora (voltada para a ordem presente existente), não se atentará para o fato de que, sendo assim, alterada essa ordem, ela (a análise funcional) conseqüentemente continuará a encarar o novo estado de coisas como indispensável à satisfação das necessidades funcionais (1964, p.47-8).

Florestan Fernandes

Em sua tese de livre-docência, "O método de interpretação funcionalista na sociologia" (1959d, parte III), Florestan Fernandes realiza um penetrante balanço das contribuições feitas pelos principais autores funcionalistas para um trato mais adequado das "operações lógicas que asseguram a exploração do raciocínio indutivo na explicação sociológica" (ibidem, p.XVIII) sob o restrito e característico aspecto desse método de lidar com os fenômenos sociais (ou seja, o de manipulação das conexões funcionais). Ele próprio, entretanto, contribui decisivamente para esclarecer o conceito de função, a natureza e implicações teóricas e práticas do conhecimento obtido por meio desse método, além de examinar as unidades sociais de investigação às quais ele se aplica melhor. Esse autor insiste em caracterizar precisamente o escopo da análise funcionalista, para evitar confusões de certo modo indevidas. A análise funcionalista

> tem por objeto descobrir e interpretar as conexões que se estabelecem quando unidades do sistema social concorrem, com sua atividade, para manter ou alterar as adaptações, ajustamentos e controles sociais de que dependem a integração e a continuidade do sistema social, em seus componentes nucleares ou como um todo. (p.309-310; grifo do autor)

A explicação sociológica na medicina social

As unidades pesquisadas por meio da análise funcionalista são quaisquer componentes do sistema social, independentemente de sua complexidade. Florestan indica idéias que são inerentes ao funcionalismo, e que constituem, por assim dizer, seus ingredientes básicos. Entre elas, as

> de que os fenômenos sociais fazem parte de conjuntos interdependentes; de que tais conjuntos se integram coordenadamente e se influenciam entre si, pela atividade de um dos seus componentes ou do próprio conjunto como um todo; de que os diferentes conjuntos ... possuem uma realidade própria e que, por conseguinte, o recurso à análise não visa reduzir o todo às suas partes; de que as conexões funcionais dos fenômenos são necessárias e se repetem, etc. (p.314)

Ele considera também que o funcionalismo lida interpretativamente com a noção de continuidade não só em termos das uniformidades de coexistência, como também por meio das "uniformidades de seqüência de caráter cíclico" ou lineares, uma vez que são vinculações causais que, igualmente, contribuem para a integração estrutural e funcional do sistema social (p.335).

Quanto ao conceito de função, Florestan elabora um esquema para caracterizar as diversas definições recebidas pelo conceito e discute, ao mesmo tempo, as perspectivas abertas por cada uma delas para o esclarecimento das questões definidas, para as quais se volta a análise funcionalista. Ele observa que, na sociologia, o termo "função social" foi entendido, logicamente, ao longo do tempo, como:

> 1) *concepção teleológica*: "sinônimo de 'fim', sendo este postulado como algo inerente ao modo pelo qual as necessidades humanas são satisfeitas, através da organização cultural das atividades sociais"; 2) *concepção mecanicista*: "uma relação de correspondência entre um fato social e seus efeitos socialmente úteis, mas os elementos dessa relação sempre seriam determinados, nunca deter-

minantes"; 3) *concepção positiva*: "uma relação de interdependência entre uma atividade parcial e uma atividade total ou entre um componente estrutural e a continuidade da estrutura, em suas partes ou como um todo, representando-se os elementos dessa relação, de modos diversos e em graus variáveis, quer como determinados, quer como determinantes". (p.255)

A concepção teleológica constituía uma interpretação superficial dos fenômenos sociais. Não só tomava a necessidade como determinante do fato social (idéia duramente criticada por Durkheim, como vimos), como também interpretava a função segundo o entendimento do fato por parte dos agentes sociais da ação. Isto é, não ultrapassava o nível de consciência desses agentes. Embora a explicação funcionalista continue interessada em tal interpretação, bastante pragmática, a unilateralidade do conhecimento por ela proporcionado já foi superada. Já há, na concepção mecanicista, uma radical mudança de perspectiva quanto às relações entre a natureza humana e a vida em sociedade. Em vez de se supor que aquela impõe-se e reflete-se decisivamente sobre esta, parte-se para o estabelecimento de uma relação inversa. A natureza humana é que seria produto das condições sociais de existência. Esta, recordemos, foi a posição adotada por Durkheim. Tal maneira de ver as coisas abriu, evidentemente, "o campo da investigação sociológica dos *motivos sociais inconscientes do comportamento humano*" (p.257). Quanto à concepção positiva, ela procura pôr em evidência todas as conexões funcionais, independentemente de constituírem condição determinante ou efeito (ibidem, p.259). As três noções "permitem operar em níveis diferentes de análise lógica", completando-se (p.264). Enquanto, no caso das duas primeiras noções, o interesse está somente nos efeitos socialmente úteis das ações, instituições e estruturas sociais, a terceira noção desloca-se para a determinação recíproca da totalidade das relações e conexões funcionais (p.261-7).

A partir destas concepções de função social, o próprio autor arrola as definições que prefere utilizar (manifesta, lateral e derivada), chegando a uma definição inclusiva de "função social", capaz de compreender todas as outras acepções:

> é a conexão que se estabelece quando unidades do sistema social concorrem, com sua atividade, para manter ou alterar as adaptações, os ajustamentos e os controles sociais de que dependam a integração e a continuidade do sistema social, em seus componentes nucleares ou como um todo. Por unidade do sistema social deve-se entender todo e qualquer elemento (ação, relação, posição, personalidade, grupo, instituição, camada etc.) que possa fazer parte de conjuntos interdependentes de fenômenos sociais e desempenhar dentro deles, independentemente de sua própria constituição ou complexidade, uma influência característica. (p.267-8)

Como qualquer outro método de interpretação sociológica, o funcionalista tem vantagens e limitações; na verdade, cada um deles se aplica a diferentes níveis lógicos. Segundo Fernandes, ainda que todos os fenômenos sociais possam ser analisados em termos da função, nem todos podem ser manipulados adequadamente por meio do funcionalismo (p.270). Da mesma forma, ele se volta, como os outros métodos de inspiração holística, para o estudo do "todo", mas é adequado, fundamentalmente, à sua análise, quando se trata de fenômenos sociais sincrônicos. Os problemas aos quais se aplica

> dizem respeito ao fluxo atual da vida social, às condições e processos sociais subjacentes à manifestação ou ao exercício de qualquer atividade social, desde a ocupação do meio físico e o adestramento do organismo para a existência social até a convivência interindividual e a continuidade existencial das coletividades como um todo. (ibidem, p.271)

É um método, pois, que tem limitações temporais, estudando os fenômenos que analisa em termos de como eles se processam num lapso de tempo relativamente bem determinado. Isso significa que, numa sociedade cujas alterações da organização social são intensas, as conexões funcionais que foram capazes de explicar certos fenômenos numa dada constelação social podem ser insuficientes (ou mesmo irrelevantes) para explicá-los nas constelações sociais subseqüentes. Tal limitação exige que o estudo dessas conexões funcionais seja refeito em cada fase do desenvolvimento estrutural de uma dada sociedade (p.272-3). Também as interpretações de um conjunto de fatos estudado só são válidas para o universo empírico considerado. A generalização implicaria um recurso à comparação de sociedades do mesmo tipo, ou não, nas quais ocorram situações da mesma natureza (p.274). Se é pequena a sensibilidade do método para "os aspectos pessoais da conduta individual", ele retém com penetração superior à de outros métodos "as relações existentes entre o condicionamento exterior das ações sociais e a significação subjetiva que estas podem adquirir para o sujeito, individual ou coletivamente, em determinadas situações ou circunstâncias sociais" (p.280). Em suma, o campo de ação por excelência da análise funcionalista são "os problemas referentes à constituição e ao funcionamento da estrutura social, à operação dos processos sociais recorrentes, ao equilíbrio social e à integração social" (p.282-3).

Conclusões

Ainda que a análise funcionalista seja sempre associada ao exame de conexões funcionais, admite Florestan Fernandes que alguns tipos de mudança social também podem ser descritos e interpretados por ela. É claro que, nesse caso, seria necessário "admitir, teoricamente, que não há um símile preciso entre *organismo* e sociedade", ajustando-se a noção de função ao ritmo característico de funcionamento da vida social, que implica um

A explicação sociológica na medicina social

"ritmo de mudança inerente à própria continuidade das sociedades humanas". Seria igualmente preciso admitir: 1) que as conexões funcionais, em alguns casos, podem ser determinantes (e não só determinadas), contribuindo para a transformação dos conjuntos que integram; 2) que as instituições ou estruturas sociais reajustam-se constantemente às funções que devem exercer, sendo tal reintegração "provocada pela instabilidade imanente à própria organização das coletividades humanas" (p.284-5). Trata-se, pois, de explicar mudanças limitadas, tanto no tempo como em grau, ou seja, alterações relacionadas a ajustamentos, principalmente institucionais, que contribuem para a integração e a continuidade do sistema social.

Florestan Fernandes também julga, diferentemente de Durkheim, por exemplo, que a posição do sujeito-investigador influencia a definição da "natureza lógica das conexões e determinações funcionais" (p.292). Enquanto um sujeito poderia ver conexões funcionais como "relações de coexistência", outro poderia vê-las como "relações de seqüência" (quer "invariáveis", quer como "componentes essenciais particulares de relações de sucessão"). Essas alternativas seriam possibilidades reais, dependendo de cada uma delas a exploração de peculiaridades individuais. O conhecimento das uniformidades implicadas por cada uma dessas posições seria obtido procurando os sujeitos-investigadores determinar, num caso, "dependências estruturais", e em outro, "correlações funcionais", ou, ainda, "vinculações causais" (p.294).

Como se percebe, o esclarecimento realizado por Florestan Fernandes das várias concepções de "função social", além da sua própria definição do termo, a qual agrupa, sinteticamente, todas elas, permite ao investigador que utiliza a análise funcional interpretar muito mais completamente, e com maior profundidade, as atividades sociais com as quais lida, especificamente, o método aqui focalizado. O autor não nega as limitações deste, mas mostra, com clareza, como elas são inerentes a qualquer método quando se pretende, por meio dele, obter resultados para a consecução dos quais ele é inadequado. Esclarece como o método funcionalista pode, até mesmo, ser utilizado para examinar vinculações causais, quando elas dizem respeito a alterações das conexões funcionais que contribuem para o ajustamento do sistema social global, concebido como imanentemente instável. A conclusão do autor, na verdade, vai em direção à constatação de que

> os métodos sociológicos de interpretação *não são incompatíveis entre si nem mutuamente exclusivos*. Na medida em que se aplicam ao tratamento de questões igualmente legítimas, de um prisma lógico, e igualmente válidas, de um ângulo empírico, eles são, ao contrário, mutuamente interdependentes e complementares. (Fernandes, 1959a, p.XVII)

Nesses termos, conseqüentemente, quando nos interessamos pela aplicação da análise funcionalista, teríamos de ter bem clara a especificidade de sua contribuição para o avanço do raciocínio científico na sociologia: o exame das uniformidades de coexistência.

Entendemos que, por meio da apresentação feita, de uma síntese do pensamento dos autores examinados, foi possível não só apreciar, em largos traços, os avanços na elaboração da análise funcionalista, como também o que dela, hoje, em linhas pelo menos gerais, poderia ser aproveitado para o estudo funcional daqueles fatos sociais que se incluem no âmbito de interesse da medicina social. Verificamos que o método, embora tendo se originado no organicismo, distanciou-se da tendência de tomar as ciências naturais por modelo interpretativo dos fenômenos sociais, como se os sistemas sociais pudessem ser concebidos naturalisticamente. É certo que temos, atualmente, tentativas de desenvolvimento de uma teoria geral dos sistemas, a qual, usando modelos cibernéticos, procura compreender o funcionamento do sistema social, como se este fosse homólogo, ou análogo aos sistemas físicos e naturais (cf. Bertalanffy, 1977). As colocações da "nova" teoria partem da suposição errônea de que toda ciência anterior foi reducionista, como se fora do positivismo nada houvesse. Ora, nas ciências sociais, em suas vertentes européias, sempre predominaram as concepções holistas, ao contrário do que crêem Bertalanffy e seguidores.

Além do mais, tais intentos deixam de lado as diferenças essenciais entre os vários sistemas (físicos, naturais, sociais). De fato, os autores voltados para uma visão sistêmica dos fenômenos examinados, no afã de generalizar, nem sempre consideram adequadamente as características distintivas das sociedades humanas (em relação aos demais sistemas): históricas, instáveis, abertas ao exterior, conflituosas e mesmo antagônicas nas relações internas entre grupos sociais, com unidades participantes dotadas de volição e que realizam ações com significado (para si e para os outros); descontínuas no espaço umas em relação às outras e, por vezes, também descontínuas no tempo, em se tratando da mesma sociedade. Desse ponto de vista, pois, essas tentativas constituem um retrocesso em relação ao funcionalismo concebido pelos autores clássicos. Porém, é claro que poderíamos ir adiante, discutindo as contribuições de um Parsons, por exemplo. Contudo, no caso do funcionalismo, se fôssemos considerar todas as contribuições tidas como significativas para o avanço desse tipo de análise (não realizando um corte em algum ponto), acabaríamos tendo não um capítulo, mas uma obra de maior envergadura, dedicada exclusivamente a esse método. Por isso mesmo, fizemos nossa seleção de autores que, no nosso entender, poderiam, expondo-se suas contribuições, dar uma idéia relativamente precisa da especificidade metodológica do funcionalismo.

4
Aplicação da análise funcionalista na medicina social

Introdução

Como já deve ter ficado claro no capítulo anterior, o emprego da análise funcionalista é indispensável para a produção de conhecimentos sociológicos sobre conexões funcionais e relações sincrônicas numa dada sociedade ou em seus subsistemas. Tal conhecimento diz respeito aos mecanismos e condições sociais que tornam possível o ajustamento recíproco de agentes sociais, *individuais* ou *coletivos*, numa determinada situação, bem como o exercício de funções por parte de instituições ou a realização de processos sociais com efeitos definidos no asseguramento da organização e continuidade dos sistemas sociais globais ou parciais.

No entender de Florestan Fernandes, o campo de aplicação da análise funcionalista abrange todos os fenômenos sociais (ação social, relação social, personalidade, instituição social, grupo social etc.), desde que eles se manifestem de modo a preencher as condições estabelecidas na definição de função social. E seus resultados interpretativos dão a conhecer as regularidades existentes nas relações dos fenômenos sociais, que podem ser descritas, funcionalmente, como uniformidades de coexistência e uniformidades de seqüência de caráter cíclico, bem como certos elementos de uniformidades de sequência lineares (ou irreversíveis). (1959d, p.335)

Tal tipo de análise permitiria resolver vários problemas,

em particular os que dizem respeito às relações da sociedade com o meio físico ou com o organismo humano, aos processos de socialização através dos quais os indivíduos se transformam em personalidades e são localizados no sistema de posições sociais, à convergência de atitudes e ideais nos diferentes níveis de comportamento e através das diferentes formas de controle social, à continuidade social (sob o duplo aspecto da estabilidade e da mudança), à caracterização e classificação dos tipos sociais. (ibidem, p.335-6)

Nesses termos, o recurso à análise funcionalista é uma constante em praticamente qualquer investigação sociológica. Mesmo quando a análise é essencialmente dialética, pode surgir a necessidade de examinar certas conexões ou relações funcionais. É claro que a determinação de conexões funcionais e de uniformidades de coexistência que podem ser apanhadas por meio da aplicação da análise funcionalista depende, sobremaneira, da concepção que se tenha do modo de operar do sistema social inclusivo. Mais ainda: é a visão geral do mundo do analista (fundamentalmente de natureza ideológica) que lhe indicará se as conexões e relações estabelecidas hão de ser encaradas como algo positivo, negativo ou neutro (para um dado sistema, grupo, classe social etc.). Conseqüentemente, julgamos que, mesmo um marxista, está constantemente lançando mão da análise

A explicação sociológica na medicina social

funcionalista, ao procurar captar interpretativamente fenômenos sociais em termos de sua função para a manutenção do sistema social alicerçado no capitalismo, nas condições vigentes numa dada formação social concreta.

A reinterpretação dialética da descoberta da função dá-se em outro nível de análise. Sendo assim, poderíamos encarar funcionalisticamente a existência de um exército industrial de reserva, uma vez que o surgimento de uma superpopulação operária constitui sempre, quando permanece alta a taxa de crescimento demográfico, um produto necessário do processo de acumulação capitalista. Dado que são as necessidades do sistema social que geram esse resultado, útil para sua manutenção e continuidade, estaríamos diante de uma análise funcionalista. Evidentemente, tal descoberta, quando reinterpretada à luz, por exemplo, das alterações da composição orgânica do capital, representadas por um contínuo decréscimo da proporção do capital variável comparativamente ao constante, transforma-se num dado significativo para a realização de uma análise dialética voltada fundamentalmente para a compreensão da dinâmica do sistema social.

A enfermagem como profissão

Muito freqüentemente, no entanto, o exame dos ajustamentos e reajustamentos operados em papéis, instituições, grupos sociais etc., em termos das funções exercidas num dado sistema social, não é seguido de tal reinterpretação, pois o que se busca explicar são, tão-somente, certas conexões funcionais. Cremos que um dos bons trabalhos que se utilizam da análise funcional, visando ao esclarecimento de relações entre uma unidade e o sistema social, no âmbito de uma instituição social voltada para a prestação de assistência médica, é o de Célia Almeida Ferreira-Santos, intitulado *A enfermagem como profissão* (1973).

Nessa investigação, a autora procura entender o comportamento das enfermeiras de nível superior em face das expectativas e das sanções positivas ou negativas correlatas dos seus "alteri", representados por médicos, elementos da administração, professoras de enfermagem, outras enfermeiras e pessoal auxiliar, bem como pacientes e sociedade global onde vivem; e também em face de outros objetos da situação, entre os quais os culturais, figurados principalmente pelos valores existentes sobre a profissão nos meios interno (hospital) e externo. A análise levada a cabo detectou *inconsistências no exercício do papel social* dessas profissionais. A autora verificou estar ele mal integrado (à época do estudo, pelo menos) no sistema hospitalar e na sociedade global.

A análise da posição social das enfermeiras mostrou que, além de ser uma profissão estruturalmente ligada ao sexo feminino socialmente subordinado ao masculino na divisão sexual assimétrica de trabalho vigente em nossa sociedade, o padrão de submissão é reforçado no seu relacionamento com os médicos, na maioria homens. A vinculação histórica da ocupação da profissão pelo sexo feminino revela-se na concepção do papel pela sociedade global, que o vê como tendo analogia com o de mãe, o que é coerente com a percepção do doente como um ser enfraquecido, necessitado de carinho e apoio. Tal vinculação faz que a profissão tenda a ser encarada negativamente pelos homens. Isso reforça o conservadorismo da estrutura antiga: mantém-se o relacionamento assimétrico apesar de a profissionalização feminina representar uma força inovadora em relação à tal estrutura.

Essa é uma das inconsistências verificadas, uma vez que as solicitações sociais colocaram a enfermagem, teoricamente, no nível das demais profissões que exigem formação de nível superior. Como profissão, supõe-se que a enfermagem possua as características distintivas conferidas ao exercício de um papel "profissional": função valorizada pela sociedade inclusiva e au-

A explicação sociológica na medicina social

toridade no campo específico, obtida por meio de educação formal (no caso, técnico-científico) e regida por normas bem estabelecidas. No entanto, pelo menos até o final da década de 1960, as idéias que se tinha, no contexto cultural da sociedade brasileira, a respeito do desempenho da atividade de enfermeira, identificavam-na, de um lado, com o trabalho missionário, heróico e de sacrifício, além de enfatizarem sua condição inferior aos papéis dos médicos, em termos de submissão e obediência; de outro, também se faziam presentes, nessas idéias, referências a aspectos "imorais" da profissão. Isso se traduzia no prestígio atribuído à profissão, que era semelhante ao de professor primário (ocupação com exigência de escolaridade no nível do 2º grau completo).

No contexto do hospital universitário investigado, a autora descreve as expectativas dos vários agentes sociais envolvidos no momento da pesquisa, em meados dos anos 1960. Entre eles, as da administração, que fundamentalmente, esperava que as enfermeiras fossem eficientes e possuíssem a competência técnica exigida pela profissão. Os médicos, por sua vez, desejavam o exercício da enfermagem científica, garantidora de total segurança aos pacientes, e a preparação para tarefas de ensino e colaboração em pesquisas. Mas a expectativa quanto ao relacionamento entre médicos e enfermeiras era dúbia. Os médicos reconheciam nas enfermeiras capacitação técnico-científica e delas esperavam iniciativa e independência nos procedimentos de enfermagem. "Ao mesmo tempo, por conotações do passado, espera(vam) submissão, respeito e disciplina." Queixavam-se também de que as enfermeiras não realizavam mais trabalhos de enfermagem, mas tarefas burocráticas. Em contrapartida, elas se ressentiam de não serem tratadas pelos médicos como profissionais e colaboradoras de mesmo nível. Por seu turno, as instrutoras da Escola de Enfermagem, que usavam o hospital como campo educacional, esperavam das enfermeiras que nele trabalhavam apoio e colaboração em tudo o que dizia respeito ao ensino, que fossem boas administradoras, além, é claro, de exercerem cuidados de enfermagem. As próprias enfermeiras esperavam umas das outras que fossem solidárias entre si, o que significava, principalmente, a hostilização daquelas que se uniam aos médicos e os defendiam. Nas relações com os auxiliares e atendentes, as enfermeiras esperavam obediência e disciplina no cumprimento de suas tarefas, enquanto eles esperavam delas que fossem "capazes na profissão, de modo a dirigi-los com eficiência e com relacionamento humano".

Por fim, os pacientes. Tratando-se de um hospital de ensino, assim Ferreira-Santos os retrata: "Freqüentemente analfabetos e partilhando os valores culturais do mundo do campo, estão mais habituados às relações sociais totais do que às segmentárias, têm orientação predominantemente afetiva", a qual se acentua com a doença. Tendiam mais a idealizar o papel da enfermeira, que deveria assumir as características de uma mãe: compreensiva, simpática, gentil e, ao mesmo tempo, firme. Quando a realidade não correspondia a esse ideal, eles, naturalmente, exprimiam suas expectativas. Como as enfermeiras, na verdade, tinham pouco contato com os pacientes, e quando isso ocorria, estabelecia-se em bases fragmentárias e categóricas, o comportamento delas era pouco influenciado pelas ansiedades dos pacientes. Contudo, dado que o ideal da profissão implicava que as principais responsabilidades deveriam ser para com os doentes, as enfermeiras, em termos dos valores internalizados, esperavam, numa situação ideal, o reconhecimento do paciente pelo seu trabalho. Tal gratificação, nas condições em que se realizava (afastada dos cuidados diretos do paciente), raramente podia ser obtida. Provavelmente, havia frustração de expectativas da parte delas em relação a essa faceta da profissão.

A autora explica as inconsistências no exercício do papel de enfermeira, apontando também para outras variáveis envolvidas na situação social examinada, entre elas, a preparação para a

A explicação sociológica na medicina social

profissão. Hoje, tal preparação inclui um aprendizado de matérias básicas, visando dotar a futura profissional de formação científica adequada. Mas na época da pesquisa essa aquisição de conhecimentos novos era passiva. As enfermeiras aceitavam a "autoridade" de médicos e cientistas da mesma forma que os leigos, o que implicava o reforço dos relacionamentos tradicionais, como a submissão. Por outro lado, havia um importante elemento que trazia inconsistência para o padrão de exercício de seu papel: o desempenho da enfermagem por pessoas desigualmente treinadas, dada a escassez de enfermeiras diplomadas em nível superior. Isso levava as que possuíam tal preparação a procurarem "delimitar áreas específicas, que só poderiam ser executadas pelos profissionais de igual formação, relegando as consideradas mais simples a pessoal de formação inferior". O que parecia desprezo pelas tarefas próprias da profissão, era uma reação natural: retirar-se para um setor não disputado pelos demais "profissionais". É que, se pessoas de níveis diferentes de preparação exercem "os mesmos papéis, todas elas podem, de fato, requerer autoridade e alegar competência nesse campo". Porém, numa estrutura burocrática racional e universalizante, não se faz tal delegação sem atrito. "Se permitem que alguém, em seu nome, exerça determinada atividade, estão, *ipso facto*, reconhecendo sua capacidade para fazê-lo; a outra hipótese é a da própria incompetência, manifestada por uma delegação indevida. E o que se vê é a enfermagem neste impasse: a afirmação científica da profissão não lhe permitiria toda uma série de delegações que, na situação de fato, é obrigada a fazer. E, se as enfermeiras continuam executando, ao lado do pessoal subalterno, as mesmas tarefas confiadas a este, com ele se nivelam. O dilema, numa ou noutra hipótese, fere-lhe a autoridade" (Ferreira-Santos, 1973). O problema se agravava pelo fato de os médicos solaparem sua autoridade específica porque estavam acostumados a lidar com "enfermagem não-profissional", pois dirigiam toda a atividade, incluindo, na direção terapêutica, a de enfermagem. Conseqüentemente, era difícil delimitar áreas de domínio de médicos e enfermeiras.

O funcionamento adequado do sistema social exige que um mínimo de necessidades dos agentes sociais sejam satisfeitas, para que eles sejam devidamente motivados; além do mais, os padrões culturais não podem estabelecer solicitações impossíveis a esses agentes. Caso contrário, serão gerados desvios e conflitos. Se os "alteri" frustram as expectativas dos agentes (e vice-versa), estes podem: "a) reprimir as necessidades não-satisfeitas; b) transferir a catexe para outro objeto; c) procurar redefinir os padrões de valor". No caso das enfermeiras, seu papel estava sendo redefinido numa situação de transição que era frustrante. As expectativas eram legítimas em contextos diferentes, mas era impossível o preenchimento de todas elas, em se tratando da mesma pessoa. A alternativa de reprimir as necessidades não-satisfeitas era inaceitável (elas tinham de preservar alguma forma de gratificação); a de transferir a ligação catética para outro objeto era dificultada pela situação (por exemplo, os "alteri" médicos eram encarados de forma ambivalente).

Portanto, a mais provável tentativa de ajustamento teria de ocorrer por meio da mudança de valores. Os elementos da situação favoreciam as modificações: indeterminação na especificidade do papel de enfermeira; valores opostos na apreciação desse papel; a defesa, pela sociedade, da necessidade de ter enfermeiras bem preparadas, ao mesmo tempo que, dada a escassez delas, resolvia prepará-las para mandar outros. No hospital examinado, a autora constatou que, de fato, foi a terceira alternativa que ocorreu: a maioria das enfermeiras optou por um comportamento não-conformista de "evasão". Essa atitude "se exteriorizou através de uma segregação de papéis: enfermeiras intelectuais, administradoras, científicas, mas que 'saberiam' dar cuidado integral; não o fazem porque não têm tempo" (ibidem). Romperam, assim, com a ética artesanal da profissão, engajando-se num *ethos* burocrático.

A explicação sociológica na medicina social

Como se percebe, a autora usou a análise funcionalista para examinar conexões funcionais entre o sistema social hospitalar e um de seus componentes nucleares: o papel social das enfermeiras. Mostrou como esse papel foi redefinido segundo a linha de menor resistência, de modo que fosse mantido o mínimo de ajustamento, para que tanto o sistema se mantivesse íntegro, como o papel em causa não sofresse desvios que afetassem gravemente as expectativas dos agentes sociais que o exerciam. Mostrou também a interdependência dos componentes nucleares do sistema social em pauta, integrando-se, coordenando-se e influenciando-se mutuamente, centrando a análise num dos agentes sociais: as enfermeiras. Ficou patente que, dada a inconsistência existente no papel destas, o equilíbrio maior do sistema social hospitalar, em relação à unidade analisada, poderia ser alcançado por meio de alguns reajustamentos, como: modificação no processo de socialização para o desempenho do papel; reeducação dos "alteri", cujas expectativas são significativas para as enfermeiras; racionalização da organização hospitalar, tornando menos ambígua, por exemplo, a posição da chefia do setor de enfermagem; ou, ainda, alteração dos programas de recrutamento para a profissão, enfatizando seu o caráter intelectualizado.

Ordem médica e norma familiar

Um outro trabalho voltado para a discussão de questões relativas à medicina social e do qual se pode extrair uma análise funcionalista da abordagem dos fenômenos sociais que examina é o de Jurandir Freire Costa, intitulado *Ordem médica e norma familiar* (1979). Dizemos que dele se pode extrair esse tipo de análise, porque não é uma obra retilineamente funcionalista, do ponto de vista metodológico, como a de Célia A. Ferreira-Santos. É antes, em nosso entender, uma obra vinculada ao estruturalismo, embora o autor não explicite seus pressupostos metodológicos. Na verdade, é sempre difícil encontrar análises sociológicas de fatos sociais concernentes à medicina social que não só esclareçam o tipo de explicação que as norteia, mas que deles façam uso pertinente e exclusivo. De modo geral, reiterando, lança-se mão, ao mesmo tempo, dos trabalhos de natureza sociológica e de explicações diversas, desde que os fenômenos sociais estudados assim o exijam ou permitam (por exemplo, a consideração, tanto de relações diacrônicas como sincrônicas e a busca da determinação dos motivos subjetivos das ações sociais que se cristalizam num querer coletivo).

Na investigação em questão, a análise funcionalista diz respeito às funções que a higiene assumiu na cidade do Rio de Janeiro em meados do século passado, para ajustar o comportamento social das famílias brancas, livres e proprietárias às novas condições objetivas de existência. Às vezes, a análise resvala para o terreno perigoso de tomar a higiene como causa das transformações às quais se faz referência. Mas de modo geral, ela se mantém fiel à consideração de que as medidas higienizadoras constituíam um efeito das transformações socioeconômicas relativamente profundas (e que são dadas por conhecidas) que se produziram no Brasil, com sua integração mais intensa ao capitalismo mundial. Tais mudanças ocorreram predominantemente na região do vale do Paraíba, voltada inteiramente, ou quase, para a cidade e o porto do Rio de Janeiro, quando do avanço da cafeicultura. A transformação das relações econômicas, tornadas muito mais intensamente capitalísticas, produziu a necessidade de as relações sociais, entre elas as familiares (nucleares no sistema social patrimonialista e patriarcal vigente no período colonial), serem ajustadas aos imperativos da nova ordem social. Fazia-se necessário uma família mais conjugal e menos patriarcal e promíscua. Em outras palavras, a ordem burguesa exigia uma família também burguesa.

A explicação sociológica na medicina social

O autor, no nosso entender, exagera na racionalidade que atribui ao Estado brasileiro na utilização dos higienistas como instrumento de modelação da família burguesa. Podemos fazer uma reconstrução histórica na qual detectamos o sentido e as funções, para o processo histórico, que tiveram as ações dos agentes sociais envolvidos. Mas tal percepção se dá, geralmente, *a posteriori*. Como afirmamos em outro trabalho: "Pode-se conceber a história como um processo racional, mas não no sentido de atribuir aos homens que a fizeram um plano coerente, como se em sua ação fossem movidos pela vontade de alcançar fins definidos a médio e a longo prazo" (Pereira, 1981b).

Os homens agem, segundo as alternativas que lhes são apresentadas pelo passado, para realizar objetivos bastante imediatistas. Ao agirem, criam novas alternativas para sua ação futura. Assim, aquelas alternativas socialmente válidas são sempre limitadas pela estrutura e pela organização social e econômica sob as quais vivem esses mesmos homens (ibidem). De qualquer modo, o autor busca realizar as propostas de Durkheim, às quais já nos referimos:

> a função de um fato social deve ser sempre buscada na relação que mantém com algum fim social; a causa determinante de um fato social deve ser buscada entre os fatos sociais anteriores, e não entre os estados de consciência individual; a origem primeira de todo processo social de alguma importância deve ser buscada na constituição do meio social interno. (1960, p.107 e 109)

E como realiza essas propostas? Mostrando as funções de controle social que a ordem médica passou a exercer sobre a família aburguesada, reeducando-a terapêutica e "cientificamente", para que se ajustasse a uma ordem social que não era mais apenas emergente, pois se tornara, agora, dominante, pelo menos na cidade do Rio de Janeiro. Indica o autor que o "sucesso" desse instrumento de controle institucional, representado pela higiene, deveu-se muito ao fato de a novel instituição sanitária ter se aproveitado bastante da experiência tradicional representada pelas eficientes técnicas de controle social desenvolvidas, no passado, tanto pela Igreja como pelo Exército – principalmente este. Fundamentalmente, a higienização das famílias foi disciplinada, ao modo militar, ao tornar-se permanente. Foi abandonada aquela descontinuidade das ações sanitárias, característica da maior parte do período colonial. Procurou-se também fazer ver, aos que sofriam as ações higiênicas, as vantagens pessoais, não só materiais mas igualmente morais, que poderiam obter da salubridade proporcionada pela medicina. Suas ações vieram, até mesmo, ao encontro de necessidades sentidas pelas camadas urbanas mais bem situadas no sistema de estratificação social; isso porque, elas próprias, já haviam sofrido (ou estavam sofrendo) um processo de ressocialização no tocante ao conhecimento e à compreensão dos mecanismos de produção da doença. O "sucesso" dos higienistas vincula-se ao fato de terem conseguido congregar "harmoniosamente interesses da corporação médica e objetivos da elite agrária" (Costa, 1979, p.28). Servindo-se de técnicas análogas à militarização, a medicina "suscitou o interesse do indivíduo por sua saúde. Cada habitante tornou-se seu próprio almotacé e, em seguida, almotacé de sua casa e da vizinhança" (p.29).

A higienização da família progrediu com o desenvolvimento urbano, este facilitando aquela. A moradia foi aberta ao exterior, em grande parte, graças à ação dos higienistas, que mostraram a insalubridade da antiga casa colonial, com suas alcovas, salas e corredores escuros, rótulas e gelosias. Isso estimulou a intensificação dos contatos sociais dos vários membros da família, anteriormente quase inteiramente restritos ao grupo familiar. Moldados social e psicologicamente pela família, seus membros desenvolviam comportamentos, representações e percepções estáveis. Conseqüentemente, imunes às transformações exigidas pela nova ordem social. Também em várias outras esferas a higiene contribuiu para que o ajustamento se ope-

A explicação sociológica na medicina social

rasse. Sua utilidade nesse sentido foi inestimável, porque tornou supérfluo lançar-se mão de métodos coativos que exigissem, por exemplo, procedimentos jurídico-legais. Estes não só seriam custosos mas, sem dúvida, ineficazes. Ao contrário, a medicina, com suas idéias higiênicas, preencheu a função valendo-se de uma linha de menor resistência. Provavelmente isso não foi percebido com clareza à época dos acontecimentos (ainda que o autor, aparentemente, assim não entenda). As idéias higiênicas tinham a vantagem de acenar com efeitos gratificantes e duradouros para aqueles que aceitassem a nova moral da vida e do corpo. Com elas, criaram-se instrumentos de controle ágeis, contínuos e pouco onerosos, uma vez que os próprios sujeitos tornaram-se interessados em realizar ações que produziriam tanto saúde quanto prosperidade.

Como isso foi possível? Em boa parte, por meio de uma classificação, pela medicina, de condutas tidas como naturais e normais, ou, inversamente, como antinaturais e anormais. Desde que aceitas, tais classificações tornariam desejados os comportamentos e hábitos que fossem mais funcionais para o sistema social em causa. Assim, foi considerado anormal (por ser insalubre) o contato com elementos estranhos à família, residentes na casa, como os escravos. "De 'animal' útil ao patrimônio e à propriedade, ele tornou-se 'animal' nocivo à saúde" (p.121). De um lado, a família se tornava menos segregada; de outro, a exclusão do escravo criava a possibilidade de uma intimidade maior entre seus membros, gerando neles uma certa "profundidade psicológica", antes inexistente. A mulher também, em parte graças a essas idéias, pôde se tornar mais sociável, abandonando seu excessivo retraimento e subordinação ao homem.

Tais mudanças teriam de ocorrer inevitavelmente com o estabelecimento de uma sociedade mais competitiva. As antigas relações de "casta", em que só existia como camada social dominante os latifundiários e senhores de escravos, são gradualmete substituídas por relações de classe – agora, torna-se necessário competir por *status* com a aristocracia e com os representantes da burguesia européia instalados no Rio de Janeiro. A higiene vem reforçar (e justificar) a necessidade de estabelecer novos hábitos e comportamentos ao mostrar a insalubridade da casa colonial, a anormalidade de contatos mais íntimos com os escravos, a naturalidade de uma alimentação e de um vestuário mais adequados ao clima e, conseqüentemente, mais saudáveis. Ou seja, a higiene indica o caminho e facilita achá-lo em face do processo de diferenciação social iniciado já no período joanino.

A medicina torna-se padrão regulador dos comportamentos sociais indispensáveis para um ajustamento coerente às novas formas de organização social. "Transformando a necessidade em virtude, os médicos tornavam o inevitável, desejado" (p.125). Em suma, o remanejamento de idéias por eles propiciado transformou os negros em transmissores de doenças e perpetuadores de hábitos incultos e maneiras rudes. A importância da alimentação adequada foi enfatizada; a da roupa, agigantada. Foram detectados os efeitos "terapêuticos" e "profiláticos" do uso de vestuário apropriado ao clima, aos sexos, às idades. Não incidentalmente, aumentou o comércio de roupas. Mais ainda: "a forma sadia de vestir distanciou definitivamente a família de elite dos demais estratos sociais" (p.130).

Entre os valores do ideário médico-democrático era positivamente sancionada a noção do indivíduo austero, contido, moderado. O protótipo do personagem burguês era apresentado como medicamente saudável. Inversamente, um comportamento discrepante era visto não só como imoral e perverso, mas também como anti-higiênico. "Quase toda atividade humana podia ser potencialmente mórbida. Simultaneamente, quase toda conduta tornou-se um tesouro virtual de ação terapêutica. Tudo era ao mesmo tempo sadio e doente. A sabedoria consistia em dosar os excessos, revitalizar os meios-termos" (p.139). Conseqüentemente, em outras áreas da atividade social, o ideário higienista também normatizou o comportamento, de modo

A explicação sociológica na medicina social

a fazê-lo funcional tanto para as classes sociais envolvidas como para o sistema sociocultural.

Assim, seguindo aquele ideário, foram padronizadas as relações entre pais e filhos. Foram examinadas, por exemplo, as principais causas da mortalidade infantil, e a maioria foi imputada ao comportamento impróprio dos adultos (corte do cordão umbilical, inadequação do vestuário, da alimentação – como uso de amas-de-leite etc.). Com o estabelecimento da nova ordem, ganhou importância a educação formalmente escolarizada. É que, nas condições mudadas, não bastava, para sobreviver e progredir, simplesmente repetir os comportamentos tradicionais aprendidos no seio da família. De maneira coerente com o restante de sua ação, a higiene também sujeitou às normas médicas os costumes no âmbito das escolas. Disciplinaram-se contatos sociais, hábitos de estudo, de adestramento físico etc., enquanto os comportamentos divergentes eram medicamente reinterpretados. O mesmo ocorreu com as relações entre homens e mulheres. Procurou-se disciplinar os atos sexuais e higienizar o casamento.

Em relação ao trabalho de Jurandir Freire Costa, poder-se-ia fazer aqueles reparos já mencionados. O primeiro, de atribuir aos agentes sociais da história, principalmente ao Estado, uma racionalidade praticamente impossível de ocorrer em condições sociais concretas. O segundo, de imputar à higiene a característica de condição por demais determinante, sem se referir à sua característica funcional: a de efeito. É como se ela tivesse sido, por si só, um dos fatores mais significativos na adequação dos hábitos, costumes e comportamentos da família burguesa do Rio de Janeiro de meados do século XIX. Pela análise do material histórico utilizado, fica claro que esse papel foi importante. Mas tendo sido alteradas as bases econômicas da vida social, as relações sociais e a ideologia que as sustentava teriam, inevitavelmente, de acompanhar a mudança fundamental. Nesse sentido, a própria revolução da higiene, representada pela nova maneira de encarar o corpo e as relações sociais, constituiu um fruto daquelas transformações. Em outras palavras, a higiene fazia parte de um complexo de causas e efeitos. O autor a tratou como condição determinante em vez de efeito, porque foi essa a perspetiva que adotou. Sem dúvida, tal tratamento produziu resultados interpretativos interessantes e aceitáveis

Talvez a complexidade das relações envolvidas poderia ter sido mais bem esclarecida. Durkheim insistiu que a utilidade de um fato social não se tira do nada. Ou seja, é sempre perigoso analisar um fenômeno social desconsiderando a matriz do qual ele proveio, normalmente o sistema social inclusivo que atribui uma função a um fato que freqüentemente já existe. Veremos mais adiante, até mesmo, como há uma tendência acentuada (e errônea) de analisar a psiquiatria como se ela tivesse sido criada para sujeitar os que transgrediam os valores da sociedade burguesa emergente às normas racionalizadoras criadas por essa mesma sociedade. Na verdade, os fenômenos foram contemporâneos. A psiquiatria não nasceu para atender a uma necessidade da ordem burguesa. Simplesmente seu aparente caráter técnico-científico era mais congruente com os valores dessa sociedade (quanto mais não seja, porque sua origem é comum, obedecendo aos mesmos fatores causais), especialmente em relação ao entendimento e tratamento daquilo que passou a ser considerado doença mental.

A psiquiatria como discurso da moralidade

Uma área do conhecimento e da ação vinculada à medicina social, e na qual se pode utilizar amplamente a análise funcionalista, é a da doença mental – e conseqüentemente da psiquiatria. A primeira poderia ser (e é), com certa freqüência, encarada como uma "disfunção", no sentido de as pessoas manterem (ou não manterem) relacionamentos sociais que diminuem a adap-

A explicação sociológica na medicina social

tação ou ajuste do sistema social, na definição de disfunção de Merton. Ou seja, elas teriam uma conduta divergente, sendo incapazes de exercer um papel social útil (ao sistema social existente) ou, então, o exerceriam inadequadamente. Diga-se de passagem que Parsons teve oportunidade de definir o papel de enfermo em geral como um tipo de conduta divergente, tanto que, para legitimar socialmente seu papel, o doente necessitaria do assentimento da coletividade, especialmente do aval de seu representante técnico nesse campo, o médico (1959, cap.X).

No caso do doente, principalmente mental, atribuir-lhe a enfermidade a um comportamento divergente também teria funções sociais (contribuição, agora, para o ajuste do sistema). Tal atribuição, por exemplo, retira do comportamento o possível conteúdo de rebelião contra (ou simples indiferença aos) valores estabelecidos e social e culturalmente aceitos. Como diz Parsons, por meio desse mecanismo, eliminam-se dois perigos: "A formação de um grupo de desviantes e sua pretensão em fazer reconhecer sua legitimidade. Ligados a um grupo de não-desviantes, os doentes mentais formam um grupo apenas estatístico, sendo-lhes recusada a possibilidade de constituir uma coletividade solidária", além de se atribuir ao papel uma condição pouco invejável (1955, cap.V, apud Bastide, 1965, p.262).

De modo geral, as análises sociológicas levadas a cabo por autores brasileiros, tanto sobre a doença mental como sobre a psiquiatria, tentam criticar as posições tradicionais sobre o entendimento de uma e a função de outra. São freqüentemente produzidas por estudiosos ligados ao que se convencionou chamar de antipsiquiatria. Em vista disso, tentaremos extrair elementos para uma análise funcionalista tanto da doença mental como da psiquiatria do trabalho de Joel Birman, *A psiquiatria como discurso da moralidade* (1978). Sua investigação obedece a limites no tempo e no espaço (vindo, assim, ao encontro de uma das condições exigidas para a realização de uma análise funcionalista). Em outras palavras, refere-se à constituição do saber

131

psiquiátrico em seu período decisivo e à pátria por excelência dessa disciplina, a França de 1793 (data da "libertação" dos alienados por Pinel) até mais ou menos 1850 (momento em que a teoria psiquiátrica já se tornara relativamente elaborada) (cf. p.39-40).

O trabalho em questão mostra como a ciência da época encarava "funcionalisticamente" a doença mental. Percebe-se, por meio dele, como é antiga a concepção dessa doença como comportamento social e psicologicamente inadequado. Nesse plano, já havia evidente preocupação, no século XIX, de fazer equivaler a doença mental a uma anormalidade, de maneira semelhante a que se associava à doença orgânica (ambas podendo, até mesmo, ser entendidas como tendo fundamentos biológicos). O que variou foi a maneira de interpretar o desvio. O "louco" seria um indivíduo que vivia na faixa do interdito por razões orgânicas, psicológicas (ser indisciplinado) ou sociais (sobretudo por viver em ambientes familiares que não regulavam seus comportamentos pelas normas e valores sociais aceitos pela sociedade burguesa emergente ou mesmo já dominante naquele período).

Na concepção "científica" então prevalecente, nem sempre se colocava em questão a etiologia societária da doença mental, por se tender a tomar o sistema social existente como um dado de fato (tendência que continuou a perdurar entre a maioria dos funcionalistas). Sendo o sistema visto como uma variável dependente, seu ajustamento e integridade seriam favorecidos ou não pelo funcionamento de suas partes constitutivas. É claro que, no entendimento de um Durkheim, o sistema social é a origem das funções e disfunções de suas unidades. Também Merton compartilha essa interpretação (ainda que de uma maneira mais nuançada, uma vez que é menos "materialista" que Durkheim) quando, por exemplo, discute a anomia e outras formas de conduta divergente (inovação, ritualismo, retraimento, rebelião) como relacionadas aos valores mais importantes na socie-

A explicação sociológica na medicina social

dade norte-americana (especialmente o associado ao êxito monetário). No caso de Florestan Fernandes, como vimos, ele procura, na noção de função, pôr em evidência todas as conexões funcionais, sendo os elementos da relação (partes e todo) representados quer como determinantes, quer como determinados.

À época (e também no caso de muitas análises funcionalistas atuais), geralmente não se interrogava a sociedade como criadora dos desejos cuja satisfação poderia engendrar nos indivíduos comportamentos divergentes em relação aos socialmente aceitos, uma vez que a obediência às normas vigentes poderia constituir uma barreira à realização desses mesmos desejos. Desde que aceitos os valores e normas dominantes (vinculados ao tipo social representado pelo capitalismo e sua classe hegemônica, a burguesia), a conduta que não se pautasse por ambos na competição e disputa por posições, bens, serviços, dignidades e honrarias escassos seria, naturalmente, julgada como divergente e, conseqüentemente, disfuncional para o sistema social. Ou seja, era anormal as pessoas buscarem (e também deixarem de buscar, fugindo à competição em determinadas situações, portanto, não exercendo, ou exercendo de forma imprópria, os papéis sociais que lhes foram atribuídos) a satisfação dos desejos por meio de aquisições realizadas à margem daqueles valores e normas dominantes (principalmente vinculados ao esforço representado pelo trabalho). Quanto à sociedade, ela estava fora de questão. Assim, para Pinel, segundo Birman, ela seria aquela mesma, dela nada podendo dizer-se (1978, p.142). O homem ideal da sociedade industrial, já em seu início, era o trabalhador digno em sua miséria.

Por vezes, no entanto, a origem da disfunção era (e ainda pode ser) procurada no fato de a sociedade mais complexa ampliar as necessidades materiais e não-materiais a serem satisfeitas, fazendo exigências maiores aos seus membros. A vida em sociedade implica o domínio do reino da cultura sobre o da natureza. Dividido entre ambas, o sujeito, especialmente na idade adulta, teria de encontrar um justo equilíbrio em face do conflito surgido. É que, rompido aquele, ele poderia ser conduzido à loucura (p.152). Essa linha de interpretação, que relaciona alienação mental e processo civilizatório, estabelece, portanto, a etiologia social da doença mental. Os povos selvagens não seriam insensatos; estes seriam encontrados apenas nos países civilizados. A civilização intensificaria e desenvolveria tanto a liberdade como as atividades, tornando as escolhas menos automáticas. O pensamento e a imaginação se tornariam menos limitados (donde também cresceria o número de alienados ao se passar do campo para a cidade, e em todos os períodos históricos com ritmos de mudança mais intensos). Se as pessoas vivem segundo estágios culturais anteriores, tendem a ser mais sujeitas à alienação, pois estariam desligadas das normas culturais atuais (cf. Birman cap. IV, "Alienação mental e medicina na sociedade industrial").

Tal modo de entender a doença mental vincula-se à noção, desenvolvida posteriormente (nos anos 1920) por Ogburn, de "demora cultural" (no bojo de sua teoria sobre mudança social). O progresso técnico em nossa sociedade ocidental seria muito rápido diante das mudanças mais lentas ocorridas nas esferas do social e do cultural. A defasagem provocaria tensões em face da lentidão dos processos sociais de ajustamento às novas situações. Conseqüentemente, um maior número de pessoas, nesse tipo de sociedade e nos momentos de rápida mudança, poderia vir a padecer de doenças mentais.

Na linha da interpretação que transparece no saber desenvolvido pelos psiquiatras franceses da primeira metade do século XIX, a disfunção, principalmente de natureza socioeconômica, causada pela doença mental, é percebida em três níveis principais: 1) na improdutividade dos próprios doentes; 2) no obstáculo à expansão e dominação da ideologia típica da sociedade industrial burguesa, representado pela não-adesão a ela (ou sua não-concretização) por parte dos "alienados"; 3) no impedi-

A explicação sociológica na medicina social

mento maior ou menor, por parte destes, de suas famílias trabalharem adequadamente, uma vez que, "inativos e mantidos em casa, necessitavam de observação permanente e de cuidados, o que equivaleria a subtrair braços ao processo de trabalho" (principalmente p.240-1).

Assim concebida, a doença mental se identificava (como ainda se identifica, muitas vezes) com outro grupo de desviantes, os "sociais". Vivendo, de algum modo, à margem dos valores e normas dominantes, os dois grupos se interpenetram, inclusive em termos da estrutura de saber que explica seu comportamento. Eles convergem, "face à mesma divergência diante do mundo das normas" (p.316). De fato, a análise funcional, para melhor estabelecer as contribuições de uma determinada unidade do sistema social para sua integridade (ou, pelo contrário, para seu desajuste), por vezes acaba desenvolvendo uma certa rigidez na distinção entre o "normal" e o "patológico", de modo que, como diz Castel em relação à psiquiatria daquele período, os "loucos" podem vir a ser encarados como completamente loucos e os "normais", como inteiramente normais (cf. Castel, 1978, p.20). Essa, contudo, não é uma visão monolítica do problema, nos termos da análise funcionalista, como foi exposta no capítulo anterior.

Sociologia da doença mental

As colocações feitas até aqui são muito gerais para caracterizar adequadamente a maneira como um sociólogo funcionalista examinaria o fenômeno doença mental. Realmente, uma das características distintivas do método é levar a cabo um estudo bastante exaustivo do fato social pesquisado, num universo bem determinado e num espaço de tempo definido e relativamente curto. Conseqüentemente, se se fosse, por exemplo, proceder ao modo de um Durkheim, como ele trabalhou em *O suicí-*

dio (1982), seria preciso distinguir os vários tipos de doença mental, identificando-os, classificando-os, definindo-os. Realizada essa tarefa, procurar-se-ia estabelecer os fatos e processos sociais antecedentes capazes de constituir fatores causais da doença. Nesse caso, talvez se verificasse, de fato, que pessoas vivendo em condições sociais de existência mais complexas (como seria o caso das cidades-metrópoles em relação ao campo), ou em situações de mudança intensa, poderiam vir a padecer, com maior freqüência, de doenças mentais. Igualmente, se verificaria a influência de fatores sociais como o grau de instrução, posição social, religião etc., como variáveis que poderiam dificultar ou favorecer o surgimento de sintomas identificados como de doença mental.

Possivelmente, a definição mais aceita da doença mental, sob o ponto de vista funcionalista, enfatizaria a recusa em exercer os papéis sociais adscritos à pessoa ou em efetuá-los de modo suficientemente inadequado, afetando o funcionamento normal do sistema social no qual a pessoa ou grupo estariam inseridos. Ou seja, haveria sempre referência ao fato de as pessoas ou grupos estarem à margem das normas sociais (por razões que seria preciso estabelecer). De fato, precisamos recordar que a análise funcionalista se aplica corretamente apenas a fatos socialmente padronizados, como papéis, instituições, processos (recorrentes, principalmente) e normas sociais, padrões culturais etc. É claro que, a par de tudo isso, seria necessário determinar tanto as funções como as disfunções do fato social estudado.

Do ponto de vista de um Merton, por sua vez, seria preciso considerar as possíveis motivações das pessoas ou grupos para se comportarem de maneira inadequada segundo a ótica das normas e valores sociais dominantes, de acordo com o modo como o autor procede ao analisar a anomia e outras formas de condutas desviantes nos Estados Unidos. Tais condutas, contudo, podem ter também conseqüências positivas para o sistema social, pois, ao serem censuradas, tidas como inconvenientes e

A explicação sociológica na medicina social

impróprias, reforçam o comportamento julgado correto e adequado. Igualmente, ao transferir para o indivíduo (ao inquiná-lo de doente mental) a responsabilidade por um comportamento que pode ser decorrente, como Merton mostrou no caso dos Estados Unidos, de contradições no próprio sistema de normas e valores, isenta de crítica o sistema social dominante.

Uma outra função seria estimular o desenvolvimento de instituições de controle (como discutiremos mais adiante, quando analisarmos a instituição psiquiátrica), as quais, extravasando seus limites iniciais, poderão vir a controlar desviantes políticos (ao facilitar sua categorização como doentes mentais), como parece ser o caso da União Soviética (cf. Singer et al., 1978, p.61-2). Isso significa que, para decidir se um determinado fato social constitui uma função ou disfunção, seria preciso fazer um balanço de suas contribuições positivas e negativas e verificar qual o seu saldo líquido para o ajuste ou desajuste do sistema social. Obviamente, nesse balanço, as funções latentes (nem sempre devidamente reconhecidas pelos participantes do processo) devem ser ativamente buscadas e analisadas. Isso nos levaria, por sua vez, à discussão do problema de quais grupos, segmentos ou classes sociais seriam beneficiados, e quais seriam prejudicados por um determinado entendimento da doença mental e pelas ações postas em prática para tratá-la.

Em síntese, o estudo das funções e disfunções de um fato social pesquisado deve levar em consideração, em primeiro lugar, as explicações a respeito dos sujeitos participantes. Em segundo, as necessidades sociais (em vários níveis), além da consciência destes, que estão sendo ou deixando de ser satisfeitas pelo fato (funções latentes que só o investigador pode determinar). Isto é, quais são realmente os efeitos sociais; que benefícios ou malefícios está sofrendo o sistema social imediato, no contexto do qual o fato está se passando? Em terceiro lugar, por fim, seria preciso pôr em evidência todas as possíveis conexões funcionais que operam no sentido, seja do sistema social para o fato (caso em que este seria um efeito), seja no da unidade para o sistema social (caso em que aquele seria condição determinante ou causa) (cf. Fernandes, 1959a, p.254-60). Entendemos que, normalmente, as funções (que, às vezes, podem parecer apenas disfunções) mais significativas a serem retidas pela interpretação dizem respeito à determinação do fato pelo sistema social, contribuindo para a integridade deste. Para seu funcionamento adequado, pode ser conveniente imputar a alguns fatos sociais conotações negativas. Dessa forma, ficará mais bem ressaltada a positividade de fatos opostos e de seu tratamento e repressão. Exemplificando: da definição e tratamento da doença mental poder-se-ia dizer o que Foucault diz da definição e punição das infrações, ou seja, que são feitas "para manter os mecanismos punitivos e suas funções" (Foucault, 1977a, p.27).

Instituições sociais relacionadas à doença mental

Intimamente relacionada à análise funcionalista da doença mental está a análise das instituições sociais incumbidas de sua definição, identificação, classificação e tratamento, especialmente a análise da psiquiatria. Seguindo a mesma linha adotada no caso da doença mental, aproveitaremos algumas contribuições do estudo de Birman, completando-as com outras, provenientes de fontes diferentes. De modo geral e fundamentalmente, atribuem-se às instituições psiquiátricas asilares as mesmas funções atribuídas a uma série de instituições sociais voltadas para o controle social: isolar e excluir do convívio com o meio social (para tratamento, punição etc.) pessoas ou grupos sociais determinados. Asilando, excluindo de alguma forma, ou ainda, simplesmente imputando a uma pessoa o caráter de enfermo mental (freqüentemente associado, no julgamento popular, ao "louco"), a psiquiatria (por uma de suas facetas, a de instituição

A explicação sociológica na medicina social

de controle) pode esvaziar o discurso do doente, impedir a frutificação de exemplos de conduta e, até mesmo, evitar (ou pelo menos minorar) conflitos ou desentendimentos que podem surgir em vários níveis (na família, no ambiente de trabalho, na vizinhança, na comunidade etc.), decorrentes da desobediência às normas por parte das pessoas ou grupos nomeados como doentes mentais. Isso porque a questão relativa a essas pessoas é tornada médica, o que é a mesma coisa que dizer que é tecnificada.

Pessoas e grupos sociais, ao terem seu comportamento desviante devidamente rotulado, identificado e explicado por uma instituição técnica afeita a essa tarefa, acabam recebendo uma pecha que os desclassifica como interlocutores válidos: a de marginais e insensatos. Seu discurso, e principalmente seu comportamento, são avaliados superficialmente ou mesmo negativamente, dando-se a eles uma atenção e significado diferentes daqueles que usualmente seriam atribuídos a pessoas tidas como normais. Porém, e nessa mesma linha de raciocínio, a direção do doente mental pelo médico constituiria (teria por função) uma tentativa, por parte deste, de introduzir no universo mental (e moral) daquele as normas e valores sociais vigentes na subcultura dominante (identificada com "a cultura"). Em qualquer nível de atuação, as táticas instrumentais utilizadas pela instituição psiquiátrica visariam, em última instância, no dizer de Birman, transformar o alienado mental, no período que estuda, pelo menos em "sujeito-das-normas" (1978, p.169).

Evidentemente, as funções que a medicina em geral e a psiquiatria em particular passaram a exercer na sociedade industrial burguesa relacionam-se às exigências dessa nova ordem social. Para que ela funcionasse com certa harmonia foi necessário utilizar instituições que, como já notamos ao final da exposição do trabalho de Jurandir Freire Costa, estavam se desenvolvendo a partir do mesmo processo de transformação do sistema social inclusivo. A sociedade burguesa passou a dar a ambas uma importância cada vez maior na estrutura social. Entre outras razões, por causa das possibilidades, dessas instituições, de explicação científica e de atuação aparentemente apenas técnica sobre unidades relevantes do sistema social. Elas vinham ao encontro, portanto, das necessidades de intervenção técnica no espaço social (cf. Birman, 1978, p.178) para manter ou alterar adaptações daquelas unidades, mas de modo que a integridade do sistema permanecesse relativamente inalterada.

Como se faria isso? Atuando de forma a parecer a todos (aos dominados e aos próprios agentes sociais da dominação, os médicos psiquiatras) que tal intervenção era inteiramente neutra em face dos interesses das camadas sociais hegemônicas. Ou seja, a psiquiatria, diante de uma série de problemas gerados pelo funcionamento "normal" dessa sociedade, produzia um discurso cientificista suficientemente coerente e capaz de mascarar e desarticular as relações entre a alienação mental e a sociedade (cf. ibidem, principalmente p.225-30). Mesmo quando se mantinha a relação (como no discurso de Esquirol), ela era esvaziada, sendo retirada de si a causalidade, considerando-se tal relação um subproduto não-essencial (p.233-6). Ancorada num discurso política e socialmente asséptico, a "Psiquiatria tornava-se necessária para recolher, através dos asilos, esses seres que eram considerados obstáculos ao bom andamento da Ordem social" (p.240).

Conclusões

É claro que, do modo como foram até agora discutidas as funções sociais da instituição psiquiátrica e da própria psiquiatria, a análise permaneceu no nível do que Merton chamaria de funções latentes. Estariam também sendo seguidas as concepções mecanicista e positivista de função social, de acordo com as definições do conceito apresentadas por Florestan Fernandes. Seguramente, na *análise elaborada pelos sujeitos médicos (psiquiatras)* participantes das ações sociais discutidas anteriormen-

A explicação sociológica na medicina social

te, as funções entrevistas se relacionariam a motivos e propósitos manifestos (por aparentemente evidentes) das mesmas ações. As conseqüências objetivas que se atribuiriam a elas seriam tidas como altamente positivas para os sujeitos que as sofriam. Predominaria a concepção teleológica de função social, segundo a caracterização realizada pelo autor mencionado.

Os psiquiatras aos quais se refere considerariam especialmente o "fim" manifestamente perseguido, qual seja, o de vir ao encontro de necessidades humanas evidentes, representadas pelo alívio concedido à família dos "loucos", por meio do tratamento, técnica e orientação científica a eles dispensados, e pela proteção concedida às comunidades nas quais habitavam. Como notou Fernandes, ainda que a concepção teleológica deva ser considerada, ela dá "demasiada importância ... ao teor pragmático do comportamento humano" (1959d, p.256). Na análise funcionalista, segundo a entendem seus mais renomados expositores, é muito mais relevante a busca dos motivos e fins sociais inconscientes do que reter a referência àquilo a que as ações, instituições e estruturas sociais pareçam manifestamente se destinar (ibidem, p.257 e 261). Por isso mesmo entendemos que uma análise funcionalista deve seguir principalmente a linha esboçada nos dois parágrafos precedentes.

Do ponto de vista de uma concepção não-teleológica da função social, o que interessaria mais a uma análise funcionalista da psiquiatria e de suas instituições conexas seria reter as necessidades do sistema social ocultamente satisfeitas por elas, pondo em evidência todas as conexões funcionais que os recursos interpretativos disponíveis possam reconhecer. Isso não obsta, evidentemente, a que se dê atenção às finalidades visíveis dos eventos e se use tal conhecimento como um recurso analítico válido. Assim, por exemplo, nos termos dessa concepção, parece certo que o poder adquirido pela psiquiatria e as instituições a ela ligadas têm muito a ver com os mitos que se foram criando em torno da medicina, que, no período de crença absoluta no progresso linear (especialmente da ciência), era vista como capaz de vir a extinguir a enfermidade. A visualização do exercício dessa função permitiu a legitimação da medicalização de setores cada vez mais amplos da vida social. Num nível utópico, aquela crença na futura extirpação de todas as doenças estava no horizonte intelectual da época (cf. Birman, 1978, p.252). A psiquiatria, que no entender de Birman, "Não representava efetivamente um conhecimento causal sobre a alienação mental, nem tampouco era Medicina" (ibidem, p.383), aproveitou-se amplamente de seu vínculo aparente com esta para se propor, até mesmo, a implantar uma moral mais austera e reformar a ordem nos países "civilizados" (p.247). Se pretendia o mais, podia o menos, que era realizar o isolamento do doente mental com a finalidade explícita de curá-lo. Levar a cabo tal tarefa podia significar apartá-lo

> do conjunto de situações que poderiam ser um obstáculo para sua recuperação. Separá-lo de seu ambiente habitual, seja físico ou social, corresponderia a afastá-lo das causas de sua moléstia aí presentes, assim como de todas as outras forças deste meio que poderiam se opor ao seu futuro restabelecimento. (p.259)

Essa concepção superficial e pragmática que se tinha do tratamento psiquiátrico (cientificamente insatisfatória) faz parte também da explicação funcionalista, como já observamos. Partindo dela, contudo, é que se buscam aquelas funções latentes não conscientemente percebidas e já indicadas, bem como outras mais que os recursos analíticos existentes permitam apanhar. Sob essa outra perspectiva, as instituições psiquiátricas são vistas (como já se indicou) como exercendo funções características de instituições sociais de controle. Ou seja, inserindo-se entre o homem (como cidadão ou não) e o sistema social (fundamentalmente representado pelo Estado ou por grupos sociais dominantes), de modo a garantir que (ou pressionar para que) as pessoas sejam convenientemente adestradas para o

A explicação sociológica na medicina social

exercício de atividades que garantam a continuidade e a integridade desse sistema.

As instituições psiquiátricas foram ampliando seu campo de ação a ponto de entrelaçarem sua atividade com a de outras instituições do gênero (como a Igreja, a polícia e a justiça), controlando (ou mesmo reprimindo) condutas desviantes que originalmente nada tinham a ver com a "anormalidade" medicamente definida. Assim, comportamentos tidos como "anormais" ou "imorais" na esfera da sexualidade, antes tidos como pecaminosos e, portanto, sob autoridade decisória da Igreja – e também, às vezes, da polícia –, passaram para o seu campo; da mesma forma, o comportamento criminoso, o consumo de tóxicos, e toda uma variada gama de condutas comumente identificadas, nomeadas, classificadas e interpretadas pela "patologia social" transferiram-se para a sua órbita.

O cumprimento de funções tão extensas, como não poderia deixar de ser, exigiu que o diagnóstico de "doença mental" se tornasse tão ou menos "científico" que na primeira metade do século XIX, baseando-se, ainda, no relato e nas denúncias de pessoas, grupos e instituições interessadas na rotulação de alguém como "doente mental" (cf. Singer et al., 1978, p.55; Szasz, 1978, cap.2). Ou seja, freqüentemente os médicos encarregados do diagnóstico e tratamento da "doença mental" podem estar atendendo antes *a quem* o comportamento do doente perturba do que a este, embora tudo pareça ser feito como se fosse em benefício dele (cf. Singer et al., 1978, p.56).

Isso significa que a categoria "doença mental" é elástica e que, apesar de criada por médicos, é influenciada pelos interesses do sistema social (o que é o mesmo que dizer interesses das classes sociais dominantes), que poderiam ser afetados de alguma forma pela conduta desviante de pessoas que se recusam, por exemplo, a cumprir "adequadamente" seus papéis sociais, não importando se a recusa é um protesto ou uma incapacidade (ibidem, p.59). Desse modo, questões sociais, políticas e morais controversas podem ser evitadas (cf. Susser, 1974).

Como se percebe, as idéias de que as várias partes do sistema social são interdependentes, se integram coordenadamente e se influenciam entre si e com o conjunto, próprias do funcionalismo (cf. Fernandes, 1959d, p.314), refletem-se em análises como as feitas anteriormente. Nelas, procurou-se interpretar os fenômenos sociais em causa (vinculados ao campo da medicina social), de modo que os problemas levantados fossem entendidos como fazendo parte de uma trama de relações e conexões necesárias à integração ou coordenação do sistema social. Concebendo-os (os fenômenos) como unidades interdependentes dentro de um todo, chegamos a vê-los, por meio da análise funcionalista, como partes da sociedade e que a fazem manter-se e continuar, e ao mesmo tempo, como resultado do modo como esta se acha constituída.

Os exemplos apresentados constituem, em nosso entender, modelos de análise funcionalista que se obtêm de trabalhos realizados por alguns brasileiros não necessariamente comprometidos integralmente com o funcionalismo (exceto o de Célia A. Ferreira-Santos). Outros autores, principalmente internacionais, talvez pudessem ser utilizados. Como já foi dito no Capítulo III, a análise funcionalista aplica-se principalmente ao estudo de relações sincrônicas (que mantêm e reproduzem o sistema social vigente), não se prestando bem à compreensão do processo de mudança, nem ao exame mais aprofundado de relações antagônicas (ou mesmo conflituosas). Porém, nem sempre se pode, também, por meio desse estudo, captar os motivos subjetivos das ações ou as formas de "querer" socialmente (cf. Fernandes, 1959d, p.344). É claro que aqui se teve tão-somente o propósito de exemplificar como poderia ser realizada uma análise funcionalista. A orientação teórica deve ser buscada, no entanto, fundamentalmente, no capítulo anterior, onde ela é exposta, tal como concebida pelos autores clássicos dessa corrente interpretativa.

5
A sociologia e o método da compreensão

Introdução

O método de interpretação dos fenômenos sociais proposto por Max Weber só pode ser bem entendido se, ao mesmo tempo, compreendermos o modo como ele encarava a vida em sociedade, bem como o objeto e o papel da sociologia. É verdade que sua obra é difícil e que seu estilo não ajuda a torná-la menos árida, como pensam muitos de seus comentadores (cf., por exemplo, Bendix, 1970, "Introdução" e MacRae, 1975, "A reputação"). A dificuldade de entendimento, entretanto, cremos nós, é agravada pelo fato de que nem sempre os que a lêem são capazes de abandonar a visão marxista ou funcionalista do mundo social de que são impregnados, das quais a dele tanto difere. Sendo assim, julgamos que seria um empreendimento pouco produtivo a exposição de seu método típico-ideal sem antes discutirmos a tarefa que ele cria caber à sociologia e sua percepção de como ocorrem os fenômenos que ela deveria desvendar.

A ação social com sentido

Inicialmente, deve-se dizer que, seguindo a tradição alemã, de acordo com a qual a sociologia trata de entidades só existentes na consciência dos homens (cf. Tönnies, 1942), Weber concebe-a como "uma ciência que pretende entender, interpretando-a, a ação social, para, desta maneira, explicá-la causalmente em seu desenvolvimento e efeitos". Ora, essa ação é uma conduta à qual o sujeito ou sujeitos dela *enlaçam-lhe um sentido* subjetivo (cf. Weber, 1944, p.4). Já na própria definição de sociologia, fica claro, pois, que se trata de uma determinada sociologia, a compreensiva, voltada para a interpretação do sentido (o qual implica *supor* a tomada de consciência por parte dos agentes) das ações sociais. Aquelas ações às quais não possamos imputar um sentido (ainda que inconsciente) não constituiriam objeto sociológico.

Por outro lado, não seriam sociais quaisquer outras não referidas à conduta dos outros (ibidem). Assim, não seria social a ação íntima não orientada por uma relação de alteridade (p.21). Não importa que as ações dos outros sejam passadas, presentes ou futuras, e que esses outros sejam individualizados e conhecidos, ou uma pluralidade indeterminada e desconhecida (p.20). Completamente diferente, portanto, da concepção de fatos sociais de um Durkheim, para quem eles não só são exteriores às consciências individuais como sobre elas exercem ação coercitiva. Diferente também do marxismo, interessado antes nas condições existenciais que determinam a consciência, o que implica admitir a determinação exercida pela esfera econômica, do que a supradeterminação característica do pensamento sociológico de Weber.

Laboraria em erro, entretanto, quem julgasse que se trata simplesmente de compreender o sentido de ações isoladas (ainda que referidas às ações dos outros) de um conjunto de indivíduos. O que importa é como as ações dotadas de sentido se en-

A explicação sociológica na medicina social

cadeiam, constituindo um processo em que cada ato parcial é um elo que "opera como fundamento do ato seguinte" (Cohn, 1979b, p.27). Esse é o tipo de compreensão que Weber chama de *explicativa*, cientificamente mais importante que a compreensão *atual* do sentido. Senão vejamos. Compreendemos racionalmente, "de um modo atual, o sentido da proposição 2 x 2 = 4", "uma explosão de cólera manifestada em gestos faciais", a conduta de alguém que leva a mão à maçaneta de uma porta para fechá-la etc. Mas "compreendemos por seus motivos" o sentido posto nessas ações, quando as integramos num processo em que a proposição 2 x 2 = 4 entra numa

> operação mercantil, numa demonstração científica, num cálculo técnico ou em outra ação a cuja conexão total pertence aquela proposição pelo sentido que vemos vinculado a ela; ou seja, essa proposição logra uma "conexão de sentido" compreensível para nós. (Weber, 1944, p.8)

Em outras palavras, todos os que efetuam uma operação de multiplicação devem obedecer a certas normas de procedimento, igualmente no caso de outras ações com sentido. É a compreensão atual. Por exemplo, se se trata de ações médicas, podemos compreender o sentido das ações que estão sendo realizadas em termos de sua congruência com as regras dos procedimentos técnica e cientificamente recomendados pela medicina. No entanto, a compreensão verdadeiramente explicativa do motivo, dada pela descoberta da *conexão de sentido*, depende da integração de tais ações num processo em que se pode estar buscando obter salários, honorários, lucros, prestígio, poder etc. Em suma, a conexão de sentido implica compreender o desenvolvimento real da ação em termos de um processo, e não de uma ação isolada como se disse acima. Entendemos, assim, a seguinte afirmação de Weber: "'explicar' significa ... para a ciência que se ocupa do sentido da ação, algo assim como: captação da conexão de sentido em que se inclui uma ação, já compreendida de modo atual, em termos de seu sentido 'subjetivamente visado'". (1994, p.8)

Os fenômenos histórico-sociais
são compreensíveis

Como veremos mais adiante, a compreensão das ações humanas concretas (históricas) é facilitada pela utilização do método típico-ideal. Antes, porém, seria conveniente apontar para o fato de que, para Weber, enquanto as ciências físicas e naturais estão limitadas, simplesmente, a conhecer, descobrindo relações causais (inclusive funcionais) entre os fenômenos que investigam, as ciências histórico-sociais podem, de fato, compreender esses fenômenos. A possibilidade de entender a ação dos outros homens (ainda que de um modo impreciso) constitui o passo inicial da sociologia compreensiva (cf. MacRae, 1975, p.87-8). É que o simples fato de sermos homens possibilita-nos tal compreensão: "Não é preciso ser César para compreender César".

É claro que os limites entre ações reativas e realmente dotadas de sentido são elásticos, estando, "freqüentemente, unidos e mesclados entre si os elementos compreensíveis e não compreensíveis" (Weber, 1944, p.4). Todavia, está exatamente nessa mescla, e talvez mais ainda na atribuição recíproca de sentidos tanto precisos quanto incorretos pelos participantes de uma relação social (conceito que se discutirá mais à frente), a razão da enorme variabilidade do acontecer real. Cada processo social adquire, assim, suas peculiaridades. Pode, então, ser preciso chegar a um nível de especificidade bastante grande para entender seus desdobramentos e significados. Mas para isso devemos, ao mesmo tempo, dar um sentido (por meio dos procedimentos mencionados a seguir) às ações constituintes do processo em causa para que ele se torne compreensível para nós.

A captação da conexão de sentido

A captação desse sentido ou conexão de sentido se pode fazer por três modos. No caso de ações sociais particulares (históricas), buscando o sentido visado realmente. Nos fenômenos de massa, pode-se chegar à compreensão desse sentido determinando-se a média (caso em que o sentido é compreendido de um modo aproximado). Mas o tipo de captação de sentido característico da sociologia weberiana se dá construindo cientificamente esse sentido "(pelo método tipológico), para a elaboração do tipo ideal de um fenômeno freqüente" (Weber, 1944, p.8). Por meio desse último procedimento é que, inclusive, melhor se pode compreender o sentido das ações sociais históricas. O sentido, pois, pode ser tanto o existente de fato (nos dois primeiros casos) como o construído, no terceiro caso, por meio de um tipo ideal, com atores também ideais. Weber deixa claro que "não se trata, de modo algum, de um sentido 'objetivamente justo' ou de um sentido 'verdadeiro' metafisicamente falando..." (ibidem, p.4).

A atribuição de sentido à ação humana, entretanto, é fundamental, porque somente por intermédio de tal atribuição é que os processos e objetos (sociais) adquirem um determinado cunho (econômico ou médico, por exemplo). Às entidades que, por si mesmas, são destituídas de sentido, a ação humana lhes dá significado como "objetivo, meio, obstáculo, conseqüência acessória". Por outro lado, como se disse acima, tão-somente a atribuição de um sentido pode dar unidade aos próprios processos de ação e os tornar compreensíveis. Como afirma Gabriel Cohn:

> é somente através do sentido que podemos apreender os nexos entre os diversos elos significativos de um processo particular de ação e reconstruir esse processo como uma unidade que não se desfaz numa poeira de atos isolados. Realizar isso é precisamente *compreender* o sentido da ação. (1979b, p.28)

Resumamos os pontos abordados até aqui. Em primeiro lugar, vimos como a atribuição de um sentido ou conexão de sentido constitui, tão-somente, uma hipótese de trabalho particularmente válida, por mais evidente que seja (cf. Weber, 1944, p.9). Isso significa que sempre devemos enlaçar à adequação de sentido imputada uma determinada probabilidade (ibidem, p.11). Esclareceu-se também que o sentido cientificamente atribuído não é, necessariamente, o expresso pelo sujeito ou sujeitos da ação. Estes podem estar submetidos, por exemplo, a "repressões" (íntimas), encobrindo a conexão real da trama de suas ações. Conseqüentemente, "o próprio testemunho subjetivo, ainda que sincero, tem um valor apenas relativo". À sociologia cabe "averiguar e interpretar essa conexão, ainda que ela não se tenha elevado à consciência" – ou se tenha elevado apenas parcialmente. Por fim, dada a diversidade de conexões de sentido, "manifestações externas da ação que, para nós, parecem 'iguais' ou 'semelhantes' podem apoiar-se, no autor ou autores, em conexões de sentido muito diversas" (ibidem, p.9).

Os motivos

Neste ponto, seria conveniente indicar que à diversidade de sentidos corresponde também uma variabilidade de motivos. Por estes, Weber entende "os *fundamentos*, com sentido, de uma conduta", tanto para o autor como para o observador (p.10). Diz ele que "em situacões dadas os homens estão submetidos, em sua ação, à pugna de impulsos contrários, todos eles compreensíveis". Mas não podemos, nessa "luta de motivos" compreensíveis, apreciar, com toda a segurança, a intensidade das "distintas referências significativas" a eles associadas pelos agentes. Só o resultado efetivo nos ilustra sobre isso (p.9). Ora, o conhecimento dos motivos, tanto como a descoberta das conexões de sentido, são duas faces da interpretação sociológica

A explicação sociológica na medicina social

representada pela compreensão da ação. A relevância do motivo está em que ele "permite estabelecer uma ponte entre sentido e compreensão". De fato, na perspectiva do sociólogo, ele é a causa (no sentido de gênese), enquanto o sentido aponta para o objetivo, para o fim da ação (cf. Cohn, 1979b, p.27).

Relação social

Fizemos referência, até agora, a ações sociais. Como, no entanto, a vida em sociedade implica uma conduta plural de múltiplos agentes, Weber usa o conceito de relação social para expressá-la. Enquanto na ação social a conduta está unilateralmente referida à conduta dos outros, na relação social a conduta plural dos vários agentes "se apresenta como reciprocamente referida pelo sentido que encerra, orientando-se por essa reciprocidade" (Weber, 1944, p.24-5). Com muita precisão, diz Gabriel Cohn que, na relação social, a conduta dos múltiplos agentes "orienta-se por um *conteúdo de sentido* reciprocamente compartilhado" (1979b, p.30). O conteúdo é dado por uma norma, como um costume ou uma "situação de interesses", por exemplo, que dá regularidade à ação social dos homens. Como veremos mais adiante, eles, normalmente, atuam orientando-se por um modelo do que deve ser ou por outras representações, como motivos racionais de fim (para um conjunto de agentes) e que, por razões variadas (entre as quais a coação), se tornaram obrigatórias como normas de conduta. O importante é que haja uma *probabilidade* de os agentes atuarem obedecendo a um conteúdo, independentemente daquilo em que ele descansa.

O mínimo de bilateralidade que, por razões conceituais, existe na relação social, não implica solidariedade dos agentes. A bilateralidade pode existir pela razão contrária, ou seja, por conflito. Quer-se com isso dizer que, de modo algum, "em um caso concreto, os participantes da ação mutuamente referida ponham o *mesmo* sentido nessa ação, ou que adotem, em sua intimidade, a atitude de outra parte; isto é, que exista 'reciprocidade' no sentido". "A relação social é, assim, por ambos os lados, objetivamente 'unilateral'", o que não implica que ela não possa ser, objetivamente também, bilateral (o filho que se comporta em relação ao pai como este espera). Esse sentido (seja o concretamente existente, o médio, seja o construído usando o tipo puro) nunca é, reiterando, o "normativamente 'justo' ou o 'metafisicamente' verdadeiro", mas o "sentido empírico e visado pelos participantes" (cf. Weber, 1944, p.25-6).

A regularidade das condutas

Nos parágrafos precedentes, referimo-nos bastante à enorme variabilidade de sentidos que orientam e de motivos que fundamentam as ações sociais. É preciso, porém, que retomemos a breve alusão feita ao problema da regularidade existente nas condutas humanas. É evidente que, se a sociedade não apresentasse um mínimo de estabilidade em tais condutas, seria praticamente impossível a vida social. A sociologia, na verdade, se ocupa, especificamente, dos tipos de desenvolvimento da ação nos quais "se podem observar ... regularidades de fato; isto é, o desenvolvimento de uma ação repetida pelos mesmos agentes ou estendida a muitos ... cujo sentido *visado* é tipicamente homogêneo". Nisso a sociologia se opõe à história, "interessada nas conexões singulares" (ibidem, p.27).

A probabilidade da existência de uma certa regularidade das condutas pode se assentar, por exemplo, no uso e no costume, nos quais não é necessária uma garantia externa por haver submissão voluntária dos agentes à norma, ou na convenção e no direito, que exigem essa garantia (p.27-8). As numerosas regularidades existentes "no desenvolvimento da ação social, especialmente (embora não só) no da ação econômica", podem descansar sobre outras normas que não sobre as mencionadas. Freqüentemente são "os interesses normais subjetivamente apreciados" os orientadores das ações dos participantes. No caso, por exemplo, de a estabilidade assentar numa "situação de interesses", a garantia decorre do fato de que "quem não orienta sua conduta pelos interesses alheios ... provoca sua resistência ou acarreta conseqüências não queridas nem previstas por ele; e, em consequência, corre o perigo de prejudicar seus próprios interesses" (p.29).

Existência de uma ordem legítima

Geralmente, os participantes da ação (e da relação social) se orientam pela "representação da existência de uma ordem legítima" (cf. Weber, 1944, p.29), podendo a legitimidade estar garantida por normas com diferentes fundamentos, desde razões íntimas até casos em que uma pressão externa se faz necessária, como na situação de interesses. Percebe-se facilmente o *conteúdo de sentido* da ordem porque ele pode ser expresso por meio de máximas. A validade dessa ordem existe quando as máximas "aparecem como obrigatórias ou como modelos de conduta" (ibidem, p.30). Em sua ação, os homens se orientam por diferentes concepções de ordem, inclusive contraditórias, e não só no caso de ações sucessivas, mas até mesmo dentro da mesma ação. O exemplo de Weber é o do agente que se bate em duelo obedecendo a um código de honra, mas oculta a ação, orientando-se, então, pelo código penal (p.30-1).

As entidades coletivas são representações

As noções de ordem legítima e de relação social são importantes para Weber porque, para ele, é fundamental evitar a *reifi-*

cação de conceitos referentes a formações sociais (Estado, Igreja, corporação, matrimônio etc.). Assim, inexistindo homens que orientem suas ações pelo conteúdo de sentido (ordem) de uma relação social, sociologicamente ela desapareceria. Weber se refere especificamente à probabilidade do desaparecimento do Estado (Weber, 1944, p.25). É que, para ele, essas entidades coletivas são, em grande parte, representações. Por exemplo, o mesmo Estado é assim definido a certa altura de *Economia e sociedade*. "Um Estado moderno – como complexo de uma específica atuação humana em comum – subsiste, em parte muito considerável, desta forma: porque determinados homens orientam sua ação pela representação de que tal Estado deve existir ou existir de tal ou qual forma" (p.13).

Essa resistência ao que ele considerava uma reificação de conceitos coletivos é expressa, com muito vigor, numa carta de 1920, referida por Gabriel Cohn: "se agora sou sociólogo, então é essencialmente para pôr fim nesse negócio de trabalhar com conceitos coletivos" (1979b, p.25). Na concepção de Weber, formações sociais "não são outra coisa que desenvolvimentos e entrelaçamentos de ações específicas de pessoas individuais, já que tão-somente essas podem ser sujeitos de uma ação orientada por seu sentido" (1944, p.12-3). Conseqüentemente, torna-se inadmissível a existência de uma personalidade coletiva. Como, porém, a sociologia precisa usar esses conceitos "em virtude de sua precisão e por serem de *uso geral*", neles introduz "um sentido completamente distinto" (p.13). Ou seja, considera-os "representações de algo que em parte existe e em parte se apresenta como um dever ser na mente de homens concretos ... a ação dos quais orientam realmente" (ibidem).

Essa orientação da ação por tais representações é que faz que elas adquiram "poderosa (freqüentemente dominante) significação causal no desenvolvimento da conduta humana concreta" (ibidem). O ponto de partida, pois, é sempre a ação de agentes individuais, uma vez que só estes podem dar sentido às

A explicação sociológica na medicina social

suas ações (objeto da sociologia compreensiva). Isso quanto ao método. Adotá-lo não significa uma *valoração* individualista, da mesma forma que a utilização de "uma construção *conceptual* de caráter inevitavelmente (em termos relativos) racionalista, (não) significa uma crença no *predomínio* dos motivos racionais ou simplesmente uma *valoração positiva* do 'racionalismo'" (Weber, 1944, p. 16-7).

Confronto e crítica de valores

A pugna, claramente percebida por Weber, nas ações dos homens, entre motivos, fins e ordens, não só diferentes mas contraditórios, que as orientam, faz que ele atribua aos valores um "papel culminante no drama da vida social" (MacRae, 1975, p.63). Como o sentido de tais ações neles se assenta, as ciências histórico-sociais são levadas a tomar os valores como algo dado, a partir do qual elas podem esclarecer aquele sentido. Diante da diversidade e do conflito entre eles, conclui-se que "qualquer explicação unicausal de todos os acontecimentos na sociedade deve ser falsa" (ibidem). Porém, se aquelas ciências não podem se pronunciar sobre a "validez normativa dos valores ... podem estabelecer sua existência empírica e elucidar as condições e conseqüências de sua realização" (Rossi, 1973, p.33).

Assim, mesmo sendo apenas os meios passíveis de discussão científica, podemos, por meio delas:

1) estudar a adequação desses meios aos fins dados; 2) calcular qual a probabilidade de alcançar esses fins, dados aqueles meios; 3) "... com base na situação histórica ... criticar indiretamente o próprio propósito como praticamente aceitável ou inaceitável, segundo as condições dadas"; 4) sendo o fim alcançável com os meios existentes, determinar as conseqüências futuras de sua consecução, usando tais meios; 5) "... confrontar as conseqüências desejadas e não desejadas ... e ... responder à pergunta: quanto custa a

consecução do fim proposto no que se refere ao sacrifício previsível de outros valores?" Se à ciência não cabe decidir entre valores, ela tem condições, como se nota, de possibilitar seu confronto, por meio de uma crítica técnica. (Weber, 1974a, p.14-5)

Conseqüentemente, aquelas ciências podem estabelecer uma base objetiva, em torno da qual faz-se possível uma discussão dotada de logicidade.

A questão da objetividade

A idéia de objetividade na realização de uma investigação científica da realidade social, em face de tudo o que foi exposto até aqui, não poderia mesmo ser a convencional. Já de início se retira do objeto a característica fundamental para que ela subsista. Ou seja, a qualidade de um acontecimento não é considerada um atributo objetivamente inerente ao fenômeno, estando "condicionada pela direção tomada pelo *interesse* do nosso conhecimento, tal como resulta da importância cultural específica que conferimos, em cada caso, ao acontecimento em questão" (Weber, 1974b, p.33-4). Isto é, porque o investigador tem determinados pontos de vista é que ele destaca "da imensidade absoluta um fragmento ínfimo, e precisamente aquele cujo exame lhe interessa..." (ibidem, p.63). Weber assume, portanto, que a validade objetiva do conhecimento implica uma pressuposição inicial: a de que a realidade se ordena segundo categorias subjetivas, subordinando-se o conhecimento dela (da realidade) *a pontos de vista particulares* (p.108). Diante da multiplicidade de dados que não possuem atributos que lhes sejam inerentes, fazemos uma seleção usando critérios que são, eles próprios, resultado de uma seleção (cf. Rossi, 1973, p.22).

Se a vida em sociedade se pauta por valores, há que se partir de um determinado ponto de vista para ordená-la. Mas, ao ado-

A explicação sociológica na medicina social

tá-lo, a discussão se torna, por sua vez, puramente lógica (cf. Weber, 1974c, p.126). Ou seja, há subjetividade na seleção dos elementos a serem investigados; "no âmbito, porém, do campo de investigação assim delimitado, seus resultados são objetivamente válidos e o são em virtude da estrutura lógica do procedimento explicativo" (Rossi, 1973, p.25), o qual será adiante explicitado. Vemos, assim, que, para Weber, é uma tarefa de realização impossível o ideal positivista de reproduzir fielmente a realidade. Ele pode mesmo afirmar que "a ausência de doutrina e a 'objetividade' não têm qualquer parentesco interno" (Weber, 1974b, p.26). Além do mais, é evidente, para ele, que qualquer posição significa uma tomada de posição perante determinados valores (ibidem, p.15-6). Mais ainda: seu entendimento de como ocorrem as ações e relações sociais implica que é preciso assumir um ponto de vista qualquer (sendo todos igualmente válidos) para estudá-las, pois, sem isso, não se teria um ponto de partida, condicionado, por sua vez, pela época e sociedade nas quais vive o investigador (p.66-7). Em suma: objetividade não se confunde com respeito, sem pressupostos, às características do objeto, nem com carência de convicções (Cohn, 1979b, p.22).

Dados os pontos já mencionados – 1) as relações de causa e efeito das quais dependem a ocorrência de um fenômeno social são conceitualmente inesgotáveis; 2) não há, na sociologia compreensiva, a suposição da existência de uma esfera privilegiada para, por meio dela, ordenar cientificamente o conjunto; 3) tal entendimento torna necessária a realização de uma seleção para delimitação do campo de investigação; 4) essa seleção vincula-se a um ponto de vista particular do investigador; 5) é esse ponto de vista que, ao reduzir os elementos existentes na totalidade social a um número finito, imprime determinada direção à investigação, entre as muitas possíveis –, conclui-se que a explicação a que se pode chegar é antes condicional do que causal, no sentido de que o que se determina é o conjunto de condições que torna possível a ocorrência do fenômeno investigado (cf. Rossi, 1973, p.23-5). A explicação é, portanto, probabilística. O sujeito-investigador mostra não só a probabilidade de, segundo as regras da experiência, a um processo seguir-se outro ou de eles ocorrerem em conjunto (adequação causal), como também a de que a ação se desenvolva "como um todo coerente", em termos de conformidade entre o motivo e a conexão de sentido da conduta com os hábitos mentais e afetivos médios (adequação de sentido). Se certeiramente compreendidos estes e conhecido o desenvolvimento externo da ação, ter-se-ia obtido uma interpretação causal correta.

No entanto, ainda no caso da adequação de sentido mais evidente, há a necessidade de determinar qual a probabilidade de que a ação concreta tome a direção indicada (cf. Weber, 1944, p.10-1). Em decorrência dessa visão, fica claro que as ciências histórico-sociais "estão interessadas, em última instância, no que é individualmente específico..." (MacRae, 1975, p.63). Elas não buscam o estabelecimento de leis gerais, como as ciências naturais. As "leis", no caso da sociologia compreensiva, são tão-somente, como no caso da lei de Gresham, "determinadas *probabilidades* típicas, confirmadas pela observação de que, dadas determinadas situações de fato, transcorram na forma esperada certas ações sociais que são compreensíveis por seus motivos típicos e pelo sentido típico visado pelos sujeitos da ação" (Weber, 1944, p.17).

Desde que, para Weber, a realidade social é composta de uma inesgotável multiplicidade de eventos (o que não exclui a possibilidade de haver regularidades decorrentes, por exemplo, da manutenção de fins em condições estáveis que implicariam o uso de meios relativamente unívocos), fica claro que é estranha ao seu pensamento a idéia da existência de determinismo na produção dos fenômenos sociais. Não haveria "um curso objetivo e determinado dos processos sociais", nem estaria configurada, num período histórico, a época seguinte. Ele diverge, pois,

A explicação sociológica na medicina social

do materialismo histórico (cf. Cohn, 1979b, p.13-4). Julga, contudo, que teria sido fecunda e criativa a análise dos fenômenos sob a perspectiva de seu condicionamento econômico (cf. Weber, 1974b, p.41). O que repele vigorosamente é aquela postura metodológica segundo a qual um fenômeno histórico não fica devidamente explicado enquanto não forem encontradas suas causas econômicas (ibidem, p.41-2).

Autonomia das diferentes esferas sociais

Se Weber refuta a determinação econômica não é, simplesmente, para inverter o problema e supor a determinação do econômico pela esfera religiosa, por exemplo, como alguns às vezes crêem (cf. Cohn, 1979b, p.25). O que é característico de seu pensamento é a idéia da supradeterminação, "da autonomia das diferentes esferas da ação social". Tal idéia constituiria "o aspecto decisivo e nuclear de toda (sua) concepção metodológica" (Cohn, 1979a, p.XII). Existiria autonomia das várias esferas entre si "no sentido de que se articulam em cada momento e ao longo do tempo conforme a sua lógica interna específica, a sua 'legalidade' própria". Conseqüentemente, o desenvolvimento de uma não é explicado pelo desenvolvimento de outra. O que há são afinidades e tensões entre elas, conforme o modo como se conduzam os agentes individuais (cf. Cohn, 1979b, p.25). Tais afinidades e tensões podem ser regulares, não por determinação de uma esfera sobre outra, mas porque as conexões de sentido estabelecidas podem, por sua vez, implicar a persistência de linhas de ação. No esquema weberiano, essa persistência seria devida, fundamentalmente, a processos de dominação (sobretudo se legítimos) e ao poder que uns homens exercem sobre outros.

Uma vez, porém, que é comum a "dualidade de regras", a perpetuidade de situações é muito relativa, pois está sempre presente nelas, em face daquela dualidade, um componente dinâmico (cf. Cohn, 1979b, p.31; 1979a, p.186-7). De qualquer forma, a relação entre as várias esferas da vida social só pode se verificar por causa do sentido dado pelos agentes às suas ações. Por meio das conexões de sentido que eles estabelecem, encadeiam-se duas ou mais esferas. A obediência, por sua vez, por parte dos agentes, à ordem própria e a cada uma das esferas ligadas pela conexão de sentido criada faz que, conforme o caso, elas se afinem ou se atritem. Os vínculos não são, pois, "objetivos", mas "subjetivos" (cf. Cohn, 1979b, p.29). Entre outras coisas, é em virtude de toda esta maneira de ver que Gabriel Cohn pode considerar Weber "o analista por excelência do conflito, do confronto de interesses e valores inconciliáveis, da dominação e do poder" (ibidem, p.18).

Objetos alheios ao sentido e funções

O fato de Weber só considerar sociologicamente processos ou fatos que sejam compreensíveis, isto é, dotados de sentido, não significa que ele não dê importância aos processos e objetos *alheios ao sentido*. Ele simplesmente – e isso seria metodologicamente inevitável nos termos weberianos – os vê como pertencentes "a um lugar distinto ... do da ação compreensível: ao das 'condições', 'ocasiões', dos 'estímulos' e dos 'obstáculos' da mesma" (cf. 1944, p.7 e 12).

Quanto à consideração funcional das partes dentro de um todo, Weber entende que, como orientação provisória, tal consideração possui uma função útil e necessária. É que ela pode ajudar "a destacar aquela ação social cuja compreensão interpretativa seja *importante* para a explicação de uma conexão dada". A construção conceitual funcional cumpre, pois, "uma tarefa prévia à autêntica problemática", mas de caráter indispensável. Evidentemente, a sociologia compreensiva vai muito

A explicação sociológica na medicina social

além da determinação funcional, uma vez que permite "a *compreensão* da conduta dos indivíduos partícipes", algo completamente fora das possibilidades das ciências naturais (ibidem, p.13-4, 16-7).

Elaboração de um tipo ideal

Expostas as linhas essenciais da sociologia compreensiva, poderemos, de agora em diante, discutir especificamente o método de interpretação dos fenômenos sociais proposto por Weber. Ainda que se possa, para ele, captar interpretativamente o sentido ou a conexão de sentido visado, quer realmente, no caso da ação particular (na consideração histórica), quer em termos de média (quando lidamos com fenômenos de massa), é o terceiro caso que tem significação especial em sua metodologia. Ou seja, o sentido *construído* cientificamente por meio da elaboração de um *tipo ideal*. Uma construção desse tipo expõe (antecipando-nos à discussão mais desenvolvida da questão, a ser travada mais adiante) "como se desenvolveria uma forma especial de conduta humana se alguém procedesse com todo rigor relativamente ao fim, sem perturbação alguma de erros e afetos, orientando-se de um modo unívoco" por esse fim (de natureza econômica, por exemplo). Essas construções, exemplificando novamente, ocorrem no caso dos "conceitos e leis da teoria econômica pura" (Weber, 1944, p.8-9).

Weber entende que os tipos ideais são preferíveis aos tipos médios, porque estes últimos só podem ser construídos, "com alguma univocidade, quando as diferenças são de grau entre ações qualitativamente semelhantes por seu sentido". Como, na maior parte das vezes, as ações histórico-sociais "são influenciadas por motivos qualitativamente heterogêneos", justifica-se o uso preferencial dos primeiros na sociologia compreensiva (ibidem, p.19). O uso do tipo ideal constitui, na verdade, um refinamento do procedimento real dos cientistas sociais. Mesmo quando não vinculados à sociologia compreensiva, recorrem a tipos quando pretendem realizar interpretações. Pode-se dizer que os tipos são como um estratagema adotado pelo investigador. Este, no caso do tipo ideal, enfatiza unilateralmente um aspecto na multiplicidade de ações sociais. Procura, assim, por meio da atribuição de um sentido a tais ações, ordenar a realidade de modo a torná-la passível de apreensão científica. Trata-se, pois, de uma ferramenta intelectual para melhor compreender a vida social (cf. MacRae, 1975, p.71).

Parece-nos, no entanto, que se poderia dizer, *à guisa de comparação* (e ainda que esta seja, por vezes, empobrecedora), que, mediante a construção de tipos ideais, o cientista social estaria realizando um "experimento ideal", que seria como uma réplica da experimentação nas ciências físicas e naturais. Nestas, o cientista procura controlar as variáveis que, supõe ele, interfeririam na produção do fenômeno em estudo, de tal forma que seja capaz de atribuir, à presença ou à ausência de uma ou mais delas, as modificações observadas no fenômeno analisado. Os *tipos ideais*, por sua vez, simetricamente, *acentuam determinados traços da realidade multifária*, indicando como se desenvolveria idealmente a ação, com exclusão das irracionalidades que a desviariam da consecução do fim proposto. Em outras palavras, se as ciências físicas e naturais empenham-se em estabelecer quais as relações "puras" existentes entre x (causa) e y (efeito), o tipo ideal das ciências sociais, ao indicar x como único meio para conseguir y, permite a elaboração de uma hipótese correspondente, bem como sua verificação mediante o confronto da construção ideal com a realidade.

Conceito limite e não esquema exemplar

O uso de uma ferramenta de investigação como o tipo ideal quase se impõe ao pesquisador se considerarmos que, na con-

A explicação sociológica na medicina social

cepção de Weber, não há atributos objetivamente inerentes aos fenômenos sociais (como supõe o positivismo). Conseqüentemente, *a realidade social nos é inteligível porque a ordenamos segundo critérios subjetivos,* isto é, ditados pelos nossos interesses culturalmente condicionados. Quer dizer, inevitavelmente, assumimos certos pontos de vista tidos por nós como significativos, para realizar aquela ordenação. *Acentuando* unilateralmente *um* ou *vários* pontos de vista e "mediante o encadeamento de grande quantidade de fenômenos isoladamente dados", obtemos um tipo ideal. Evidentemente, sendo ideal o tipo, os fenômenos podem ou não ocorrer na realidade. O que importa é que consigamos "formar um *quadro* homogêneo do *pensamento*". *Trata-se,* pois, de uma *utopia,* sem existência empírica em sua pureza conceitual. Por isso mesmo é um *conceito* limite, não um esquema *exemplar,* como às vezes alguns supõem. Fundamentalmente, a construção do tipo permite-nos obter uma forma unívoca de desenvolvimento das ações sociais. Em termos de investigação histórica poderemos, com seu auxílio, "determinar, em cada caso particular, a proximidade e o afastamento entre a realidade e o quadro ideal" (Weber, 1974b, p.76-81).

O tipo ideal e sua utilidade

Em *Economia e sociedade,* a construção do tipo ideal e sua utilidade, por sua vez, é exposta da seguinte maneira: "O método científico consistente na construção de *tipos* investiga e expõe todas as conexões de sentido irracionais do comportamento, afetivamente condicionadas, que influem na ação, como 'desvios' de um desenvolvimento da mesma 'construído' como puramente racional relativamente a fins". Os exemplos de Weber referem-se à explicação de um pânico na bolsa e de uma ação militar ou política. Diz-nos ele que, primeiro, examinaríamos como se teria desenvolvido a ação para atingir o objetivo fixado "se fossem conhecidas todas as circunstâncias e todas as intenções dos protagonistas", e se também os meios ("existentes segundo os dados da experiência") tivessem sido escolhidos racionalmente. Em seguida, introduziríamos, como "perturbações", os componentes irracionais. Poderíamos, assim, imputar os desvios (em relação ao tipo ideal) "às irracionalidades que os condicionaram". No entender de nosso autor,

> a construção de uma ação rigorosamente racional, relativamente a fins, serve à sociologia ... – em razão de sua evidente inteligibilidade e, enquanto racional, de sua univocidade – como um tipo (*tipo ideal*), mediante o qual (se pode) compreender a ação real, influenciada por irracionalidades de toda espécie (afetos, erros), como um desvio do desenvolvimento esperado da ação racional. (Weber, 1944, p.6)

Deve-se esclarecer que a ação racional segundo fins, para Weber, é a "determinada por expectativas no comportamento tanto de objetos do mundo exterior como de outros homens, e utilizando essas expectativas como 'condições' para a obtenção de fins próprios, racionalmente sopesados e perseguidos" (ibidem, p.22-3). Desse modo, "atua racionalmente segundo fins que orientem sua ação pelo fim, meios e conseqüências implicados nela, sopesando racionalmente os meios com os fins, os fins com as conseqüências implicadas e, entre si, os diferentes fins possíveis" (ibidem, p.24).

Redução dos elementos a um número finito

O tipo ideal foi o grande recurso metodológico imaginado por Weber para reduzir a um número finito a inesgotável variedade de elementos existentes no conjunto da vida social. Lembremo-nos de que, para ele, podemos esboçar inúmeras criações desse gênero, dependendo do interesse das idéias de valor, às quais possamos relacionar os fenômenos sociais considerados, de modo a ordená-los cientificamente. Assim, "o mesmo fenômeno histórico pode ser ordenado por mais de um de seus elementos, por exemplo, como 'feudal', 'patrimonial', 'burocrático', 'carismático'" (1944, p.18-9). Em outras palavras, como investigadores, realizamos duas seleções, ambas culturalmente condicionadas. Em primeiro lugar, a partir de certos "pontos de vista", consideramos uns fenômenos mais significativos que outros. Em segundo, usando outros princípios, também valorativos, selecionamos as características desses fenômenos que integraremos num tipo ideal (cf. Weber 1974b, p.78).

Poderemos estar interessados na análise da indústria capitalista por considerá-la, por exemplo, um fenômeno característico da civilização moderna. Uma vez que temos possibilidade de examinar tal fenômeno, dependendo de nossos interesses, para cada um dos muitos elementos que viéssemos a selecionar, construiríamos um tipo ideal. Assim, poderíamos ordená-lo segundo o processo de concentração do capital, a organização burocrática das empresas, a especialização de tarefas produtivas, a manutenção de um exército industrial de reserva, a captação de recursos financeiros nas bolsas de valores etc. Como já foi dito, pelo menos dois tipos teriam de ser construídos para que o estudo do fenômeno em questão fosse cientificamente significativo. Por outro lado, poderíamos estar interessados no exame do modo de produção capitalista e, para isso, esboçaríamos o tipo ideal de indústria capitalista, ao lado de outros mais.

O tipo ideal é um experimento ideal

O tipo ideal representa um recurso heurístico de primeira ordem, porque dá um sentido (ideal) unívoco e inteligível à ação, tornando possível ao investigador compreender melhor os sentidos reais dessa ação, que são não só diversos mas, até mesmo, contraditórios. Ao considerar uma conduta ideal, ou seja, orientada para alcançar um único fim e usando racionalmente os meios existentes e adequados para realizá-lo, sua direção é precisada. Não importa que as diferenças da ação real em relação à ideal sejam até grandes, dado que os agentes, só em casos-limite, agiriam levando em consideração apenas um fim, com exclusão de todos os outros, e porque, ainda, muitos deles podem, inclusive, estar voltados para a consecução de outros objetivos. O fato é que, com o auxílio dessa construção ideal, estaremos mais bem equipados intelectualmente para entender o desenvolvimento da ação real.

No caso da assistência médica, por exemplo, a construção de um tipo ideal – cuja finalidade única como prestadores de serviços seria produzir saúde (mantendo-a ou recuperando-a) –, nos habilita a compreender a situação real em que, na verdade, estão os agentes voltados também (inteiramente ou em parte) para a consecução de outros objetivos de tal modo que, para atingi-los, a prestação de serviços médicos constitua antes um meio que um fim. Por meio da elaboração do tipo ideal obtemos, portanto, o *estabelecimento de uma hipótese causal*. Como em todas as hipóteses, o controle da interpretação se dará conforme os resultados, verificando-se como se manifesta a realidade. O tipo ideal proporcionaria a realização de um *"experimento ideal"*, porque a ação ideal está supondo o exagero de traços da realidade, que julgamos serem os "motivos" da produção dos resultados observados, ou porque nela (na ação ideal) deixamos de lado esses mesmos elementos constitutivos da ação real.

É a essa segunda possibilidade, de acordo com nosso entendimento, que Weber se refere quando aponta o "experimento ideal" como meio de controle da interpretação causal, proporcionada pelo tipo ideal: "Pensar como não presentes certos elementos constitutivos da cadeia causal e 'construir', então, o curso provável que teria a ação para alcançar, assim, uma imputação causal" (1944, p.9-10). As conexões de sentido irracio-

A explicação sociológica na medicina social

nais, tidas como "causa" do resultado observado, variarão conforme o fim que determinamos idealmente para a ação, ou seja, de acordo com a acentuação unilateral das características do fenômeno escolhidas.

Exemplificando com o tipo ideal de organização burocrática traçado por Weber, o fato de os participantes da relação social correspondente procurarem trabalhar o menor tempo ou o menos possível porque, suponhamos, julgam a consecução de tal objetivo mais significativa para si mesmos do que a realização dos fins da organização, constituiria um desvio irracional que explicaria, ao menos parcialmente, a situação real. Mas se construíssemos um tipo ideal cujo objetivo a ser alcançado fosse o gozo do ócio dentro desse tipo de organização, o excesso de trabalho dedicado à realização dos fins dessa organização é que constituiria a irracionalidade perturbadora que influiria no alcance daquele objetivo mais significativo e que explicaria parcialmente a situação real. Diga-se de passagem que o tipo ideal pode ser "tanto racional como irracional, ainda que na maior parte das vezes seja racional (na teoria econômica, sempre)". O mais importante é que ele seja construído com adequação de sentido para aquela cultura (ibidem, p.19).

Uma construção lógica

Já foi dito que, para Weber, a ação social real se desenvolve, normalmente, com escassa ou nenhuma consciência do sentido por parte dos agentes participantes. Eles antes "sentem" do que "sabem". A existência de plena consciência de tal sentido, por parte desses agentes, constituiria uma situação limite. Isso não impede que se construam conceitos como se a ação real assim transcorresse, com o fito de facilitar a compreensão desta. "Muitas vezes", diz nosso autor, "se está metodologicamente ante a eleição entre termos obscuros e termos claros, sendo estes, porém, irreais e típico-ideais. Neste caso deve-se preferir cientificamente os últimos" (1944, p.20).

Os tipos resultantes não são ideais no sentido de "dever ser" nem de ações modelares, mas construções *lógicas*, "suficientemente motivadas para nossa *imaginação* e, conseqüentemente, 'objetivamente possíveis'" (Weber, 1974b, p.79). O estado de coisas ideal imaginado se caracterizaria não só pela "ausência de contradição", mas pela "justeza". Lembremo-nos, no entanto, que, como se disse acima, do ponto de vista lógico, poderíamos também ter uma construção em que o comportamento fosse idealmente contraditório em relação ao fim, mas prestando, da mesma forma, serviços à compreensão da ação (sobretudo no caso da esfera do "irracional"). Quanto à "justeza", porém, o investigador pode, igualmente, construir um tipo em que o comportamento dos agentes seja pensado como "absolutamente contrário às suas normas éticas pessoais", desde que tal tipo atenda ao seu objetivo de explicar a realidade empírica, compreendendo-a (cf. Weber, 1974c, p.183-5).

Outro ponto a considerar é que, na construção do tipo, as uniformidades já anteriormente determinadas pelas ciências que têm por fim a descoberta de leis gerais (nomotéticas, como a própria sociologia) podem desempenhar um importante papel. A explicação dos fenômenos particulares (históricos) a que se propõe Weber, implica, contudo, atribuir ao saber nomológico uma função diversa daquela exercida no caso das ciências naturais, por exemplo. Enquanto nestas (que lidam com universos contínuos e anistóricos) o término da investigação consiste na formulação de regras gerais do acontecer (a generalização), nas ciências histórico-sociais (voltadas para universos descontínuos e históricos), interessadas nos fenômenos em sua individualidade, o conhecimento é um momento provisório da explicação. Tais uniformidades, da mesma forma que os conceitos gerais, diferenciam-se da realidade, mas, por isso mesmo, servirão como instrumento para explicá-la. Elas se constituirão, por

A explicação sociológica na medicina social

assim dizer, num "critério de comparação ao qual deve ser referido o dado empírico". Uniformidades e conceitos podem revestir, portanto, o caráter típico-ideal. Serão como um paradigma, cabendo ao investigador determinar, num passo subseqüente, as diferenças entre ele e o fenômeno em exame.

Na verdade, o aparato teórico de ciências como a economia ou a sociologia é, sobretudo, "uma conexão sistemática de conceitos e regras que apresentam caráter típico-ideal". Todas as ciências histórico-sociais visam ao individual, como vimos. Mas para atingi-lo e realizar uma explicação verdadeiramente científica, elas precisam chegar a ele, passando pelo caminho do geral, isto é, do conhecimento nomológico (cf. Rossi, 1973, p.26-7). Em outras palavras, os conceitos sociológicos, sendo unívocos e gerais, podem ser aplicados universalmente. Mas sua manipulação é instrumental. Por meio deles ordenamos a realidade e explicamos as situações sociais concretas, sempre respeitando "os limites de abstração impostos pelo universo empírico considerado". Por conseguinte, a generalização tem, em Weber, menor interesse que em outras correntes interpretativas, como em Durkheim, por exemplo, que busca, mediante o uso do método comparativo, o estabelecimento de fórmulas explanatórias gerais (cf. Fernandes, 1959c, p.100-1).

Para Weber, as "leis" da causalidade são cientificamente importantes, sobretudo na medida em que constituem não um fim, mas um meio "para o conhecimento das conexões individuais". Não se trata, pois, de atribuir menor relevância ao conhecimento generalizador, mas de usá-lo de modo diferente, isto é, para validar resultados individuais, tornando-os mais seguros. Assim, enquanto nas ciências exatas as leis gerais são valiosas por si mesmas, nas ciências da cultura, que se voltam para o conhecimento dos fenômenos históricos, elas são instrumentais, como já se indicou. Em suma, quanto maior sua extensão, abrangendo maior número de fenômenos, mais abstratas, mais pobres ou até vazias de conteúdo. Conseqüentemente, contribuirão menos para a realização da imputação causal dos fenômenos individuais e sua compreensão. Apesar, portanto, de sua validade, de um lado, como conceitos genéricos, elas são, por outro, limitadas em sua capacidade de explicar toda a riqueza da realidade concreta, cujo conhecimento é o interesse fundamental das ciências histórico-sociais (cf. Weber, 1974b, p.58-60).

Conexão entre sociologia e história

Essa tentativa de estabelecimento de uma conexão racional entre a sociologia, como ciência generalizadora, e a história, como disciplina voltada para os acontecimentos singulares, constitui uma das características da sociologia compreensiva. O aparato teórico da primeira é constituído tanto de uniformidades empiricamente comprovadas referentes ao comportamento humano (probabilidades típicas) como de tipos-ideais logicamente construídos com adequação de sentido, ambos podendo servir para o conhecimento dos fenômenos históricos. Isso significa que novos problemas e a transformação da realidade social podem levar ao enriquecimento e à variação das relações entre ambas as disciplinas. Basicamente, portanto, temos regras gerais do acontecer, formando um sistema organizado e coerente de conceitos com finalidade heurística, nesse caso visando ao conhecimento do que seja singular numa relação social. Assim, ainda que se estabeleça o que é comum a um fenômeno em diferentes configurações históricas, chegando-se a uma regra geral, o mais relevante na comparação será a determinação do que é peculiar ao fenômeno em cada uma dessas configurações (cf. Cohn, 1979b, p.15).

De um lado, portanto, sendo a sociologia uma ciência generalizadora, seus conceitos, como não poderia deixar de ser, "são relativamente vazios perante a realidade concreta do histórico". A contrapartida disso, contudo, é que eles oferecem *univocidade* (cf. Weber, 1944, p.19), a qual, por sua vez, facilitará o conhecimento do fenômeno histórico, freqüentemente dotado de enorme variabilidade, em virtude dos diferentes sentidos dados pelos agentes às suas ações, e por eles se orientarem, inclusive, por regras que podem ser não só díspares mas contraditórias.

Um bom exemplo do que está sendo discutido é dado por Weber quando se refere à teoria econômica pura. Sendo a economia uma ciência generalizadora, suas leis estão distantes da realidade. Constituem, porém, um instrumento de primeira ordem para conhecê-la. Diz ele que "o sentido *exclusivo* da teoria econômica pura é servir para conhecimento da realidade social, presente e passada. Ela estabelece certo número de pressupostos que quase nunca vêm a suceder na realidade, embora dela se acerquem em maior ou menor grau". Diante disso, Weber pergunta "de que modo se constituiria, no quadro desses pressupostos, a atividade social das pessoas, caso o desenvolvimento desta atividade fosse estritamente racional". Assim concebida, a teoria econômica transforma-se num instrumento metodológico que pressupõe o domínio dos interesses econômicos sobre quaisquer outros. Houve e há aqui muita confusão por parte do liberalismo radical, que concebeu essa teoria "como reflexo da realidade 'natural', isto é, da realidade não alterada pela ignorância humana", transformando-a, desse modo, num ideal (cf. Weber, 1974c, p.186). Apesar disso, ela pode perfeitamente ser utilizada como um tipo ideal no curso de uma investigação. Weber vê as próprias *concepções marxistas como exemplo de construções típico-ideais*, "na medida em que teoricamente corretas". Conseqüentemente teriam "inigualável importância heurística" na qualidade de tipos-ideais a serem comparados com a realidade e não como tendem a ser apresentados pelos marxistas, ou seja, como "construções com validade empírica" ou como tendências históricas reais (cf. 1974b, p.96).

Validação do conhecimento

Finalmente, para terminar esta exposição, queremos nos referir brevemente à necessidade de validação do conhecimento obtido por meio da utilização dos tipos ideais. Obviamente tal validação, em se tratando de ciência, faz-se pelo cotejo entre a realidade e a hipótese aventada para explicar o fenômeno investigado. Ou seja, necessita-se de comprovação empírica. Na construção típico-ideal, acentuamos unilateralmente determinados aspectos da realidade, segundo pontos de vista subjetivos, dado o entendimento de que o número de elementos responsáveis pela ocorrência do fenômeno é conceitualmente inesgotável. Contudo, terá sido adequada nossa seleção? Os elementos que hipoteticamente julgamos "causais" explicam, de fato, o processo real, ainda que nos limitemos ao prisma escolhido? Até que ponto, enfim, a suposição ideal concorda com a conduta real? É isso que importa verificar.

Pode ser que, no caso de certos acontecimentos históricos, torne-se impossível realizar qualquer experiência, o que nos obrigará a apoiarmo-nos exclusivamente na evidência racional. Mas freqüentemente poderemos realizar a prova. Weber refere-se, por exemplo, à comprovação, pela experiência, da conduta racional expressa pela lei de Gresham (quando, em um país, circulam duas moedas, a considerada melhor pelo público tende a desaparecer de circulação). As observações produziram a fórmula interpretativa que pode ser transformada numa construção típico-ideal. O desenvolvimento ideal da ação parece bastante evidente. Mas, apesar disso, é preciso a prova que mostre a concordância entre a "lei" e a realidade (cf. 1944, p.10).

6
Assistência médica:
uma análise compreensiva

Introdução

Ao buscarmos exemplos de análises da assistência médica baseadas no método da compreensão, demo-nos conta da inexistência, pelo menos na literatura brasileira da área, de trabalhos que dele fizessem uso. O que é facilmente explicável. De fato, o marxismo e o funcionalismo são predominantes entre nós, tanto na sociologia como na medicina social. Além do mais, a obra de Weber é considerada difícil e os que a lêem nem sempre conseguem se despir de suas visões a respeito de como ocorrem os fenômenos sociais que deveriam ser desvendados. Essa lacuna foi uma oportunidade, para nós, de tentarmos analisar a assistência médica à luz das contribuições metodológicas daquele grande cientista social.

O ideal de saúde

A Organização Mundial de Saúde oferece uma definição de como, idealmente, deveria ser entendida a saúde: "Um completo estado de bem-estar físico, mental e social e não, apenas, ausência de enfermidade". Em termos práticos, podemos considerar tal ideal inatingível, como todo ideal, o que não significa que a medicina, especificamente, por ele não deva lutar. É bem verdade que, para muitos, considerar a possibilidade de chegar a existir tal estado seria admitir que a humanidade pudesse vir a atingir um equilíbrio estável, sem mudanças, em que todos os segmentos sociais se satisfariam com sua posição relativa. Possivelmente, não haveria praticamente nenhum dinamismo social, sobretudo porque teria desaparecido qualquer conflito ou desacordo social ou pessoal. Esses outros poderiam, sem dúvida, encarar tal estágio até como prejudicial para a própria humanidade. Os homens seriam sempre hígidos fisicamente e, do ponto de vista da saúde mental, a definição poderia ser entendida como indicando que a uniformidade de atitudes e comportamento seria a tônica. O ideal pareceria ser, nesse caso, o paraíso terrestre. Tal possibilidade de entendimento do ideal implícito na definição de saúde por parte da OMS, e que mostra como muitos poderiam vir a discordar da consecução do objetivo proposto, apenas revela como a formulação de um ideal depende dos valores aos quais se apegam aqueles que o expressam.

Podemos perfeitamente admitir, no entanto, que esse ideal de saúde constitui um objetivo compartilhado pela maioria, pelo atingimento do qual a medicina, como conjunto de técnicas, mas fundamentalmente como instituição social, deve lutar. Dado aquele objetivo, infere-se que o fomento da saúde, mantendo-a e promovendo-a de modo a prevenir a doença, é mais importante que sua recuperação. Tanto é assim que uma das máximas cardeais da medicina reza que "antes vale prevenir que remediar". Assim, independentemente da diversidade de agentes e instituições que a integram, a medicina pode ser vista, idealmente, como uma só. É como se todos os seus agentes (principalmente médicos), utilizando os objetos sociais ou não de que dispõem, trabalhassem dentro das condições sociais dadas (no mais amplo sentido do termo social) pelos objetivos mencionados: manter e promover a saúde, prevenir a doença e curá-la quando ela se manifesta.

Os fins ideais da medicina supõem que o homem seja encarado como uma totalidade, ou seja, "como entidade biológica, cultural e social, como unidade ecológica, para entendê-lo integralmente, e à sua conduta, como homem são ou enfermo". Ela, portanto, não se voltaria apenas para enfermidades e homens enfermos, mas trataria "de homens, de pessoas e de personalidades, que fazem parte de uma sociedade" com uma cultura determinada (cf. San Martín, 1977, p.8-9). Segundo ainda essa imagem ideal, perante os homens doentes, o aparelho médico representaria "o lugar privilegiado, onde, diante da objetividade do saber, as diferenças devidas à origem familiar, profissional etc." desapareceriam. Tratar-se-ia "de um lugar neutro, porque técnico" (Silva, 1976, p.49).

O médico, agente social privilegiado da medicina, e seus conflitos

Há um agente social privilegiado que deveria atingir, por meio da sua atividade profissional, esses objetivos: o médico. Realmente, nas sociedades ocidentais pelo menos, ele tem o monopólio legal da prestação de serviços médicos. Contudo, para tal agente (restringindo-nos a ele), o problema não se pode resolver, concretamente, com essa facilidade. É fato que a medicina, como ciência e técnica, pode responder à pergunta: "Que deveremos fazer, *se* quisermos ser *tecnicamente* senhores da vida?". Idealmente, e de um ponto de vista estritamente técnico, poderia ser cumprido seu "pressuposto" geral: "o dever do médico está na obrigação de conservar a vida, pura e simplesmente, e de reduzir, quanto possível, o sofrimento" (cf. Weber, 1970, p.37). Graças aos meios técnicos de que dispõe, ele poderia até mesmo manter vivo o moribundo, ainda que contra a vontade dele e de sua família. Em termos ideais, "só os pressupostos da medicina e do código penal" o impediram de atendê-los (ibidem).

No entanto, nas condições concretas de atuação do médico, a decisão quanto a quem será atendido, e como se dará essa atenção, será tomada em níveis alheios à própria medicina. Em outras palavras, em termos societários, econômicos e políticos, algumas vidas têm mais significado que outras. Ou porque os homens que as vivem têm condições de pagar a assistência que recebem; ou porque podem exigi-la, dado o poder de que estão investidos; ou, ainda, porque são considerados economicamente mais produtivos que outros, em vista dos investimentos sociais neles feitos. Decorre, daí, em grande parte, a diversidade da assistência médica. Conseqüentemente, há conflitos com objetivos situados em esferas sociais diversas, mas que se refletem na médica, embora esta pareça ser o nível onde se dão as decisões. Segundo os pressupostos da ordem médica, o objetivo é, de fato, diminuir o sofrimento e manter a vida, independentemente de que pessoa se trate, mas diante, por exemplo, da escassez de recursos, faz-se necessário decidir a quais homens serão destinados esses recursos tidos como escassos (de acordo com um determinado ponto de vista), de modo a mantê-los vivos e sadios. Essa decisão, como qualquer outra assemelhada, é fundamentalmente política, mas também calcada em valores de esferas socioeconômicas, culturais e outras.

Por qual valor o médico se orientará voluntariamente ou será obrigado a optar prioritariamente? Nas sociedades capitalistas, em que há um quase completo domínio dos interesses econômicos (entre outros) das pessoas pertencentes a umas classes sociais sobre outras, os valores alheios à ordem médica, de modo geral, orientarão a decisão no sentido de beneficiar o mais rico, o de *status* mais elevado, e aquele que possua mais poder. Portanto, se a medicina, em virtude do modelo de conduta pelo qual devem se pautar os que a exercem, "não se propõe a questão de saber se aquela vida merece ser vivida e em que condições" (cf. Weber, 1970, p. 37), outros modelos de orientação decidem por ela, e até contra seus ideais. Assim, porque as condições de existência de alguns pais são precárias, é possível que eles e o médico sejam obrigados a aceitar que a vida de seu filho não merece ser vivida, enquanto a uma outra criança, concebida num *"útero privilegiado"*, se reserva o direito à vida.

Nessas condições, o médico, principal agente social e incumbido da realização dos objetivos ideais da medicina, freqüentemente concebido e que se concebe como estando sempre voltado para a consecução desses objetivos, só em casos-limite, dificilmente encontráveis na vida real, teria possibilidade de atuar em conformidade com os ideais mencionados. Concretamente, ele próprio, como os demais participantes da ação médico-social, tem, simultaneamente, outros fins a serem alcançados nessa mesma ação. A compreensão do processo real dependerá, pois, de sabermos captar esses sentidos diversos do ideal médico que os participantes da relação social em causa tendem a atribuir à sua ação. Particularmente, quanto ao comportamento desse agente social privilegiado, no caso de ações que se dão na esfera médica, ele terá, para atingir o ideal proposto, dentro das condições bem determinadas em que exerce sua atividade, de levar em consideração, necessariamente, não só os fins diversos de outros participantes da relação social na qual está envolvido, e que usam a esfera médica para realizá-los, mas também os objetos alheios ao sentido que podem favorecer ou impedir sua consecução.

Assim, pode-se dizer que seu comportamento será tanto mais racional (em função dos meios adequados a serem usados para o atingimento metódico do fim de que está incumbido) quanto mais ele for capaz de escolher a melhor alternativa, dentro da situação definida em que se encontra, para realizar o dito fim. É que, como já se disse, embora parecendo que os participantes dessa relação social específica se orientam todos pelo conteúdo de sentido da ordem médica e têm, conseqüentemente, um comportamento de solidariedade e complementaridade, os interesses envolvidos variam e divergem como em qualquer outra relação social. Não constitui exceção o fato de se tratar de uma relação em que a reciprocidade dos agentes se baseia em conteúdos vinculados à ordem médica. Essa regra orientadora ditada pela medicina e que se impõe sobretudo por razões éticas e legais, é incorporada por eles e aceita como legítima em proporções várias, de acordo com os interesses em jogo divergentes dos daquela ordem. Ou seja, a ação prática poderá se orientar por outros critérios normativos, pertencentes a esferas diversas. A tomada de posição, pelos participantes da relação, poderá, até mesmo, envolver um rechaço implícito dos valores da ordem médica, embora, explicitamente, eles pareçam estar sendo seguidos.

As articulações da esfera social médica

Na verdade, podemos analisar o processo de atenção médica como se pertencesse exclusivamente à esfera médica apenas porque nosso interesse está nela centrado e não porque, realmente, os participantes da relação em causa estejam fundamentalmente voltados para a consecução dos propósitos dela característicos. É claro que só podemos dar cunho médico à relação porque, como já se indicou, há um mínimo de reciprocidade entre os seus participantes, e porque também obedecem, minimamente, aos preceitos da ordem médica. As articulações que observamos entre essa esfera e a econômica, política etc., decorrentes do fato de os médicos e os demais agentes estabelecerem uma conexão de sentido entre elas, poderiam até mesmo ser invertidas, em termos de análise, partindo-se dessas outras esferas para a médica. Isso porque, por exemplo, o médico, ao prati-

A explicação sociológica na medicina social

car ações médicas, pode estar, ao mesmo tempo intentando obter salários, honorários, lucros, prestígio, poder etc. Ao agir medicamente, exemplificando ainda, ele pode estar igualmente atrelado à necessidade de obedecer às normas da ordem econômica, no caso de ser funcionário de uma empresa. Dependendo da situação na qual se veja envolvido, a orientação que acaba prevalecendo nem sempre será a médica.

A empresa médica, por sua vez, ainda que se distinga de outras empresas capitalistas pelo fato de ter de se pautar por uma série de normas às quais suas congêneres não estão obrigadas, evidentemente orienta-se, na prestação de seus serviços, pela obtenção de lucros. O Estado, um dos principais responsáveis pela prestação de serviços desse tipo, da mesma forma, não estará voltado necessariamente apenas para a consecução dos fins ideais da medicina, mas também para a manutenção ou alteração de determinadas relações de poder. Mesmo os homens cuja saúde a medicina busca preservar, ou cuja doença ela procura curar, ao participarem de ações médicas estarão, fundamentalmente, atentos à necessidade de ganhar a vida. Ainda nessa linha de raciocínio, uma vez que a atenção médica é hoje em grande parte institucionalizada, ela constitui uma atividade largamente efetuada sob a égide de normas burocráticas e com a participação de burocratas. Em conseqüência disso, é perfeitamente plausível que esse pessoal passe a agir burocraticamente. Muitos dos próprios médicos, funcionários ou assalariados terão, igualmente, uma visão burocrática em vez de médica de seus atos.

Por tudo isso, há uma alta probabilidade de o sanitarista ser o ator mais interessado na legalidade própria da esfera médica, por não lidar tão freqüentemente com pacientes individuais, e por se interessar, primordialmente, pelo fomento da saúde e prevenção da doença. Em suma, poderíamos, por exemplo, no caso de certas associações de caráter econômico voltadas para a prestação de serviços médicos, alterar nosso interesse e ordenar a relação social investigada mais por seus elementos econômicos que propriamente médicos.

A tensão entre as esferas médica e econômica

Especificamente, a tensão entre as esferas médica e econômica não se estabelece só pelo simples fato de os médicos terem se transformado em assalariados ou funcionários. Dado o tipo de organização econômica do mundo ocidental, que se orienta pela troca, envolvendo pagamento monetário, o cumprimento da ética médica ficará, inevitavelmente, adstrito à existência de pessoas ou instituições que paguem os serviços do médico, ainda que este desejasse sujeitar-se integralmente àquela ética. Ou seja, a situação independe de não haver intermediários entre médico e paciente, como na medicina dita liberal. Sempre terá o médico de se voltar, no modo de produção capitalista, para a necessidade de atender às suas próprias necessidades de ordem econômica, por meio de um ganho obtido no mercado. Mesmo que parte de seu tempo seja dispensado à assistência médica caritativa, o sentido dessa sua ação poderá não ser estritamente médico: por seu intermédio, ele poderá ter em mira o aumento de seu prestígio social, a satisfação de ambições políticas, a realização de atos que, de acordo com suas crenças, lhe garantam sua salvação eterna etc. Em todo caso, isso sempre constituiria uma situação excepcional, porque ninguém, em tal tipo de regime econômico, poderá se transformar num trabalhador não-remunerado sem dispor de outra fonte regular de rendimentos.

Assim, a efetivação dos ideais da medicina, segundo os quais se deveria fazer todo o possível para manter a saúde do ser humano – independentemente de qualquer característica desse ser, possa ele pagar ou não, seja de um sexo ou de outro, tenha a idade, ocupação, religião etc. que tiver –, fica limitada pelo fato de que os homens, em tal tipo de sociedade, lutam num merca-

A explicação sociológica na medicina social

do em que seus serviços e bens são avaliados em termos de preços. Uma característica às vezes atribuída à maneira de o médico ganhar a vida e que o diferenciaria de outros sujeitos econômicos, mas que não lhe tira o caráter essencial de uma atividade econômica, está no fato de que sua profissão foi sacralizada; ainda que, originalmente, tal peculiaridade lhe tenha sido dada por razões de ordem mágico-religiosa, esse caráter se tem mantido por tradição. Isso é compreensível. Se, freqüentemente, os homens procuraram metamorfosear até mesmo uma orgia num sacramento, transformando-a num ato religioso e dando-lhe significação metafísica, por exemplo (cf. Weber, s.d.2, p.321), com muito mais razão podem sacralizar uma profissão como a de médico. É que ela, como as demais profissões *individuais*, "foram originalmente de caráter carismático (mágico), determinando-se logo a seguir o resto da articulação profissional por obra da tradição" (Weber, 1944, p.146). Dessa origem decorre seu "caráter especificamente pessoal e carismático" e "o ensino tradicional em associações cerradas" (ibidem).

Em face dessas considerações, no caso da assistência médica dominada por profissionais independentes, torna-se até inevitável a sua hierarquização econômica, uma vez que os homens (que precisam pagá-la) são social e economicamente desiguais. Nessa forma de assistência, o propósito econômico posto na realização do ato médico fica patente. Como, na medicina dita liberal, os médicos são remunerados principalmente por serviços prestados a indivíduos (sobretudo doentes), eles tenderão a forçar o caminho também individual de resolução dos problemas de saúde e de doença, distanciando-se da medicina preventiva, que mais se aproxima dos fins ideais que validam a ordem médica. Além do mais, nela, exacerbam-se as características corporativas da profissão (ao contrário de quando a assistência é institucionalizada), agravando a situação em que ela é prestada.

De fato, toda corporação tende a limitar o número de seus membros, a restringir as possibilidades de qualificação, a estabelecer níveis elevados de remuneração etc. A respeito dessa questão, deve-se dizer que, de certa forma, o grupo profissional médico goza daquilo que Weber chama de "situação estamental", na qual as possibilidades de certos grupos sociais alcançarem "honras sociais são determinadas primordialmente pelas diferenças nos *estilos de vida* desses grupos e, portanto, principalmente, por diferenças na *educação*". De modo geral, secundária e tipicamente, está associada a essa situação a pretensão, por parte da camada que a goza, de assegurar o monopólio legal de oportunidades de obter renda e lucro de um determinado tipo. No caso específico dos médicos, tal "situação estamental" repercute decididamente em sua "situação de classe", ou seja, em suas "oportunidades de obter manutenção e renda determinadas primordialmente por situações típicas, *economicamente* relevantes" (Weber, 1944, p.345).

Em tais condições, a luta do grupo constituído pelos médicos para obter um ganho no mercado se diferencia daquela que é travada por outros grupos ocupacionais. Tal ganho está assegurado pelo monopólio legal de uma determinada atividade, limitando as possibilidades de outros de com aquele grupo competir. A esse monopólio, além do mais, os membros da associação acrescentam outras limitações aos possíveis concorrentes, como o estabelecimento de restrições ao exercício de especialidades. Porém, essas características corporativas limitam também as possibilidades de os pacientes se rebelarem contra a não obediência, por parte dos médicos, às normas da ordem médica. Realmente, esse tipo de associação se caracteriza pela "autocefalia", governando-se por meio de dirigentes internamente escolhidos, e pela "autonomia", por meio da qual ela se impõe à própria ordem. Todas essas facetas protegem os médicos de interferências externas à associação. Em virtude delas, pareceria que eles, na maior parte das vezes, estariam voltados apenas para a realização dos fins da medicina.

A explicação sociológica na medicina social

Como qualquer outro grupo que procura defender seus interesses, também no caso dos médicos esse conjunto de regras é apresentado como meio de proteger os próprios doentes (embora, de fato, esse aspecto esteja presente). Mas nos parece inegável que pretendendo monopolizar a cura dos corpos (como as associações hierocráticas procuram monopolizar a cura das almas), sua associação visou, sempre e principalmente, transformar-se no único grupo legitimamente capaz de exercer a atividade médica, monopolizando-a e afastando todos os que não obedeçam às suas regras de inclusão nela.

O médico coletivo

As transformações operadas no sistema econômico, no sociopolítico e na própria medicina alteraram, entretanto, o modo de exercer a profissão e de prestar assistência médica. Os médicos se tornaram cada vez mais profissionais especializados numa parcela da totalidade de trabalho que exerciam tradicionalmente, e passaram a dominar apenas uma fração do conhecimento médico disponível. Com cada vez mais freqüência, a assistência médica se tornou institucionalizada, especialmente com a intervenção do Estado. O controle dessa assistência se transferiu do prestador individual de serviços para uma organização. Interpuseram-se entre o médico e o paciente outros elementos, perdendo, aquele, a autonomia de que gozava em seu trabalho. Modificaram-se as formas tradicionais de o médico obter seu ganho. Apesar de manter o monopólio legal do exercício da profissão, mudou seu modo de se integrar no mercado, tendo sido levado ao assalariamento. Com isso, a profissão foi adquirindo características diversas das que possuía no passado. De fato, uma profissão se mantém independente enquanto lhe é garantida uma probabilidade duradoura e continuada de obter ganhos estáveis sem a interferência de terceiros. Com a diminui-

183

ção da "autonomia" da associação, relações diferentes se estabeleceram entre outras esferas sociais e a médica.

Dentro dessas novas condições, o afastamento entre o ideal e o real da assistência médica tem sido associado ao fato de que o médico, como profissional autônomo, individualmente responsável pela objetivação dos fins da medicina, está tendendo a desaparecer. Cada vez mais ele é substituído pelo médico coletivo, tal como ocorreu no caso dos ofícios, em que o artesão foi substituído pelo operário coletivo. De fato, a busca de maior lucro, característica da economia capitalista, implicou que a socialização dos homens fosse reorientada pelas novas situações existentes no mercado. A probabilidade de obter uma apropriação maior de utilidades econômicas exigia que os serviços (humanos) fossem coordenados e distribuídos de modo a aumentar a produtividade e, conseqüentemente, a quantidade de bens e serviços. Isso exigiu a divisão técnica dos ofícios.

Começando por estes, tal divisão acabou atingindo as profissões no século XX. Na verdade, não importa discutir aqui as razões do avanço dessa divisão. O aspecto substantivo, no caso do processo em discussão, é que a especialização em atividades determinadas pode dificultar que se efetive o objetivo da medicina de tratar o paciente como um todo. Na assistência médica institucionalizada, vários especialistas dela participam sem que necessariamente um deles tenha a responsabilidade plena e procure conhecer os problemas de saúde e doença do paciente em sua totalidade. Nessa forma de atendimento, produto comum de profissionais parciais, o paciente, freqüentemente, é encarado como um somatório, sem que ninguém faça a junção das partes. O médico perde o domínio do processo global, e o paciente de seus serviços, agora parciais, muitíssimas vezes, não consegue ser atendido como um homem integral, não fragmentado (cf. Pereira, 1980, p.257), como pretende idealmente a medicina.

A explicação sociológica na medicina social

Cabe perguntar, no entanto, se é esse o propósito do paciente comum, e se a assistência médica institucionalizada não é capaz de alcançar mais rapidamente, e com maior eficácia, outro dos fins da medicina, que é o de evitar o sofrimento e recuperar a saúde daquele que esteja enfermo. Diante desses dois objetivos complementares – o de atender o paciente como homem integral e o de evitar-lhe sofrimento e recuperá-lo rápida e eficazmente –, é possível que, não sendo possível alcançar ambos, o próprio doente opte pelo segundo, como sendo o que mais lhe interessa. Se assim for, as modificações por que passou a assistência médica, com o avanço da especialização e a substituição do médico individual pelo coletivo (e a constituição de uma equipe médica), teriam vindo ao encontro de objetivos dos principais participantes da relação social em causa. É também certo que outros objetivos, não médicos, estiveram presentes no processo, e sobre eles falaremos mais adiante. Mas quanto ao objetivo dos homens concretos, a maioria deles se preocupa primordialmente com o aqui e agora, desejando, procurando e lutando por saúde, vida longa e riqueza (cf. Weber, s.d.2, p.321), de modo que a medicina institucionalizada pode perfeitamente estar de acordo com essa visão predominante.

Em face disso, seria racional o comportamento desses prestadores de serviços médicos, pois estariam utilizando meios técnica, social e culturalmente apropriados para atingir os objetivos da medicina (dentro das condições vigentes) e dos pacientes. Seriam meios socialmente aceitáveis, estando de acordo com os valores dominantes. Realmente, os homens que vêm a se tornar clientes das instituições de assistência médica, em geral, esperam dessa assistência que, rapidamente, elimine sua dor e faça que seu corpo funcione adequadamente, em especial para a realização do trabalho. É que tais homens (comuns, das classes populares) usam o corpo principalmente como instrumento subordinado à função social que exercem no sistema produtivo (cf. Boltanski, 1979). Para eles, inclusive, um comportamento voluntária e especificamente voltado para a manutenção da saúde física e mental seria um caso-limite. É bem verdade que, para tais homens, o próprio mundo da medicina é, geralmente, um universo estranho, no qual tudo é possível (ibidem, p.34). Essa estranheza gera uma relação com os médicos (autônomos ou não) de ambigüidade, portanto, nem sempre de solidariedade. Daí, algumas vezes ocorre tanto a submissão incondicional ao médico como queixas dele, fundamentadas ou não. Evidentemente, tal atitude e comportamento correlato são, o mais das vezes, conseqüência, por sua vez, das próprias condições em que recebem a atenção médica, as quais, entre outras coisas, implicam uma escolha ao acaso do médico ou imposta em função de critérios não vinculados à ordem médica (p.37-8). Mas mesmo assim, é possível dizer que a medicina institucionalizada vem ao encontro do desejado por muitos (senão pela maioria) dos que a procuram.

Por outro lado, poder-se-ia julgar que os médicos, membros das organizações prestadoras do trabalho de assistência médica, buscam, por meio de sua atividade nessas organizações, o atingimento dos mesmos fins que cabiam ao profissional autônomo, ou que se voltariam sempre, prioritariamente, para a consecução desses objetivos. Possivelmente, isso está distante da realidade porque, em tais condições, outros sentidos, diversos e mesmo antagônicos, estão presentes na realização de suas ações médicas. A complementaridade e a dependência características do trabalho efetuado por especialistas podem dirigir, por exemplo, a lealdade de uns para com outros para direções que, nem sempre, beneficiam necessariamente o paciente. É certo que a especialização obriga, exemplificando ainda, à realização de um maior número de exames complementares. Mas muitas vezes, é possível que haja o intuito de ampliar a clientela do colega ou de aumentar os lucros da organização na qual o médico trabalha, ao lado do ou independente de confirmar ou auxiliar seu diagnóstico. Também há a conseqüência negativa, inegável, já referida, de perda da noção de responsabilidade individual e indivisível, quando o médico trabalha em equipes no seio de organizações. As áreas de atuação e a autoridade podem se repartir de tal forma que não só a relação médico-paciente de bom nível freqüentemente está ausente, mas inclusive, a eficácia associada ao atendimento por especialistas. Nesse caso, os objetivos maiores da medicina tendem a se perder no anonimato desse tipo de assistência.

A empresa médica

O que ocorre é que formas de organização, externamente semelhantes, podem produzir resultados bastante diferentes (cf. Weber, s.d.2, p.310). No caso da medicina institucionalizada, esses resultados são benéficos ou negativos para o paciente, dependendo das conexões de sentido e da prioridade quanto aos objetivos visados pelos participantes da relação social. A medicina institucionalizada estatal e a capitalista, por exemplo, certamente divergem quanto a uma coisa e outra. No caso específico das empresas capitalistas de prestação de serviços médicos, torna-se patente o objetivo econômico da atividade. Enquanto, em se tratando de profissionais autônomos, pode-se dar um significado elevado à atividade prosaica de ganhar a vida, sacralizando-a, a atenção médica levada a cabo por intermédio delas despe-se da aura do sagrado.

De qualquer forma, esse tipo de empresa apresenta características específicas, quando comparada às demais empresas capitalistas. Uma dessas características é que, dada a monopolização legal da assistência médica pelos médicos, as empresas do setor só podem trabalhar usando essa mão-de-obra. Outra característica diferencial diz respeito à necessidade de se ajustarem às normas de outra esfera social (a médica), e não apenas às da ordem econômica. Ou seja, as organizações estão limitadas legalmente quanto ao modo de exercerem sua atividade e de buscarem lucros. Assim, quando intentamos compreender de um modo atual o sentido das ações realizadas por meio delas, notamos que é o de prestar assistência à saúde, aparentemente de acordo com os cânones da ordem médica. Só quando procuramos compreender os motivos dessas ações, verificando sua conexão de sentido, é que percebemos que a obediência às normas da ordem médica (e que dá a essas ações a possibilidade de serem examinadas da perspectiva sociomédica) visa a outros objetivos, integrando-se nos processos sociais de natureza econômica. Médicos de empresas médicas buscam salários, e elas têm como fim a obtenção de lucros. Ambos, contudo, estão limitados tanto pelo conteúdo de sentido da ordem médica como pela citada monopolização legal. No caso desses médicos assalariados, eles são colocados diante de uma situação contraditória: a de terem, na mesma ação social, de obedecer a concepções diferentes de ordem que dificilmente podem ser integradas, isto é, a médica e a econômica. Freqüentemente, ver-se-ão obrigados a prestar obediência antes à segunda do que à primeira, se bem que a própria consecução dos objetivos econômicos exija um mínimo de ajuste entre as duas esferas.

A contradição apontada fica patente se considerarmos que o objetivo primordial de uma empresa capitalista, voltada para a prestação de assistência médica, é o mesmo que de qualquer outra empresa: a obtenção do maior lucro possível. Não importa que suas atividades (econômicas) estejam se realizando num setor diferente daqueles em que atua a maioria das demais (que se caracterizam por estarem quase sempre integralmente inseridas na ordem econômica). Nessas condições, é de se supor que os pacientes que lhe são encaminhados não sejam necessariamente tratados segundo normas estritamente médicas. Nada nos pode garantir, desde que haja possibilidade de maior lucro (quando a empresa é retribuída pelo número de atos médicos praticados), que esses pacientes não "sofram" assistência ex-

A explicação sociológica na medicina social

cessiva de seus médicos assalariados (em termos de tempo e de atos médicos). Porém, se o contrato for por captação (ou seja, se a empresa recebe por pessoa vinculada a ela e não por atos médicos), é possível que o paciente, sofrendo dos mesmos padecimentos, seja devolvido às suas atividades normais mais rapidamente que o tempo medicamente desejável.

Em ambos os casos, considerando-se o objetivo primordial da empresa, serviços médicos que não lhe rendam algo deixariam de ser realizados; inversamente, outros que pouco proveito trariam ao paciente, o seriam. A assistência médica proporcionada pode não ser, por vezes, mais que o objeto sobre o qual se atua para que se produzam lucros. Haveria, conforme o caso, aumento ou diminuição do número de atos médicos em relação ao ideal. Conseqüentemente, seriam deturpados os ideais da medicina. No entanto, essas empresas, se forem racionalmente dirigidas, não poderão afastar-se exageradamente desses ideais, porque as ações levadas a cabo terão de se ajustar (ainda que em grau variável) aos valores sociais correspondentes à esfera médica. Ou seja, como quaisquer outras, terão de procurar atingir seus fins econômicos usando meios que não divirjam acentuadamente daqueles socialmente aceitáveis. Mais ainda: como as demais, elas teriam de atuar de modo que suas ações do presente não repercutam negativamente sobre a possibilidade futura de continuarem a alcançar seus fins econômicos (cf. Pereira, 1977). Assim, na verdade, a própria necessidade de esse tipo de empresa manter uma situação favorável à consecução desses fins acaba se constituindo, talvez, no principal fator responsável pela sua obediência aos modelos de conduta próprios à ordem médica.

A medicina institucionalizada estatal

No caso da medicina institucionalizada estatal, a tensão maior ocorre entre a esfera médica e a política. De fato, sempre que o Estado se volta para a realização de algum tipo de atividade, as razões que estão em jogo são de natureza bastante pragmática: manutenção ou redistribuição do poder. Não importa que o fim pareça ser o bem-estar e a justiça social: é o poder que está norteando a ação (cf. Weber, s.d.3, p.383). Assim também em relação aos serviços de fomento, preservação ou recuperação da saúde da população promovidos pelo Estado. Ele está tentando cumprir uma das tarefas que, modernamente, todos os segmentos sociais dele esperam. A não satisfação dessa tarefa, portanto, redundaria em conseqüências negativas para os grupos politicamente dominantes. Ou seja, eles precisam prestar tais serviços para evitar ou diminuir essas conseqüências.

Nessas condições, a ordem médica inevitavelmente sofrerá arranhões uma vez que, enquanto ela diz que se deve atender às necessidades médicas e promover a saúde de todos, independentemente de outras considerações, as razões políticas são de outra índole. Tanto assim que se pode dizer que a ética está ausente da política, no sentido de que as "razões de Estado" calcam-se em relações de poder, e não num suposto "direito" ético (ibidem). Desse modo, em grande parte, os serviços de saúde estatais serão prestados segundo os ideais da medicina apenas à medida que assim interesse aos grupos governamentais dominantes. Exemplificando: ainda que o fomento da saúde e a prevenção da doença sejam o objetivo ideal básico da medicina, a atuação do Estado nessa direção dependerá muito dos dividendos políticos que dela poderão advir. Se certas obras de saneamento, por ficarem invisíveis, produzirem resultados políticos inferiores a medidas na área da medicina curativa, estas, provavelmente, virão a ser preferidas. Nesse caso, os políticos optarão pela máxima da ordem política, que diz que "obras públicas não devem ser enterradas", em vez de seguirem a máxima da medicina, segundo a qual, "é melhor prevenir que remediar".

Outro aspecto a ser considerado nas relações entre política e ordem médica é o fato de que, no Estado moderno, os políti-

A explicação sociológica na medicina social

cos são cada vez mais profissionais da política. Muitos deles, em conseqüência, não vivem para a política (como no caso freqüente da administração estamental, em que os nobres viviam de seus próprios recursos, ainda que eles se confundissem, muitas vezes, com os do Estado), mas da política, vendo nela "uma permanente fonte de renda" (Weber, 1970, p.64-5). Em face disso, mesmo no caso da política de saúde, medidas de pouca eficácia em termos de realização dos objetivos da medicina, mas que redundem em benefícios econômicos para si ou para seu grupo, podem ser tomadas por tais políticos, em detrimento de outras mais consentâneas com aqueles objetivos.

Esse afastamento entre o real e o ideal pode ocorrer também em outros pontos. Consideremos, por um momento, o fato de que as lutas entre os vários partidos políticos, em grande parte do mundo ocidental, travam-se, sobretudo, em torno do poder de controlar a distribuição de empregos (ibidem, p.68). Ora, isso ocorre em todos os níveis e setores da administração, inclusive na área da saúde. Essa faceta dos Estados modernos nos permite distinguir, na administração, *funcionários políticos*, em contraposição aos funcionários de carreira. É claro que sempre se espera que os primeiros abandonem seus postos quando outro partido assume o poder (p.73). No entanto, surgem, inevitavelmente, tentativas, muitas vezes bem-sucedidas, de transformá-los em funcionários como se de carreira fossem. Tal prática atinge, evidentemente, todos os setores estatais, inclusive o de saúde. Portanto, a prestação de serviços de assistência médica pode ser afetada negativamente, de modo geral, porque nem sempre a própria competência profissional desses funcionários é aferida. Além do mais, sob esse prisma, a própria organização de serviços médicos estatais pode vir a se basear em interesses de funcionários públicos ligados ao setor, interesses nem sempre coerentes com os objetivos ideais da medicina.

No caso específico dos médicos vinculados ao Estado, sobretudo os que atuam diretamente como funcionários, em sua atuação eles podem se ver algumas vezes diante do dilema, outras diante da tentação, por assim dizer, de atender a objetivos conflitantes com os da ordem médica. É que, como funcionários, eles estarão igualmente subordinados ao cumprimento de muitas regras e regulamentos que poderão condicionar, e até mesmo determinar a maneira como se processará a atenção médica. Realmente, o aparato burocrático estatal, por intermédio dos que dele fazem parte, administra tudo e todos sem ódio, mas também sem amor (Weber, s.d.3, p.382). O médico vinculado ao Estado como funcionário tende a dedicar-se, ao mesmo tempo, aos direitos e deveres de sua profissão e ao cumprimento de normas impessoais decretadas por autoridades igualmente impessoais. Isso, evidentemente, pode limitar a liberdade, por vezes altamente necessária, de o médico solucionar convenientemente, do ponto de vista da medicina, os problemas de doença que incumbe a ele atender. Cria-se uma tensão entre a ordem médica e a burocrática.

No caso dos funcionários não-médicos, é muito alta a probabilidade de que trabalharão de acordo com os ditames burocráticos. No caso dos médicos, também se percebe uma tendência a obedecer às normas burocráticas em vez das médicas. A diminuição do empenho, em termos do cumprimento dessas normas, se acentua, inclusive, com o passar do tempo, à medida que se tornam patentes, para as pessoas envolvidas, a incapacidade do serviço público de tratar, de maneira diferenciada, seus próprios funcionários, o que, de certa forma, significa uma punição do mérito.

É bem verdade que, quanto àqueles que recebem essa assistência, há um aspecto positivo a ser mencionado: que o domínio burocrático da prestação de serviços leva a uma inegável democratização, no sentido de que a assistência médica se torna mais igualitária. É fato que, para alguns, certamente a minoria, cairá o nível da assistência. Mas a maioria, possivelmente, terá acesso a um serviço que estava fora de seu alcance. Isso em virtude da

A explicação sociológica na medicina social

tendência do aparato burocrático de igualar seus procedimentos. Sob esse prisma, pode-se afirmar, seguramente, que a organização burocrática é contrária a todos e quaisquer privilégios, quanto mais não seja para fazer que suas normas se cumpram de uma maneira mais satisfatória. Diz Weber a respeito de tal tema: "Como ocorre na hierocracia, toda burocracia política plenamente desenvolvida é necessariamente... 'democrática' – ou seja, no senso de nivelamento e da luta contra os privilégios estamentais que competem com seu poder" (Weber, s.d.2, p.332).

Medicina e reprodução da dominação

Ainda em relação à posição dos médicos (sobretudo funcionários ou empregados assalariados), quando confrontados com os interesses dos grupos sociais dominantes nos sistemas político e econômico, pode-se dizer que, com suas ações, mesmo que disso não tomem consciência, freqüentemente contribuem para reproduzir as condições sociais prevalecentes em sua sociedade. De fato, de um lado, os grupos economicamente dominantes estão interessados não só, por exemplo, que a assistência médica conserve e repare, o mais rapidamente possível e aos menores custos, a saúde, principalmente daqueles que constituem a força de trabalho, mas que tal assistência adquira a conotação de um serviço prestado a membros de classes sociais subalternas. Porém, aos grupos politicamente dominantes, também interessa que essa assistência mantenha as relações de poder existentes, de modo que surja aos olhos dos dominados como uma concessão do poder.

Evidentemente, seria difícil aos médicos, em especial quando funcionários ou empregados, retirar da assistência médica que prestam, conotações como as citadas, mesmo quando delas tivessem plena consciência. No entanto, essa assistência, independentemente das relações de trabalho a que se acham submetidos os médicos, de modo geral tende, de fato, a reproduzir as relações de dominação vigentes. Poderíamos até ir além e dizer que, como grupo e no limite, os médicos, se inteiramente obedientes aos ideais da medicina (de fomento, preservação e recuperação da saúde), poderiam considerar que os objetivos decorrentes desses ideais deveriam se sobrepor de tal modo aos demais (que são buscados por outros grupos e classes sociais), que se criaria algo assemelhado a uma "medicocracia" ou a uma "medicarquia". Segundo essa visão extremada, teríamos uma procura de alteração das ditas relações, mas apenas para que os médicos se substituíssem aos grupos dominantes, transformando-se no principal deles.

Exageros à parte, é perfeitamente possível, entretanto, notar, na ação dos médicos em geral, uma postura que, de uma forma ou de outra, acaba reproduzindo as relações de dominação-subordinação em vigor. Com efeito, como grupo profissional que possui um conhecimento superior sobre uma porção da realidade geralmente tida como altamente relevante pela maioria das pessoas (por se referir a assuntos vitais como a saúde, a doença e a morte), os médicos tendem a reivindicar uma certa superioridade social sobre os demais, em especial quando doentes e de classes sociais subordinadas. É claro que tal pretensão está alicerçada, por sua vez, no fato de que a maior parte dos médicos provém das classes mais altas, e porque – ou quando não – a "situação estamental" de que gozam lhes propicia uma "situação de classe" que os situa entre elas. Em conseqüência, tenderiam a atuar medicamente como se fossem membros das classes dominantes perante a membros das classes dominadas, e interessados na manutenção dessa dominação da mesma forma que os demais participantes dessas classes. Portanto, o freqüente autoritarismo dos médicos confunde-se e decorre do poder que a sociedade (pelos seus grupos social, econômica e politicamente dominantes) os investiu, do conhecimento específico

A explicação sociológica na medicina social

que possuem e do fato de, muitas vezes, pertencerem, por origem ou por situação social, às classes superiores (sobretudo no passado recente). Não é de estranhar, pois, que nas ações médicas, estejam também presentes conexões de sentido como as indicadas.

De qualquer forma, estejam os médicos a serviço dos interesses de outros ou porque seus próprios interesses de grupo, de classe e até estamentais o indicam, sua postura é geralmente autoritária nas relações médico-paciente. Espera-se que este último permaneça "tão modesto, tao ingênuo, tão confiante na presença do médico" como (alterando o sentido dado pelo autor) o fiel diante da autoridade religiosa, ambos "detentores de segredos inacessíveis aos profanos" (Boltanski, 1979, p.47). O autoritarismo médico é bastante perceptível no caso da hospitalização, situação em que é considerado bom paciente (do ponto de vista dos serviços hospitalares) o que não reclama do processo de despersonalização a que geralmente é submetido.

Esse autoritarismo, que, certamente, muitos julgam intrínseco ao poder da profissão, e legítimo por derivar de um determinado tipo de conhecimento, é ainda mais evidente em instituições totais, como no caso de certos estabelecimentos sanatoriais para tratamento de doenças mentais, onde os asilados ficam praticamente à mercê da vontade de médicos e paramédicos. Poder-se-ia dizer que esses exemplos não constituem a regra, e que, em relações normais médico-paciente, não se usaria a ação social de caráter médico para reforçar o processo de dominação social vigente. Talvez, de fato, o fenômeno não ocorra com essa nitidez, mas dificilmente essas relações, quando o paciente é membro de classes sociais subordinadas, não reproduzem e reforçam as relações de classe existentes.

É sabido que, apesar de os ideais da medicina preconizarem uma relação entre o médico e seu paciente que não leve em consideração a classe social deste, isso permanece no nível do ideal, não sendo realmente o que ocorre. Diz Boltanski a respeito:

como a confissão de uma modificação no comportamento do médico conforme a classe social do doente viria contradizer os princípios de uma ética médica de inspiração evangélica ..., os médicos pretendem adaptar suas atitudes não às características sociais de seus doentes, mas ao "caráter" particular de cada um deles ou, se preferirmos, à sua "natureza". Tudo se passa, no entanto, como se a percepção que tem o médico do doente, longe de ser imediata e espontânea, fosse uma percepção seletiva e organizada, que se operasse através de um número limitado de categorias que o jovem médico adquiriu durante sua formação e seus primeiros anos de exercício da profissão, e que lhe permite catalogar os doentes dentro de um número restrito de tipos psicológicos. (1979, p.49-50)

Em suma, mesmo por meio das relações médico-paciente correntes, os médicos, ainda que de maneira inconsciente, estão freqüentemente buscando reconhecimento à sua autoridade e aos de sua classe (ou à classe elevada com a qual eles tendem a se identificar).

Conclusões

As tensões apontadas no decorrer de nossa exposição entre a esfera médica e outras esferas sociais ocorrem fundamentalmente no caso da medicina curativa e individual. Esta, pelas razões indicadas, dispõe-se, com freqüência, a contrariar a ênfase que, em termos estritamente ideais, a medicina coloca no fomento da saúde e prevenção da doença. É sobretudo nesse tipo de medicina que motivações outras, não médicas, dão sentido econômico, político, burocrático etc. aos atos médicos. Sobretudo nela é que médicos (como os atores sociais privilegiados das relações sociais orientadas pelo conteúdo de sentido da ordem médica), empresas capitalistas (voltadas para a prestação de serviços nesse setor), o Estado e demais participantes de me-

A explicação sociológica na medicina social

nor relevância das relações sociais em pauta, podem buscar a realização de objetivos estranhos aos ideais da medicina. Mas é exatamente em decorrência disso que se criam muitos dos impasses discutidos.

Vistos apenas do ângulo médico, os comportamentos dos agentes pareceriam irracionais, uma vez que não visariam atender às necessidades presentes e futuras da população na área da saúde e da doença. Só considerando a consecução dos outros objetivos pretendidos por tais agentes (obtenção de lucros, salários, honorários, prestígio, obediência às normas burocráticas de uma instituição, manutenção das relações de poder existentes etc.) é que poderemos perceber a coerência de tais ações, portanto, sua racionalidade. O desencontro entre objetivos se esclarece, adquirindo sentido.

Na Idade Média, período em que as relações aqui discutidas eram menos complexas e o discurso dos participantes menos elaborado e hipócrita, ou mais sincero e espontâneo, os objetivos conectados à ação médica, possivelmente, se patenteavam melhor. A esse respeito são esclarecedoras algumas informações prestadas por R. P. Nogueira (1977, p.26-7). Afirma que "as questões de honorários eram tratadas sem rodeios pelos médicos medievais". Seu mote seria "cobrar durante a dor". O autor mencionado cita Bernard de Mandeville, que não era médico, diga-se de passagem, o qual afirma, agora no começo do século XVIII, que "assim como a preocupação principal do paciente é a cura, a do cirurgião deve ser o recebimento de honorários compensadores". Portanto, era conseqüente sua opinião de que "o tratamento preventivo, embora seja o mais útil ao paciente, costuma ser mal remunerado", por isso não é aconselhável. Colocações como essas, em muitos casos, ainda têm plena ou até maior vigência quando estamos diante de uma medicina de mercado.

Na verdade, as ações médicas (na acepção ampla do termo) tendem a se aproximar mais dos ideais da medicina à medida que se vinculam, também mais estreitamente, à medicina preventiva e social. É claro que, mesmo aí, podemos nos deparar com conexões de sentido que se afastam dos modelos de conduta característicos da ordem médica (pode-se clorar água ou vacinar as pessoas por conta de objetivos diversos daqueles que, se supõem, sejam inspirados por tal ordem). Mas nos parece que, nesses atos, predomina, sem dúvida nenhuma, mais que naqueles ligados à medicina dita curativa, a orientação puramente médica. Em conseqüência, no caso deles, seria menor a tensão com outras esferas do social.

Contudo, seria conveniente considerar que, mesmo havendo condições político-econômicas favoráveis à medicina preventiva e social, os que a ela se dedicam encontrariam algumas dificuldades de monta para implementar certas medidas, inclusive partidas da própria população beneficiada, se esta tivesse que delas participar direta e conscientemente. É que dadas sobretudo as condições culturais vigentes, geralmente é no *aqui* e *agora* que os homens estão interessados. Querem coisas bastante sólidas, visíveis de imediato. Prevenir, em face disso, é algo muito distante e nebuloso. Diz Weber que "os virtuosos religiosos viram-se obrigados a ajustar suas exigências às possibilidades de religiosidade cotidiana a fim de conseguir e manter a preferência ideal e material das massas" (s.d.2, p.332). Da mesma forma, os que orientam suas ações por aquele tipo de medicina terão também de se ajustar aos costumes tradicionais no que diz respeito à esfera social.

Seria preciso, em outras palavras, considerar os valores vigentes em relação a ela, fortemente ancorados no passado manipulável e inteligível. É evidente que tais valores se alteram, mas isso possivelmente ocorre à medida que o conjunto dos valores sociais se modifica, em especial com a transformação das condições de vida, de tal modo que uma porção maior da população consiga ser dona de seu próprio destino. Em geral, só planejamos (e, portanto, prevenimos) quando dominamos razoa-

A explicação sociológica na medicina social

velmente nosso meio ambiente. Um bom exemplo de tal asserção é a constatação de que, normalmente, só planejam o número de filhos aqueles casais que possuem esse domínio sobre outros setores de sua existência. Daí porque serem fundamentalmente os casais de renda média e alta os que fazem planejamento familiar. Os pobres, em geral, não se dão a essa tarefa (cf. Kubat & Mourão, 1969). O que se quer dizer é que quem vive "da mão para a boca", como é o caso da maior parte da população dos países subdesenvolvidos, não se preocupará seriamente com a possibilidade de, num futuro mais ou menos distante, vir a ficar doente se não tomar medidas preventivas adequadas.

Seria portanto um objetivo utópico o dos voltados para essa medicina se, em tais condições, entendessem ser possível realizar ações médicas que se guiassem inteiramente pela ordem médica. Conseqüentemente, alcançar os objetivos dessa medicina, que se confunde com os ideais "da medicina", dependerá, em especial, de medidas de caráter coletivo postas em prática pelo Estado. Este, por sua vez, como se pode supor, só procederá assim se for suficientemente pressionado pela população interessada ou por uma parte dela suficientemente poderosa para se fazer ouvir.

A mudança, no sentido de uma maior preocupação por parte da população com o fomento da saúde e prevenção da doença, possivelmente também será estimulada se algumas transformações se operarem na medicina curativa e individual. Isso poderia, talvez, exigir uma diminuição dos direitos estamentais dos médicos, especialmente quanto à "autocefalia" e "autonomia" da associação. Ou, então, que esta viesse a se organizar de tal modo que os objetivos ideais da medicina predominassem sobre fins de outras ordens. Certamente, isso exigiria uma alteração política interna de alguma significação. De qualquer forma, parece-nos que as ações médicas só poderão se pautar completamente pelo conteúdo de sentido da ordem médica quanto menos as relações médico-paciente forem mediadas pelo dinheiro.

Esse ponto seria o fundamental. O médico teria de ser remunerado independentemente dos atos médicos que realizasse. Tornado inexistente o elo econômico entre ambos os participantes da relação (como também outras conexões de sentido apontadas como deturpadoras), ela poderia se tornar exclusivamente médica. Dificilmente, no entanto, tal mudança ocorrerá numa sociedade capitalista, como nos parece evidente.

7
O método dialético

Introdução

O método dialético, na concepção marxista, diferencia-se radicalmente dos métodos expostos anteriormente quanto ao modo de explicar os fenômenos sociais. Ele se mostra muito mais apropriado que os outros métodos para explicar a mudança social, quer seja do sistema social global, quer seja de fenômenos cuja transformação é explicada pela transformação daquele sistema (cf. Fernandes, 1959c, p.105). Uma das diferenças em relação a eles é no que se refere à pretensão da metodologia, ora em exame, de compreender a realidade social como algo concreto, numa extensão muito superior ao que ousaria um Durkheim (ibidem, p.103).

Dado que Marx encara a realidade, social ou não, como estando em movimento constante, é evidente que, para ele, leis, categorias e fenômenos são sempre transitórios, não havendo eternidade de nada. Isso contrasta não tanto com a análise compreensiva (que, afinal, considera a realidade social composta de uma quantidade tão inesgotável de eventos que a explicação só pode ser adequada, do ponto de vista do investigador, àquele fragmento do real escolhido por ele como tendo interesse científico), mas sobretudo com o funcionalismo, que tende a supor um universo social governado por leis relativamente estáveis e gerais.

Outras características distintivas do presente método, que teremos oportunidade de discutir na seqüência da exposição, dizem respeito: a) à negação da possibilidade de construir um sistema de conceitos universais; b) à noção de que todas as relações sociais significativas implicam a existência de contradições e antagonismos; c) às relações recíprocas entre idéias e condições materiais de existência, entendendo-se que estas são determinantes; d) aos descompassos e divórcios entre as essências e as aparências; e) à capacidade explicativa das determinações gerais e das particulares; f) ao modo de os homens fazerem a história; g) à maneira de proceder, ao se investigar uma determinada realidade, para que o pensamento seja capaz não de criar, mas de reproduzir o concreto como a unidade do diverso, resultado da síntese de muitas determinações; h) à noção de totalidade etc.

Reelaboração do pensamento hegeliano?

Sabidamente, a dialética marxista constitui uma reelaboração (para alguns radical, para outros nem tanto) das perspectivas abertas por Hegel. Falta-nos competência e interesse para examinar qual teria sido, realmente, a contribuição original desse pensador para tal dialética. Marx, contudo, reconhece sua dívida para com ele, inclusive revelando-se seu discípulo quase ao final do posfácio à segunda edição de *O Capital* (1959a). Revoltara-lhe o que chamava de tratamento de "cachorro morto"

A explicação sociológica na medicina social

dado a Hegel por epígonos medíocres, uma vez que, no seu entender,

> o fato de que a dialética sofra em mãos de Hegel uma mistificação, não obsta a que este filósofo tenha sido o primeiro que soube expor, de um modo amplo e consciente, suas formas gerais de movimento. O que ocorre é que a dialética aparece, nele, invertida, de cabeça para baixo. Não há mais do que dar-lhe a volta, melhor dito, pô-la de pé e, em seguida, se descobre, sob a casca mística, a semente racional. (p.XXIV)

De que inversão se trata? Pelo que é dito por Marx, Hegel se mostra especulativo, formal e idealista de um modo inadmissível para o homem real, especialmente para o de ciência, voltado para a investigação empírica. A inversão remeteria a dialética ao campo da experiência e a faria reencontrar-se com a história real. O que se entende é que enquanto no método dialético de Hegel o real é produzido pelo pensamento, no de Marx, o pensamento apenas o reproduz. Diz este último a respeito: "Meu método dialético não só é fundamentalmente distinto do de Hegel, mas é, em tudo e por tudo, a antítese do dele. Para Hegel, o processo de pensamento, a que ele inclusive converte, sob o nome de idéia, em sujeito com vida própria, é o demiurgo do real, sendo este a simples forma eterna em que aquele toma corpo. Para mim, pelo contrário, o ideal não é mais do que o material transposto à cabeça do homem e por ela traduzido" (Marx, 1959a, p.XXIII).

Seria simplismo, no entanto, e isso fica patente na ressalva do próprio Marx acima mencionado, crer-se que "Hegel haja elaborado um instrumento lógico independente das condições de seu uso". Ele pode ser especulativo e abstrato, mas já admitia, como o faria Marx, que o real e o conhecer são um movimento constante de negação de determinações prévias, sendo tal negação o fundamento, seja da totalidade da experiência, seja de atos particulares. A diferença estaria, reiterando, no fato de que, em Hegel, a consciência disso permaneceria fora do campo das experiências, e em Marx não. Ou seja, o primeiro teria descoberto, inegavelmente, "o sentido da história, porém fora da história", enquanto o segundo teria se esforçado para encontrar o sentido completo da história na própria história (cf. Calvez, 1962, p.381-2).

Há, na *Miséria da filosofia* (Marx, 1965, p.103), uma crítica a Proudhon em que a questão é novamente colocada. Diz Marx que este pretendia fazer, em relação à economia, o que Hegel fizera em ralação à religião, ao direito etc., isto é, buscar abstratamente a fórmula puramente lógica do seu movimento, sem consideração com as condições históricas concretas. Entendemos que a crítica diz respeito ao fato de que ambos, relativamente aos seus respectivos objetos de estudo, se teriam colocado numa posição transcendente, situando-se fora dos limites da experiência. Haveria, no caso de Hegel, certa supressão das diferenças entre sujeito e objeto, a ponto de o segundo parecer inexistir como "o outro". Enquanto o hegeliano acharia "a garantia do movimento unicamente num universo transcendente a este movimento", o marxista não poderia evitar a experiência, evadindo-se para um elemento externo, a partir do qual pudesse reconstruí-lo (cf. Calvez, 1962, p.386).

Um concreto pleno de determinações significativas

Como proceder metodologicamente para que o concreto seja reproduzido e interpretado pelo pensamento em toda sua riqueza e diversidade? Marx deixa claro que não é porque uma investigação parte do concreto que ela conseguirá captar a realidade como um todo, em profundidade, em seus variados, complexos e contraditórios aspectos, como julga fazer, por exemplo, a ciência positivista. Tanto que, quando discute "o método da Economia Política" (cf. Marx, 1970a), afirma, peremptoriamente:

A explicação sociológica na medicina social

Parece correto começar pelo que há de concreto e real nos dados; assim, pois, na economia, começamos pela população, que é a base e o sujeito de todo ato social da produção. Porém, bem examinado, este método seria falso. A população é uma abstração se deixo de lado as classes sociais de que se compõe. Estas classes são, por sua vez, uma palavra sem sentido se ignoro os elementos sobre os quais repousam, por exemplo, o trabalho assalariado, o capital etc. Estes supõem a troca, a divisão do trabalho, os preços etc. O capital, por exemplo, não é nada sem trabalho assalariado, sem valor, dinheiro, preços etc. Se começasse, pois, pela população, resultaria uma representação caótica do todo e, por meio de uma determinação mais estrita, chegaria analiticamente sempre mais longe, com conceitos mais simples: do concreto representado, chegaria a abstrações cada vez mais sutis, até alcançar as mais simples determinações. (ibidem, p.268)

Ou seja, esse caminho de fragmentação do concreto em elementos simples e isolados não conduz necessariamente a um melhor entendimento da complexidade da realidade, uma vez que "a representação plena se volatiliza em abstrata determinação" (p.269).

Será preciso, portanto, realizar a trajetória inversa, a da síntese, desde que, bem entendida, a análise precedente tenha sido feita usando categorias que houvessem mostrado, realmente, os antagonismos e diversidades que tornam esse concreto uma unidade plena de determinações significativas. Sem dúvida, a análise pode ser uma abstração necessária para atacar o concreto. "Porém, toda ciência se condena à esterilidade e ao dogmatismo se se nega a ir até a etapa sintética que torna a conduzir ao concreto entendido em toda sua riqueza" (Calvez, 1962, p.400). É por essa razão que Marx insiste na necessidade de o investigador, chegado ao ponto anteriormente indicado, "tornar a fazer a viagem inversa, até dar de novo com a população, porém, desta vez, não com uma representação caótica do todo, mas com uma rica totalidade de determinações e relações diversas" (1970a, p.268-9). Esse passo, do abstrato ao concreto, é que seria "manifestamente o método cientificamente correto" (ibidem, p.269). Isso porque "o concreto é concreto porque é a síntese de muitas determinações, isto é, unidade do diverso. Por isso o concreto aparece no pensamento como processo da síntese, como resultado e não como ponto de partida, ainda que seja o verdadeiro ponto de partida e, por conseguinte, o ponto de partida também da percepção e da representação" (p.269).

O primeiro método reconhece que o concreto está no ponto de partida, mas não o reencontra no movimento de retorno porque não completa a trajetória científica. O concreto é destruído analiticamente. Ou seja, chega-se a determinações cada vez mais simples, incapazes de reproduzi-lo em toda sua extensão e riqueza (cf. Calvez, 1962, p.401). Quanto ao segundo método, recupera progressivamente o concreto total, reproduzindo-o. Marx, contudo, ressalva

> que o método consistente em elevar-se do abstrato ao concreto não é senão a maneira de proceder do pensamento para apropriar-se do concreto, para reproduzi-lo mentalmente como coisa concreta. Por isso não é, de modo algum, o processo de gênese do concreto mesmo (1970a, p.269).

No já mencionado posfácio à segunda edição de *O Capital*, ele teve oportunidade de retomar a questão a propósito de distinguir formalmente entre o método de exposição e o de investigação: "A investigação há de tender a assimilar-se em detalhe da matéria investigada, a analisar suas diversas formas de desenvolvimento e a descobrir seus nexos internos. Só depois de completado este trabalho, pode o investigador proceder de modo a expor adequadamente o movimento real. E se sabe fazê-lo e consegue refletir idealmente na exposição a vida da matéria, cabe sempre a possibilidade de que se tenha a impressão de estar ante uma construção *a priori*" (1959a, p.XXIII).

A explicação sociológica na medicina social

Inexistência de um sistema
de conceitos universais

A totalidade do concreto confunde-se, pois, com a totalidade de pensamento: "É um produto do pensar e do conceber", mas "não é, de nenhum modo, o produto do conceito que se engendra a si mesmo, que concebe separadamente e acima da percepção e da representação, e sim a elaboração da percepção e da representação em conceitos" (cf. Marx, 1970a, p.270). Quem usa, portanto, a metodologia preconizada por Marx, tem de usar conceitos que sejam capazes de "apanhar a realidade em sua unidade e diversidade". Isto é, que se tornem "categorias do pensamento plenamente saturadas da realidade empírica", reproduzindo-a como algo concreto (cf. Fernandes, 1959c, p.119). Conseqüentemente, não há nenhum interesse "pela construção de um sistema logicamente homogêneo de conceitos universais ou gerais", uma vez que não conseguiriam realizar aquele objetivo (ibidem, p.120).

Engels refere-se a essa necessidade de usar conceitos aptos a reproduzir determinações peculiares a cada modo de produção ou formação social no prólogo à edição inglesa de *O Capital* (1959a, t. I, p.XXXII) do seguinte modo: "É evidente que uma teoria que concebe a produção capitalista moderna como uma simples estação de trânsito na história econômica da humanidade, tem, necessariamente, que empregar termos distintos dos que empregam aqueles autores para os quais esta forma de produção é definitiva e imperecível". Os conceitos têm de ser específicos à forma social investigada.

Discutindo o "conceito de valor", Marx mostra-o como parte da realidade dada, e não dos conceitos, afirmando: "Eu não arranco nunca dos 'conceitos', nem, portanto, do 'conceito de valor', razão pela qual não tenho, de modo algum, porque 'dividir' este 'conceito'". E esclarece como desenvolveu os conceitos que lhe permitiram analisar a mercadoria:

Parto da forma social mais simples na qual se corporifica o produto do trabalho na sociedade atual, que é a *mercadoria*. Analiso-a e o faço fixando-me, sobretudo, na *forma sob a qual se apresenta*. E descubro que a "mercadoria" é, de um lado, em sua forma material, um *objeto útil* ou, dito em outros termos, *um valor de uso*, e, de outro, *encarnação do valor de troca* e, desde esse ponto de vista, "valor de troca" ela mesma. Sigo analisando o "valor de troca" e verifico que este não é mais do que uma *"forma* de manifestar-se", um modo especial de aparecer o *valor* contido na mercadoria, em vista do que procedo à análise deste último. (cf. 1959c, p.717-8)

Marx então esclarece que, por isso, pôde dizer literalmente, a certa altura do primeiro capítulo de O *Capital* (1959a, p.27), que a afirmação feita, no início do texto, de que a mercadoria é valor de uso e valor de troca, constitui, a rigor, uma afirmação falsa. "A mercadoria é valor de uso, objeto útil, e 'valor'" (1959c, p.718). Essas colocações indicam como as categorias são "concebidas como representações que precisam ser constantemente redefinidas" (Fernandes, 1959b, p.122). E isso se aplica até mesmo às categorias mais abstratas. Estas,

apesar de sua validade – precisamente por causa de sua natureza abstrata – para todas as épocas, são, não obstante, no que há de determinado nesta abstração, o produto de condições históricas, e não possuem plena validez senão para estas condições e dentro do marco destas. (cf. Marx, 1970a, p.274-5)

Tudo está em perpétua transformação

Fica claro que a dialética marxista opõe-se a qualquer sistema de conceitos gerais em virtude de conceber *tudo* como estando em perpétuo movimento, em contínua transformação. Portanto, no caso de categorias econômicas, por exemplo, elas são encaradas como não sendo "mais do que expressões teóricas, abstrações das relações sociais de produção". Tais relações são

A explicação sociológica na medicina social

produzidas pelos homens da mesma forma que os outros produtos de sua atividade. Elas se vinculam, pois, intimamente, às relações de produção. Conseqüentemente, ao serem alteradas porque os homens trocaram de modo de produção, são mudadas também as categorias político-econômicas que eram expressões teóricas daquelas condições históricas transitórias. O moinho movido a braços produziu o feudalismo, enquanto o a vapor gerou o capitalismo (cf. Marx, 1965, p.104-5). Em suma: "Os homens, ao estabelecer as relações sociais de acordo com o desenvolvimento de sua produção material, criam, também, os princípios, as idéias e as categorias, de conformidade com suas relações sociais" ... "Portanto, essas idéias, essas categorias, são tão pouco eternas como as relações às quais servem de expressão. *São produtos históricos e transitórios*" (ibidem, p.105). É por essa razão que Marx critica acerbamente Proudhon por sua tendência de se fixar numa categoria econômica como a de propriedade, fluida por si mesma, como se ela tivesse caráter universal e imutável e não fosse, apenas, expressão das mencionadas relações.

Evidentemente, se todas as relações sociais, das quais os conceitos são expressões teóricas, são, elas mesmas, produtos históricos, segue-se que não pode haver, igualmente, leis socioeconômicas eternas. Marx batalhou incansavelmente contra o que chamava de tentativas de mistificação por parte dos economistas burgueses, que procuravam transformar as leis "históricas" do capitalismo em leis "naturais". Intentava mostrar que existe "uma diferença fundamental entre a História e a Natureza, a história humana e a história natural" (Lowy, 1975, p.77). Nessa questão, traz à baila a distinção feita por Vico entre ambas. É que enquanto a primeira foi feita pelo homem, a segunda não o foi (ibidem; Marx, 1959a, p.303, nota 4).[1] Ele desconfiava

---

1 É interessante notar que Marx concebe a obra máxima de Darwin como se referindo à "história da tecnologia natural, isto é, à formação dos órgãos vegetais e animais como instrumentos de produção para a vida dos animais e

de qualquer ciência que concebesse a natureza como imutável, entendendo que as ciências naturais não encerram mais verdade absoluta do que as ciências humanas (cf. Calvez, 1962, p.392-3).

No que diz respeito a estas, Engels, comentando a famosa proposição de Hegel, segundo a qual, "tudo o que é real é racional e tudo o que é racional é real", enfatiza que, mesmo aos olhos deste último, "o atributo de realidade não se aplica senão ao que é, ao mesmo tempo, necessário". Ou seja, algo é real, e também racional, porque necessário num determinado momento do desenvolvimento das forças produtivas. Em outro momento, deixará de ser racional, ainda que continue existindo, por se ter tornado desnecessário. Em termos de leis histórico-sociais, uma alteração significativa do contexto histórico pode tornar, muitas delas, caducas e desnecessárias, porque, no dizer algo grandiloqüente de Engels,

> no decorrer do desenvolvimento, tudo o que anteriormente fora real cessa de sê-lo; cessa de ser necessário, perde seu direito à existência; então uma realidade nova e viável substitui a realidade que morre; a realidade agonizante é substituída pela outra, de forma pacífica, se for bastante inteligente para desaparecer sem resistir e de modo violento se se opõe a essa realidade. (s.d., p.19-20)

E completa:

> Desta maneira, a proposição hegeliana, graças à própria dialética hegeliana, transforma-se na sua própria antinomia; tudo o que é real no domínio da história, mais cedo ou mais tarde, deixa de ser razoável; tudo está, desde a origem, infestado de irracionalidade. Pelo contrário, tudo o que é racional na cabeça dos homens está

---

das plantas". Repare que não merecera a mesma atenção, até à época, embora fosse mais fácil de traçar, uma "história da criação dos órgãos produtivos do homem social, que são a base de toda organização específica da sociedade". Ele se referia à tecnologia.

A explicação sociológica na medicina social

destinado a transformar-se em real, por muito contraditório que seja com a aparente realidade existente. A tese "tudo o que é real", segundo torna as regras do método dialético, sintetiza-se nesta outra: tudo o que existe deve morrer. (ibidem, p.21)

Seguindo ainda o mesmo Engels, mas dando sentido algo diferente às suas afirmações, diríamos que certas leis podem ter sido inteiramente válidas para determinadas época e circunstâncias, mas em face das condições novas e mais complexas, são obrigadas a ceder o passo a outras que melhor expressem tais condições; o que não significa que elas, por sua vez, não estarão fadadas à superação (p.22). Na verdade, os homens são o "sujeito" da história; eles a fazem (ainda que sob condições dadas). Portanto, de certo modo, as leis socioeconômicas são uma criação do homem (cf. Lowy, 1975, p.77-8).

Relações entre sujeito e objeto

A postura de Marx quanto às relações entre o sujeito e o objeto do processo de conhecimento está também vinculada, como não poderia deixar de ser, à noção de movimento dialético, como no tocante à construção dos conceitos e à validade das leis científicas. Seu método procura superar a dualidade sujeito-objeto que transparece, ainda que por razões diferentes, quer em Durkheim quer em Weber. "O rompimento com essa dualidade está por inteiro contido na tese de que o subjetivo é um momento necessário do processo objetivo" (Pereira, 1970, p.31). Isso já fica claro na primeira tese sobre Feuerbach, em que Marx faz uma crítica mais contundente ao materialismo do que ao idealismo, embora ambos sejam criticados: "A falha fundamental de todo o materialismo precedente (incluindo o de Feuerbach) reside em que só capta a coisa (*Gegenstand*), a realidade, o sensível, sob a forma do *objeto* (*Objekt*) ou *da contempla-*

ção (*Anschauung*) e não como *atividade humana sensorial*, como *prática*; não de um modo subjetivo. Daí que o lado *ativo* fosse desenvolvido de um modo abstrato, em contraposição ao materialismo, pelo idealismo, o qual naturalmente, não conhece a atividade real, sensorial, enquanto tal" (1959b, p.633).

O materialismo tradicional é aqui criticado porque "vê no real, no objeto, o 'outro' do sujeito, algo oposto a ele, em vez de considerá-lo como o produto de sua atividade". Esse materialismo ignora que o conhecimento "é de um mundo criado pelo homem, isto é, inexistente fora da história, da sociedade e da indústria". Por isso Marx reconhece o mérito do idealismo que "tem presente a concepção idealista de Kant, de acordo com a qual o sujeito conhece um objeto que ele mesmo produz". No idealismo fica assinalado o papel ativo do sujeito em sua relação com o objeto, ainda que de um modo apenas pensante, ou seja, abstratamente, uma vez que está excluída a atividade prática, sensível (cf. Sánchez Vásquez, 1967, p. 126).

Marx entende que o objeto do conhecimento não é, de fato, apreendido passivamente pelo sujeito. Ele seria, isto sim, um produto da atividade humana, e não simplesmente algo dado, que se opõe ao sujeito, com o que, este último, se limitaria a uma atitude de contemplação, de reflexão da realidade. O conhecimento não seria apenas o resultado da ação dos objetos sobre os sentidos, mas da sua captação de um modo *subjetivo* (ibidem, p.125-6). Isso implica o estabelecimento de uma relação dialética entre ambos, na qual o sujeito também se constrói. Nos *Manuscritos econômicos e filosóficos de 1844*, essas relações são bem acentuadas. Neles, Marx insiste, em vários momentos, que só existe a possibilidade de uma relação humana entre o homem e os objetos quando o homem se faz objeto e os objetos se humanizam. Assim, vejamos: "Na prática só posso relacionar-me humanamente com uma coisa se esta se relaciona humanamente com o ser humano" (1961, p.107, em nota). Ou:

A explicação sociológica na medicina social

o homem não se perde em seu objeto unicamente quando o objeto torna-se para ele um objeto *humano* ou homem objetivo. Isto somente é possível quando o objeto torna-se para ele um objeto *social*, ele mesmo, para si mesmo, um ser social, assim como a sociedade se torna, neste objeto, um ser para ele. (ibidem)

E em seguida:

> Somente quando a realidade objetiva se transforma ..., para o homem em sociedade, em realidade das forças humanas essenciais ..., que todos os *objetos* se tornam para ele a *objetivação de si mesmo*, fazem-se objetos que confirmam e realizam sua individualidade, tornam-se *seus* objetos; isto é, o próprio homem torna-se objeto. (1961, p.107-8)

Mais ainda. Para Marx, um ser só é objetivo quando tem sua natureza fora de si, sendo objeto para um "outro", diferente dele. Se assim não fosse, ele não existiria. "Um ser que não tem nenhum objeto fora de si não é um ser objetivo. Um ser que não é, por sua vez, objeto para um terceiro ser, não tem nenhum ser como objeto seu, isto é, não se comporta objetivamente, ... não é objetivo". Ora, "um ser não objetivo é um não-ser, um absurdo". E outra vez: "Um ser que não é objeto de outro ser, supõe ... que não existe nenhum ser objetivo. Tão logo eu tenha um objeto, este objeto tem a mim como objeto" (1970b, p.195). Fica claro, portanto, que só através da *praxis*, que implica a subjetivação da objetividade e a objetivação da subjetividade, há, realmente, a possibilidade de um conhecimento de nível superior.

Contradições e antagonismos em todas as relações

Na concepção de Marx, porém, o saber dialético constitui um movimento ininterrupto, que se processa por meio de contradições e permite um enriquecimento contínuo do conhecimento (cf. Calvez, 1962, p.387). A dialética marxista se funda, assim, nas relações de antagonismo.

O princípio de contradição governa o modo de pensar e o modo de ser em todas as épocas históricas, embora adquirindo configurações particulares em cada uma delas. Isto é, em cada época, as determinações econômicas, políticas, religiosas ou outras organizam-se e determinam-se reciprocamente de modo diverso. No capitalismo, os antagonismos fundados nas relações econômicas adquirem preeminência sobre todos os outros, enquanto determinação estrutural. (Ianni, 1980, p.8)

Nesse modo de produção voltemo-nos, por exemplo, para a dialética entre trabalhador e capitalista. Um não existe sem o outro, e um é a negação do outro. Surgem e se relacionam no bojo do desenvolvimento desse regime de produção. Nele, em outras palavras, o capital e o trabalho unem-se, separam-se e estranham-se. Eles se opõem e se excluem reciprocamente, porque o trabalhador constitui a negação do capitalista, e este, a daquele (cf. Marx, 1970b, p.130). Mas também se exigem reciprocamente para que existam, uma vez que o trabalhador produz o capital, e este, àquele (ibidem, p.123). Os objetos são constituídos, transformados, destruídos e superados nesse movimento dialético. E é a análise dialética que desvenda seus fetichismos e contradições (cf. Ianni, 1980, p.13). Por isso Marx pode afirmar, investigando o desenvolvimento histórico da burguesia, que, em seu curso, o caráter antagônico dela se encontra mais ou menos encoberto, não existindo mais que em estado latente. Mas no seu decorrer vai se tornando cada vez mais evidente que as relações de produção que ela desenvolve "não possuem um caráter uniforme e simples, mas um duplo caráter; que dentro das mesmas relações em que se produz a riqueza, produz-se também a miséria" (cf. Marx, 1965, p.117-8). Evidentemente, as relações de antagonismo, as contradições, não exis-

A explicação sociológica na medicina social

tem apenas no capitalismo, mas Marx entende que, nele, elas se exacerbam.

Já foi dito que as idéias, os princípios e as categorias criados pelos homens expressam suas condições de existência, conformando-se ao desenvolvimento de sua produção material e às relações sociais que lhe vão aparelhadas. Em face disso, "as idéias, conceitos, doutrinas ou teorias exprimem as relações sociais de modo incompleto ou, mesmo, invertido" (Ianni, 1980, p.24). Dentre as ciências, a economia política, sobretudo, tenderia a fazer uma descrição puramente fenomenológica do mundo, incapacitando-se para alcançar a "realidade interior e verdadeira" deste. É que, "como ciência do mundo alienado (seria) a ciência da alienação" (Rubio Llorente, 1970, p.39). Marx faz inúmeras referências a esses descompassos entre a aparência dos fenômenos e sua essência. Caberia exatamente à ciência apreender esta última: "Toda ciência seria supérflua se a forma de manifestarem-se as coisas e a essência destas coincidissem diretamente" (1959a, t.III, p.757). E, numa referência específica: "A Economia vulgar, 'incapaz de aprender nada', se aferra ..., como sempre, às aparências contra a lei que rege os fenômenos" (ibidem, t.I, p.245). Por isso mesmo, a análise dialética procura tornar transparentes as relações e os processos para os quais se volta, principalmente capitalistas. De certa forma, a análise dialética "opera como uma técnica de desmascaramento, pois exige a crítica das idéias, conceitos ou representações, sob os quais as pessoas, as classes sociais e as coisas aparecem na consciência e na Ciência" (Ianni, 1980, p.11).

Podemos exemplificar o que está dito acima com a célebre análise do fetichismo da mercadoria, logo no primeiro capítulo de *O Capital*. Como valor de uso, ela não teria nada de misterioso. O mistério se escora no fato de que a forma mercadoria "projeta ante os homens o caráter social do trabalho destes como se fosse um caráter material dos próprios produtos de seu trabalho, um dom natural, social destes objetos, e como se, portanto, a relação social que medeia entre os produtores e o trabalho coletivo da sociedade fosse uma relação social estabelecida entre os mesmos objetos, à margem de seus produtores". Surge aqui uma forma fantasmagórica de relação: a de "uma relação entre objetos materiais, [que] não é mais do que uma relação social concreta estabelecida entre os próprios homens". Completa Marx: "É a isto que eu chamo fetichismo, sob o qual se apresentam os produtos do trabalho tão logo se transformam em mercadorias". Perante os produtores, "as relações sociais que se estabelecem entre seus trabalhos privados *aparecem* como o que são; isto é, não como relações diretamente sociais das pessoas em seus trabalhos, mas como *relações materiais* entre pessoas e *relações sociais entre coisas*" (cf. Marx, 1959a, p.37-8).

Não se ater às aparências

Ainda em relação às mercadorias, Marx inicia a análise pela sua incontestável característica aparente, que é a de elas serem um objeto útil, terem um valor de uso para os outros. Em seguida, pergunta o que existe de idêntico nelas que as faz comparáveis, ainda que sejam distintas. Mostra que essa identidade é o valor. A magnitude deste, por sua vez, seria medida pelo tempo de trabalho socialmente necessário que encerram. Esse tempo, porém, se altera segundo a capacidade produtiva do trabalho. Daí Marx poder dizer que "a *magnitude do valor* de uma mercadoria varia em *razão direta da quantidade* e em *razão inversa* da capacidade *produtiva* do trabalho que nela se inverte" (cf. Marx, 1959a, p.8). Mas sempre se trata de trabalhos diversos. Para encontrar sua igualdade, "temos que, forçosamente, fazer *abstração de sua desigualdade real*, reduzi-los ao caráter comum a todos eles como *desgaste de força humana de trabalho* abstrato". Os homens, pois, "ao equipararem *uns com os outros*, na troca, *como valores*, seus diversos *produtos*, equiparam entre si seus diversos

A explicação sociológica na medicina social

trabalhos como modalidades de trabalho humano. Não o sabem, mas o fazem. [É que] o valor não leva escrito na testa *o que é*. Longe disso, converte a todos os produtos do trabalho em hieróglifos sociais" (p.39).

Em virtude de se ater às aparências, a Economia Política não é capaz de compreender cabalmente como se valoriza o capital. Num artigo de Engels, a questão é bem sintetizada:

> A economia parte ... da suposição de que, nas trocas, sempre se permutam valores iguais. Marx examina todos os casos possíveis ... para provar que se esta premissa ... fosse certa, seria impossível que 100 táleres primitivos produzissem 10 de mais-valia. E, todavia, esta operação se realiza diariamente ... É Marx quem nos dá a explicação ... O enigma, nos diz, só se pode resolver descobrindo no mercado uma mercadoria de natureza especial, cujo valor de uso consista precisamente em criar valor de troca. Esta mercadoria existe em realidade: é a *força de trabalho*. O capitalista compra a força de trabalho no mercado e a põe a trabalhar a seu serviço, para vender logo seu produto. (cf. Engels, 1959, t.I, p.736)

Neste ponto seria conveniente desvendar uma outra aparência. É que, com o que foi exposto acima, Marx não está dizendo, como muitos supõem, que o capitalista rouba o operário (se paga integralmente o valor de sua força de trabalho). Diz o próprio Marx a respeito:

> eu não apresento nunca o lucro do capitalista como uma subtração ou um "roubo" cometidos contra o operário. Pelo contrário, considero o capitalista como um funcionário indispensável do regime capitalista de produção e demonstro, bastante prolixamente, que ele não se limita a "subtrair" ou "roubar", mas que o que faz é obter a *produção da mais-valia*; isto é, que ajuda a criar, antes de tudo, aquilo que há de "subtrair"; e demonstro, por extenso também, que, inclusive, na troca de mercadorias, permutam-se somente equivalentes e que o capitalista – sempre e quando pague ao operário o valor real de sua força de trabalho – tem pleno direito – den-

tro, naturalmente, do regime de direito que corresponde a este sistema de produção – a apropriar-se da mais-valia. Porém, tudo isso não converte o "lucro do capital" em "elemento constitutivo" do valor, mas demonstra, simplesmente, que no valor não "constituído" pelo trabalho do capitalista, há uma parte que este pode apropriar-se "de direito", isto é, sem infringir o regime de direito que corresponde à troca de mercadorias. (cf. 1959c, p.715)

Essa última referência ao valor vincula-se à concepção vigente, mesmo na economia clássica, de que o valor de troca decorre da soma de salários (remuneração do trabalho), lucros (remuneração do capital) e renda (pagamento que se faz aos detentores da terra). Diz Adam Smith: "Os salários, os lucros e as rendas são as três fontes originais de todo rendimento assim como de todo o valor de troca. Qualquer outro rendimento deriva de um destes" (cf. 1978, p.44). Marx, já praticamente ao final de *O Capital*, critica rudemente essa fórmula, que chama de trinitária: "Capital-juros; terra-renda do solo, trabalho-salário, com o que se elimina lindamente o lucro, ou seja, a forma da mais-valia especificamente característica do regime capitalista de produção" (cf. 1959a, t.III, p.754). A crítica de Marx é certeira: as três "partes integrantes do valor, em vez de surgirem do desdobramento do valor das mercadorias", são apresentadas pela Economia como formando-o mediante sua união (ibidem, p.782). Em suma, a fórmula trinitária é apenas a aparência. O que se tem é uma totalidade. Por isso, as diferentes classes sociais lutam para retirar desse total uma parte maior em detrimento das demais. O bolo está dado de antemão. As fatias que caberão a cada uma dependerão da força de que disponham na formação social capitalista específica.

Um último exemplo: freqüentemente se considera que a produção (e a oferta) apenas vem ao encontro de necessidades preexistentes. Mas isso é correto tão-somente numa fase rudimentar do desenvolvimento das forças produtivas. Na fase capitalista

A explicação sociológica na medicina social

a produção não apenas proporciona materiais à necessidade; proporciona também uma necessidade aos materiais. Quando o consumo sai de sua rusticidade primitiva ... é solicitado pelo objeto como causa excitadora. A necessidade do objeto que experimenta o consumo foi criada pela percepção do objeto. O objeto de arte, e analogamente qualquer outro produto, cria um público sensível à arte e apto para gozar da beleza. De modo que a produção não somente produz um objeto para o sujeito, mas também um sujeito para o objeto. (Cf. Marx, 1970a, p.258)

Isso é bastante evidente no campo da assistência médica. Sua oferta ampliada (leitos hospitalares, medicamentos, exames laboratoriais e aparelhagens correspondentes, permitindo novas cirurgias, especialidades médicas etc.) tende a gerar uma procura anteriormente inexistente. Sem que se compreenda essa característica da produção capitalista, não se compreenderá o porquê da expansão acelerada da assistência médica nesse tipo de sociedade.

As determinações particulares são as mais explicativas

Quando discutimos a formação dos conceitos na dialética marxista, deixamos patente que estes devem estar saturados da realidade empírica, sendo constantemente redefinidos conforme as condições históricas específicas que estão sendo estudadas. Essa característica da metodologia em apreço, de se voltar para aquilo que é específico, particular, está igualmente presente no entendimento de que, quanto mais gerais são as determinações, menos elas são capazes de constituir fatores explicativos das situações histórico-sociais concretas. Inclusive, não se faz uso de tipos médios ou ideais como instrumentos metodológicos de interpretação dos fenômenos sociais. É que a tipicidade se refere à forma de manifestação do fenômeno numa sociedade concreta, e não abstrata. Em tal sociedade, o fenômeno considerado se apresentaria de modo a realizar em "grau extremo" suas características essenciais. Florestan Fernandes chama o tipo assim elaborado de "extremo" (cf. 1959c, p.116, em nota).

No caso do capitalismo investigado por Marx, a sociedade em que ele se apresentava mais avançado era a Inglaterra. Por isso, foi esse país o escolhido para fornecer os exemplos das investigações teóricas realizadas. A possibilidade de generalização dos resultados alcançados se funda

> na aceitação do princípio do determinismo como um postulado da explicação científica dos fenômenos sociais. O que é verdadeiro para o *fenômeno típico*, seria igualmente verdadeiro para os fenômenos análogos ou similares em aspectos essenciais assinaláveis e a própria formulação dos resultados da investigação em termos de *lei científica* permitiria estender a explicação descoberta a todos eles. (ibidem, p.116-7)

Quanto à questão do que seja típico e à de seu uso, assim se expressa Marx:

> O físico observa os processos naturais onde estes se apresentam na forma mais ostensiva e menos velados por influências perturbadoras, ou procura realizar seus experimentos, no possível, em condições que garantam o desenvolvimento do processo investigado em toda sua pureza. Na presente obra nos propomos investigar o *regime capitalista de produção* e as *relações de produção e de circulação* que a ele correspondem. O lar clássico deste regime é, até agora, a *Inglaterra*. Por isso tomamos este país como principal exemplo de nossas investigações teóricas ... O que de fato nos interessa, aqui, não é, precisamente, o grau mais ou menos alto de desenvolvimento das contradições sociais que brotam das leis naturais da produção capitalista. Interessam-nos, antes, *estas leis de per si*, estas *tendências*, que atuam e se impõem com férrea necessidade. Os países industrialmente mais desenvolvidos não fazem mais do

que pôr, diante dos países menos desenvolvidos, a imagem de seu próprio futuro. (cf. Marx, 1959a, t.I, p.XIV)

É claro que, no caso, há características específicas dos países subdesenvolvidos, dentro do modo de produção capitalista, que serão essenciais para explicar determinadas situações particulares. A afirmação se aplicaria especialmente, em nosso entender, àqueles que ainda não pertenciam à órbita desse modo de produção. Na verdade, Marx procura, sobretudo, separar aquelas determinações que valem para todas as épocas daquelas válidas para uma época particular. Quando se trata de investigar a produção, por exemplo, se não se quiser lidar com abstrações, tem-se necessariamente que tratar "da produção em um grau determinado do desenvolvimento social, da produção de indivíduos sociais". É certo que "todas as épocas da produção possuem certos traços distintivos em comum, determinações comuns. A *produção em geral* é uma abstração, porém uma abstração razoável, pelo fato de que põe em relevo e fixa o caráter comum, evitando-nos, por conseguinte, as repetições". No entanto, é preciso procurar o que, em termos de uma época determinada, a diferencia daquilo que é geral e comum a todas. Por isso mesmo, "as determinações que valem para a produção em geral, devem ser precisamente separadas, a fim de que não se perca de vista a diferença essencial em razão da unidade, a qual se desprende já do fato de que o sujeito – a humanidade – e o objeto – a natureza – são os mesmos" (cf. Marx, 1970a, p.249-50).

Mais adiante, Marx torna a enfatizar a necessidade da busca das determinações particulares: "Toda produção é apropriação da natureza pelo indivíduo, no interior e por meio de uma determinada forma de sociedade" (ibidem, p.252). Ele resume seu entendimento do problema da seguinte forma: "Todos os graus de produção possuem em comum certas determinações que o pensamento generaliza; porém, as chamadas *condições gerais* de toda produção não são outra coisa que esses momentos abstratos, os quais não explicam nenhum grau histórico real da produção" (p.253). O caráter essencial do fenômeno se relaciona, portanto, à descoberta de uma determinação particular.

Florestan Fernandes exemplifica com o estudo de Marx do capitalismo: enquanto a mais-valia absoluta pode se apresentar em outros modos de produção, a relativa é característica apenas daquele (1959c, p.124-5). Ainda para dar um outro exemplo, assinala Marx que o capital, de fato, não passa a existir tão-só quando mercadorias e dinheiro circulam. Em seu entender, "o capital só surge ali onde o possuidor de meios de produção e de vida encontra no mercado o operário livre como vendedor de sua força de trabalho". E em nota: "O que caracteriza, portanto, a época capitalista é que a força de trabalho assume, para o próprio operário, a forma de uma mercadoria que lhe pertence, e seu trabalho, por conseguinte, a forma de trabalho assalariado. Com isso se generaliza, ao mesmo tempo, a forma mercantil dos produtos do trabalho" (cf. 1959a, t.I, p.123).

O mais complexo explica o menos complexo

O *tipo extremo*, tal como foi caracterizado, também se impõe pelo fato de que, para Marx, não se explica o mais complexo pelo menos complexo. Pelo contrário, são as sociedades mais diferenciadas que contêm os elementos que podem propiciar uma melhor compreensão de formas de sociedades anteriores. "A sociedade burguesa é a organização histórica da produção mais desenvolvida, mais diferenciada. As categorias que expressam suas relações e permitem a compreensão de sua estrutura, possibilitam, ao mesmo tempo, compreender as relações de produção de todas as formas de sociedade desaparecidas, sobre cujas ruínas e elementos se acha edificada ... O que nas espécies animais inferiores indica uma forma superior, não pode, pelo contrário, compreender-se senão quando se conhece a forma superior. A economia burguesa proporciona, assim, a chave para a economia antiga". É por isso que "a economia burguesa somente chegou a compreender a sociedade feudal, antiga, oriental, quando a sociedade burguesa começou a criticar-se a si mesma" (cf. Marx, 1970a, p.275-6).

É em face disso que Marx entende que procedem erroneamente os que começam o estudo da produção pela propriedade da terra e pela renda da terra, unicamente porque a agricultura, ligada à terra, foi a primeira forma de produção (ibidem, p.276). Ou seja, seria incorreto colocar as categorias econômicas na ordem em que, historicamente, surgiram. "A ordem em que se sucedem se acha determinada sobretudo pela relação que têm umas com as outras na sociedade burguesa moderna." Assim, como "o capital é a potência econômica da sociedade burguesa", ele "deve constituir o ponto inicial e final a ser desenvolvido antes que a propriedade da terra" (p.277). A forma de valor corporificada na forma dinheiro não pode ser mais simples. No entanto, os homens forcejaram mais de dois mil anos para conseguir explicá-la de um modo aproximado. "Por quê? Porque é mais fácil estudar o organismo desenvolvido do que a simples célula" (Marx, 1959a, t.I, p.XIII).

Fora da sociedade o homem é uma abstração

Da mesma forma que as sociedades mais simples não explicam as mais complexas, nem a célula o organismo já desenvolvido, não há nenhum sentido em estudar o homem fora da sociedade de que é membro. Os homens produzem e vivem em sociedade. "Como os indivíduos produzem em sociedade, a produção de indivíduos, socialmente determinada, é, naturalmente, o ponto de partida" (Marx, 1970a, p.248). Mais ainda: fins e necessidades que, aparentemente, são individuais, estão intimamente relacionados às características particulares da sociedade na qual os indivíduos vivem. Essa visão de fins e necessidades individuais constitui uma ilusão desenvolvida pela sociedade burguesa. Nela, a determinação social de ambos se acentuou, mesmo que possa parecer o contrário, em virtude das imposições do processo de valorização do capital.

Assim Marx pode dizer que "quanto mais nos remontamos na história, melhor se delimita o indivíduo e, por conseguinte, também o indivíduo produtor, como dependente e formando parte de um todo maior" (de uma família, de uma tribo, de uma comunidade). Ora,

> somente quando se chega ao século XVIII, e na "sociedade burguesa", é que as diferentes formas das relações sociais se erguem ante o indivíduo como um simples meio para seus fins privados, como uma necessidade exterior. Porém a época que produz este ponto de vista, o do indivíduo isolado, é precisamente aquela em que as condições sociais (gerais deste ponto de vista) alcançaram o mais alto grau de desenvolvimento ... O homem, no sentido mais literal, é um *zoon politikon*, não somente um animal social, mas também um animal que não pode isolar-se senão dentro de uma sociedade. A produção por indivíduos isolados, fora da sociedade ... é algo tão insensato como o desenvolvimento da linguagem durante a ausência dos indivíduos que vivem e falam juntos. (Marx, 1970a, p.248)

Na explicação, pois, de fenômenos sociais, há sempre que realizar um processo de subsunção, concebendo-os como integrados num todo mais amplo. Os homens que são sujeitos dos fenômenos e processos sociais estudados, por exemplo, são, eles mesmos, *"personificação de categorias econômicas"*, *"representantes de determinados interesses e relações de classe"*. Marx conclui: "Quem, como eu, concebe o *desenvolvimento da formação econômica da sociedade* como um *processo histórico-natural*, não pode tornar o indivíduo responsável pela existência de relações de que ele é socialmente criatura, ainda que subjetivamente se considere muito acima delas" (Marx, 1959a, t.I, p.XV).

A explicação sociológica na medicina social

Neste ponto, a postura metodológica de Marx é radicalmente diversa da de Weber. Lembremo-nos de que, para este, as formações sociais "não são outra coisa que desenvolvimentos e entrelaçamentos de ações específicas de pessoas individuais" (cf. Weber, 1944, t.I, p.12-3), enquanto, para Marx, formações sociais, como a de classe, por exemplo, constituem uma realidade concreta, não apenas nomes. Os homens, neste caso, não podem ser concebidos senão em sociedade, frutos de condições históricas dadas, que eles reproduzem, ainda que se apresentem isolados. Não existe um Robinson Crusoé sem que nele esteja interiorizada uma sociedade. Essa não é uma abstração perante o indivíduo. Este, por sua vez, é um ser social, exteriorizando e afirmando a vida social. "A vida individual e a vida genérica do homem não são distintas" (cf. Marx, 1970b, p.146). O homem, "por mais que seja um indivíduo particular (e justamente é sua particularidade que faz dele um indivíduo e um ser social *individual* real), é, na mesma medida, a *totalidade*, a totalidade ideal, a existência subjetiva da sociedade pensada e sentida para si" (ibidem, p.147).

O homem não é, portanto, o oposto da sociedade, mas existe com e na sociedade, como se afirma na sexta tese sobre Feurbach: "... a essência humana não é algo abstrato e imanente a cada indivíduo. É, em sua realidade, o conjunto das relações sociais" (Marx, 1959b, p.635). Em outras palavras, os homens existem como individualidades, ainda que isso possa parecer paradoxal, na medida mesma em que são expressão de suas sociedades. Isso fica patente nas colocações de Engels a respeito da soberania do pensamento humano. Ele se pergunta (e responde) o que ele é em realidade: "É acaso o pensamento de um homem só? Não. Porém só existe como pensamento individual de muitos milhares de milhões de homens passados, presentes e futuros". A soberania de tal pensamento "se realiza através de uma série de homens que pensam de um modo muito pouco soberano" (cf. 1961, p.106-7). Portanto, na explicação de toda e qualquer atividade social, temos que considerar sua inserção numa totalidade, representada por um universo empírico determinado, na relação com o qual ela adquire significado.

Conclusões

Cremos que as colocações feitas anteriormente permitem entender razoavelmente bem como Marx concebe a explicação das situações histórico-sociais. Há três pontos para os quais o investigador deve atentar e que envolvem:

> a) conhecimento empírico das situações particulares, que precisam ser explicadas; b) conhecimento empírico de situações histórico-sociais que têm pontos de contacto com elas (determinações do que é comum, do que se repete ou é geral, nesses termos); c) descoberta da explicação adequada às situações histórico-sociais consideradas. (Fernandes, 1959c, p.115)

No caso de *a*, trata-se dos fenômenos sociais que demandam explicação. Tomemos, por exemplo, o estudo da variação das taxas de mortalidade por tuberculose no Rio de Janeiro da sexta década do século XIX aos anos 1970 (cf. Ruffino Netto & Pereira, 1981). Os dados mostram uma tendência de queda variável dessa mortalidade, conforme os períodos históricos, antes mesmo do uso de métodos específicos de controle da doença. Dado que aquilo que os homens são (inclusive quanto à saúde e à doença) depende das condições materiais de sua existência, a investigação teria de atentar para os meios como a população em estudo produzia seus modos de vida e como estes se distribuíam pelos vários grupos sociais. Como não poderia deixar de ser, tais meios se vinculavam à sua organização social, à tecnologia utilizada, às formas de intercâmbio dominantes etc. Em se tratando de uma região inserida no modo de produção capitalista, seria essencial considerar que este é um sistema de mer-

A explicação sociológica na medicina social

cantilização universal de mais-valia (mercantilização de relações, de pessoas e de coisas) (cf. Ianni, 1980, p.8).

O conhecimento, pois, das características gerais do dito sistema, que poderiam afetar a mencionada variabilidade daquelas taxas, se faria necessário. No entanto, as características específicas da formação social concreta investigada, e que a teriam levado a se transformar de modo a afetar aquelas taxas, teriam de ser descobertas, para que se alcançasse, de fato, a explicação da situação em estudo. Essa especificidade poderia dizer respeito à utilização de mão-de-obra escrava, ao tipo de arquitetura, aos hábitos culturais, à produção e à circulação da principal mercadoria produzida, às relações sócio-político-econômicas da região com o exterior e com o restante do país etc. Uma vez realizado o conjunto dos procedimentos metodológicos indicados, poder-se-ia dispor de uma explicação cientificamente convincente do fenômeno.

Mas não basta que a explicação do fenômeno em estudo seja convincente. Ela o seria, por exemplo, caso se mostrasse não-contraditória no nível do pensamento. Ora, o método dialético intenta estabelecer "leis" não eternas, mas transitórias, históricas, o que implica serem inteiramente adequadas a uma situação real, representada por um desenvolvimento histórico particular. Ele pretende oferecer

ao sujeito-investigador a possibilidade de ajustar-se intelectualmente à realidade social de modo a compreendê-la sob o tríplice aspecto em que ela pode apresentar-se, através de regularidades bem definidas: quanto às condições de formação de um dado sistema social; quanto às condições que intervêm na preservação desse sistema social; quanto às condições que podem alterar a "constituição íntima" do sistema social considerado e o sentido dessa alteração. Uma explicação dessa ordem pretende reter os fenômenos sociais em sua "dinâmica real", aspirando a interpretar, positivamente, a origem, a vigência e transformação dos processos sociais. (Fernandes, 1959c, p.123-4)

Tal metodologia procura, pois, chegar a fórmulas que possuam plena validez para o sistema considerado. Isso significa que o problema da verificação da verdade das explicações obtidas se torna inteiramente prático, dependente de uma verificação puramente empírica. Isso já havia sido cabalmente esclarecido na segunda tese sobre Feuerbach:

> O problema de se se pode atribuir ao pensamento humano uma verdade objetiva não é um problema teórico, mas um problema *prático*. É na prática que o homem deve demonstrar a verdade, isto é, a realidade e o poder, a terrenalidade de seu pensamento. A disputa em torno à realidade ou irrealidade do pensamento – isolado da prática – é um problema puramente escolástico. (Marx, 1959b, p.634)

O problema da verdade objetiva é, pois, um problema da *práxis*: ser nela comprovada e a ela ser fiel. O pensamento deve mostrar sua imanência ao real; deve mostrar que é verdadeiro

> dando provas de sua eficácia neste mundo ... Deste modo se desvanece todo problema prévio da verdade de nosso pensamento ou de nosso saber. Não há uma verdade prévia; não há mais que comprovação de nosso pensamento e de nossos valores na realidade mesma. Portanto, devemos recorrer diretamente à práxis e não a uma teoria do conhecimento. (Calvez, 1962, p.157)

8
Análise dialética de fenômenos sociomédicos

Uma análise heterodoxa

Dado seu elevado nível de abstração, um trabalho que poderia exemplificar inicialmente o uso do método dialético na medicina social é o de Ricardo Bruno Mendes Gonçalves: *Medicina e história, raízes sociais do trabalho médico* (1979). Seu grau de abstração deve-se ao fato de ser balizado, teoricamente, por um epígono de Marx, Poulantzas, filiado, por sua vez, ao althusserianismo. Tal vinculação tem importante significado, prático e metodológico. Na verdade, tal corrente é heterodoxa dentro do marxismo, sendo alvo de críticas severas por parte daqueles que se mantiveram fiéis às indicações de Marx, não as reinterpretando tão abusivamente. O formalismo, a abstração e a generalidade das análises realizadas com base na releitura de Marx, feita pelos pensadores destacados daquela corrente, podem torná-las distantes daquilo que se supõe ser a força do método dialético.

Este método se volta, de modo geral, para questões concretas, busca as determinações particulares como as realmente explicativas e usa conceitos elaborados a partir do objeto, por meio do estabelecimento de uma relação dialética entre ele e o sujeito, não se limitando, como freqüentemente o fazem os adeptos dessa corrente heterodoxa, a realizar exercícios interessantes, mas freqüentemente vazios, de juntar e reajuntar conceitos e teorias. Em poucas frases, Gianotti tem oportunidade de apontar o essencial da crítica a esse modo de entender como se faz uma análise marxista:

> a onda do althusserianismo ... desmoralizou por completo qualquer leitura de Marx. Ele punha a nu a insuficiência de um trabalho acadêmico sobre o marxismo, pura leitura de escritos que se compraz nos atos de montar e remontar teorias. Isso para não falarmos no althusserianismo reinterpretado pelos intelectuais latino-americanos, que conseguiram fazer dele o formalismo e a escolástica mais lamentáveis do século. (1983)

O texto de Ricardo Bruno, contudo, é muito erudito e extremamente rico de sugestões, apesar de não deixar de padecer de alguns dos defeitos da corrente à qual se filia. Tais defeitos não impedem que o consideremos um dos trabalhos brasileiros dignos de serem lidos e meditados por aqueles interessados em análises marxistas de temas de medicina social, principalmente daqueles que, seguramente, pertencem à análise dialética.

O propósito do referido trabalho foi o de "contribuir para o conhecimento da medicina enquanto prática social" (p.i), articulada com as demais, no modo de produção capitalista, por meio do estudo da situação de classe que seus agentes ocupam na estrutura social. Tal situação, por sua vez, foi esclarecida mediante o exame das determinações sociais do trabalho médico. Essa é uma maneira inusual de investigar uma prática social que, de certa forma, se confunde com o estudo de uma instituição social. Sociologicamente, esta, em geral, é analisada inde-

A explicação sociológica na medicina social

pendentemente desse tipo de investigação. Nesse trabalho, a prática médica não foi vista apenas como respondendo a solicitações da estrutura social na qual se insere, mas também contribuindo, como sujeito, para a constituição, manutenção, reprodução e transformação dessa estrutura. Para isso o autor procurou, inicialmente, mostrar "as características gerais de historicidade da prática médica" (p.iii). Procurou desmascarar as concepções que tentam apresentar a medicina como prática relativamente autônoma e, conseqüentemente, neutra em relação às suas possíveis determinações sociais. Esse trabalho de desqualificação de sua neutralidade foi feito "a partir da análise do processo de trabalho médico, de sua dinâmica interna geral e das relações gerais que o determinam externamente" (p.87).

A prática médica foi pensada como se integrando às demais tanto infra como supra-estruturalmente, não se subordinando mecanicamente às transformações estruturais, mas delas também participando. A identificação de suas características foi feita de um modo abstrato, mas o autor se justifica apoiando-se num texto de Marx, por nós citado no capítulo anterior, em que ele se refere ao fato de que, mesmo as categorias mais abstratas são produto de condições históricas, não possuindo plena validade senão para essas condições, e no quadro delas (p.9). Geralmente, as tentativas de autonomizar a medicina procuram examiná-la historicamente como ciência desvinculada de sua relação com o trabalho. Aqui, enfatiza-se sua articulação com o conjunto do trabalho social, "na medida em que seu produto é um carecimento exterior que necessariamente precisa interiorizar, na medida em que seu objetivo se define duplamente no produto em si e na obtenção dos produtos dos outros trabalhos que o produto em si exteriorizado lhe proporciona" (p.16-7).

A partir de um texto de Marx, em que este se refere aos três momentos essenciais do trabalho (atividade adequada a um fim, objeto do trabalho e instrumental de trabalho), o autor propõe-se examinar os dois últimos, no caso da medicina. O item relativo ao objeto da mesma é um dos de maior relevância no conjunto da obra. É mostrado que o objeto de trabalho da medicina é, ao mesmo tempo, "o portador indissociável da própria necessidade que, tornada finalidade, motiva o trabalho" (p.21). A medicina procede a uma modificação desse objeto: o "corpo humano doente do doente" transforma-se no "corpo humano doente do médico", de modo que "os elementos de toda natureza que caracterizam a necessidade inscrita no primeiro reapareçam no segundo, já trabalhados" (p.23).

O portador da necessidade, entretanto, só se transforma parcialmente em objeto. Ao término do processo de trabalho médico

> o que dele sai não é apenas um produto que deve poder corresponder a necessidades, mas igualmente o portador das necessidades então atendidas, durante o processo ... A coexistência no mesmo espaço do corpo de um objeto de trabalho e de uma necessidade faz que a medicina tenda a confundir variavelmente seu objeto e sua finalidade – quando se concebe como "arte de curar" enfatiza esta última, quando se proclama conhecimento da doença e dos modos de terminá-la salienta o primeiro (p.23). [Desde que objeto e necessidade assim se confundem,] o social está presente no trabalho médico de forma imediata, (p.24)

embora isso tenda a ser obscurecido quando ela se confunde com a ciência. É que a necessidade que engendra o trabalho médico não é uma necessidade natural, mas historicamente determinada. É negada a possibilidade de estender as teorias da medicina sobre o objeto (patologia) de forma a descobrir também as necessidades.

Na prática, entende Gonçalves, a medicina se dá conta das diferenças, tanto que, quando se cria um hiato entre prática e patologia, é esta que acaba sendo reformulada (p.34). Na seqüência, indica-se como a condição de normalidade é uma combinação da normatividade social e biológica, com predomínio da

A explicação sociológica na medicina social

primeira. Isso é patente sobretudo quando o objeto de trabalho da medicina é representado pela força de trabalho "sob determinadas relações de produção – como classe social" (p.43). Nessas condições, "as estruturas de normatividade das classes sociais" é que são tomadas como objeto da medicina. Ora, estas são um reflexo da estrutura de normatividade dominante. Seu objeto é constituído, pois, de práticas político-ideológicas e ela, como prática social, se torna também uma prática político-ideológica (p.51).

No tocante aos instrumentos de trabalho da medicina, parte-se da noção de que os conhecimentos técnico-científicos não são inteiramente determinados pela organização social nem são dela determinantes (p.56-7). Contudo, fica entendido que é inegável que o desenvolvimento de tais conhecimentos "se deu sempre em resposta à necessidade colocada pela existência de uma prática que procurava dar conta das situações – historicamente variáveis ... – designadas como 'modos de andar a vida' socialmente desvalorizados" (p.59). Há dois grupos de instrumentos de trabalho: "aqueles que lhe servem para se apropriar do objeto e aqueles que lhe servem para nele efetuar a transformação desejada" (p.63). Os primeiros, no caso da medicina, corresponderiam à dimensão intelectual do trabalho médico e, os segundos, à dimensão manual (p.64-5).

Haveria ainda um terceiro grupo, composto por condições materiais necessárias à realização do trabalho, entre as quais o local de trabalho. No trabalho médico, historicamente, um desses locais assumiu preeminência: o hospital (p.65-6). No decorrer dos tempos, a medicina foi acumulando um certo arsenal de recursos, sempre vinculados às suas características de prática social, isto é, o desenvolvimento desse arsenal foi historicamente determinado. Pode-se entender isso se se disser que, como instrumento de trabalho, o "olho" de Hipócrates, de Pinel, de Bichat e do médico moderno guardam entre si "tão-somente analogias fisiológicas" (p.73). Em razão das práticas e das estruturas epistemológicas variáveis a que esse instrumento de trabalho se vinculou, "o olho é ... indissociável do olhar" (p.74), como se depreende das análises de Foucault em *O nascimento da clínica* (1977b). Internamente à organização social da prática médica, a distinção entre trabalho intelectual e manual se patenteou na divisão entre "físicos" e cirurgiões, os primeiros garantindo a posse institucional do conhecimento "através das universidades e pelos regulamentos corporativos que proíbem a execução de uma série de trabalhos por agentes não-qualificados" (cf. Gonçalves, p.85).

O segundo capítulo do trabalho em discussão trata do trabalho médico no modo de produção capitalista ("Medicina e capitalismo"), mas ainda num nível abstrato de historicidade. Chama-se a atenção, inicialmente, para o fato de que o conhecimento das características da medicina no capitalismo deve levar em consideração que ela constitui uma velha prática. Na transição da velha para a nova sociedade, a medicina procurou, em primeiro lugar, utilizar "todo o conjunto de conhecimentos e técnicas que desenvolvera antes do capitalismo para dar conta das novas funções que terá que cumprir" (p.88). Porém, essa sua adequação às "novas articulações na estrutura social só passa do virtual ao efetivo através da rearticulação das relações que seus agentes estabelecem com os demais agentes sociais" (p.88).

Os estudos sobre essa transição, em geral, concentram-se nos efeitos sobre a prática médica de sua articulação estrutural, descuidando-se da ação social dos seus agentes para integrá-la no conjunto das práticas estruturadas, de modo a também participar "na constituição de uma determinada forma de organização da sociedade" (p.91). A referência à antiguidade da prática médica vai permitir ao autor

> propor a idéia central [do] trabalho, que é a de que as características da prática médica no modo de produção capitalista se devem também ao fato de que as determinações estruturais do trabalho

médico permitiram a seus agentes conservar e reproduzir lugares nessa estrutura social que os tornam polarizados de forma positiva com a substancialidade que caracteriza essa estrutura. (p.94)

Como é adotada a postura defendida por Luiz Pereira, de que as classes sociais devem ser concebidas "como consubstanciais com a infra-estrutura e a supra-estrutura" (cf. Gonçalves, p.95), procura-se estudar, nos dois itens seguintes, a determinação social de classe dos agentes do trabalho médico tanto infra como supra-estruturalmente, tratando o primeiro item do "trabalho produtivo e trabalho improdutivo: situação infra-estrutural de classe dos agentes do trabalho médico". Como o assalariamento tem constituído o fenômeno que afetou notavelmente esses agentes no modo de produção capitalista, o seu significado, em termos daquela determinação, é exaustivamente examinado. Fica entendido, porém, que "a categoria 'trabalho assalariado' não esclarece a situação infra-estrutural de classe de nenhum conjunto de agentes sociais" (p.100), uma vez que o assalariado não pertence necessariamente à classe operária. Para esclarecer a questão é sempre conveniente, no entender do autor, considerar a situação supra-estrutural de classe do grupo ocupacional estudado. Na verdade, a tendência a assemelhar o assalariamento dos médicos a uma situação de classe operária decorreu do contraste com a situação anterior.

O esclarecimento, no nível infra-estrutural, também poderia ser feito por meio de uma investigação sobre o caráter produtivo ou improdutivo do trabalho médico. Adota-se como texto com o qual a questão poderia ser debatida, algumas colocações de Arouca sobre o assunto, feitas em sua tese de doutoramento (1975, p.218-21). Este defende a idéia de que o trabalho médico é produtivo como participante da organização do processo de produção, do trabalhador coletivo, quando aumenta a produtividade da força de trabalho ou quando é utilizado por empresas médicas. A posição de Ricardo Bruno, da qual divergimos por representar uma volta à noção de trabalho produtivo de Adam Smith, tão criticada por Marx, é a de que, um trabalho, para ser produtivo, "deve ter alguma característica qualquer de utilidade, deve objetivar-se em algum valor de uso material qualquer" (p.110).

Ainda que citando Marx, segundo o qual a produção capitalista não se determina pela produção de mercadorias, mas pela de mais-valia (tanto em *História crítica da teoria da mais-valia*, como no capítulo IV, inédito, de *O Capital*), ele entende, com Poulantzas, que tais colocações são ambíguas. A nós, entretanto, assim não nos parecem, especialmente as que são feitas em *O Capital*, obra que, estranhamente, é menos utilizada quando, na verdade, é a fundamental, por representar o pensamento do Marx maduro e aquele que ele desejou dar ao público. No capítulo XIV do tomo I ("Mais-valia absoluta e relativa"), é dito peremptoriamente, por exemplo, que, "dentro do capitalismo, *só é produtivo o operário que produz mais-valia para o capitalista ou que trabalha para tornar rentável o capital*" (1959a, p.426). A alternativa faz, já, que se deva entender como produtivo o trabalho médico em empresas médicas. Tanto que Marx afirma que é produtivo o trabalho do professor que

> molda seu próprio trabalho para enriquecer o patrão. O fato de que este invista seu capital em uma fábrica de ensino em vez de investi-lo em uma fábrica de salsichas não altera minimamente os termos do problema. Portanto, o conceito de trabalho produtivo não envolve simplesmente uma relação entre a atividade e o efeito útil desta, entre o operário e o produto de seu trabalho, mas leva implícita, além do mais, uma relação especificamente social e historicamente dada de produção, que converte o operário em instrumento direto de valorização do capital. (ibidem)

Dado que o autor entende que trabalho produtivo deve se objetivar em uma mercadoria, coloca-se a questão de se, na verdade, isso não ocorreria na medida em que tal trabalho participa

A explicação sociológica na medicina social

do processo de produção da mercadoria força de trabalho. Ele, no entanto, repele essa possibilidade, sob a alegação de que a força de trabalho "não é uma mercadoria suscetível de apropriação, repousando este modo de produção sobre a possibilidade de manutenção da força de trabalho como propriedade do trabalhador" (p.117-8). Quanto a isso não há dúvida, o que não impede que todo trabalho que contribua, no conjunto do sistema capitalista, para aumentar ou diminuir a produtividade da força de trabalho, contribua, ao mesmo tempo, para aumentar ou diminuir também a mais-valia, sendo, nesse sentido, direta ou indiretamente produtivo. Cremos mesmo que em algum ponto de *O Capital*, se não nos enganamos, Marx teve oportunidade de se referir ao trabalho do professor como indiretamente produtivo, à medida que eleva a qualificação da mão-de-obra e a sua oferta, tornando-a, de um lado, mais produtiva e, de outro, menos valorizada. De qualquer modo, essa relação entre produtividade, valor da força de trabalho e mais-valia é indicada, muitas vezes, como, por exemplo: "... ao aumentar a produtividade do trabalho, diminui o valor da força de trabalho, aumentando, portanto, a mais-valia; ... pelo contrário, ao diminuir a produtividade, cresce o valor da força de trabalho e a mais-valia diminui" (Marx, 1959a, t.I, p.435).

Enfim, Gonçalves considera todo trabalho médico (com uma exceção discutível, a seu ver) capitalisticamente improdutivo, mesmo se voltado para a seleção da mão-de-obra e para a diminuição do risco ambiental, por estas serem tarefas do capitalista (e, portanto, custos improdutivos necessários) e, também, por ser a primeira tarefa (a de seleção) trabalho não estritamente médico (não é nem curativo nem preventivo, portanto não visando atender às necessidades do objeto do trabalho médico). Diríamos que se trata de trabalho de médico, mas não de trabalho médico. É admitida, no entanto, a possibilidade de que o trabalho de controle do meio ambiente seja considerado integrado ao trabalhador coletivo produtivo (p.141). Conclui-se daí que os agentes do trabalho médico estão excluídos da classe operária. Estariam também excluídos de fazer parte da burguesia, porque "a situação de classe da burguesia, não se definindo pelo trabalho mas apenas pelas relações de produção, não há como atribuir a quaisquer agentes sociais o pertencimento à classe burguesa através das características de seu trabalho" (p.142).

A discussão anterior, portanto, deu apenas um resultado negativo: a exclusão dos médicos das classes operária e burguesa, tendo sido o autor incapaz de indicar a qual pertenceriam. Como se admitiu que as classes são consubstanciais à infra e à supra-estrutura, no item seguinte ("Trabalho intelectual e trabalho manual: situação supra-estrutural de classe dos agentes do trabalho médico") ele procurou encontrar uma solução para o problema no nível supra-estrutural. Para isso, começou considerando que as relações de produção são relações entre agentes sociais que "devem ser repostas pela prática das classes sociais", isto é, por relações supra-estruturais. No capitalismo, essas relações devem reproduzir a separação dos trabalhadores dos meios de produção. Nessas condições, elas "se determinam em geral como relações de *poder*, relações de dominação e subordinação" (p.146). Tais relações não se circunscrevem ao âmbito da violência organizada. Extravasam, pois, o aparelho repressivo do Estado.

Utilizando as contribuições de Gramsci à teoria de conjunto da supra-estrutura, de distinção entre sociedade civil e política, entre aparelho repressivo e aparelhos ideológicos de Estado (como Igreja, escola, meios de comunicação etc.), delas o autor extrai a idéia de os "intelectuais" constituírem os "funcionários da supra-estrutura" (p.150). A relação destes com o mundo da produção é "mediada", e eles tanto podem ser gerados pela própria classe que representam na supra-estrutura, como já existir antes da ascensão de uma classe a uma situação de dominação, e serem por ela conquistados (p.150-1). De qualquer forma, no

A explicação sociológica na medicina social

dizer de Poulantzas, os intelectuais "têm sempre um pertencimento de classe, dependendo de sua relação complexa com as ideologias de classe" (cf. Gonçalves, p.150).

A garantia da reprodução das relações de produção é conseguida, pois, por meio de práticas supra-estruturais. A articulação destas nas infra-estruturas pode ser apreendida estendendo "o conceito de intelectuais, através do estudo da divisão trabalho intelectual/trabalho manual" (p.155). No primeiro "se exprime o projeto de elaboração, se fixa a finalidade do trabalho, se subordina a vontade a essa finalidade"; no segundo, "se opera com os instrumentos sobre o objeto" (p.156). "Os trabalhadores que desempenham ... funções de direção e supervisão são ... os 'funcionários' [da] ideologia [dominante] no aparelho econômico: esta é a sua situação supra-estrutural de classe". Essas funções caem para o lado do trabalho intelectual. Poulantzas propôs-se nomear os que as exercem de "nova pequena burguesia" (cf. Gonçalves, p.159). Seria a situação de classe de engenheiros e técnicos da produção. No caso dos

agentes sociais do trabalho médico que desempenham a função de controle do ambiente produtivo, vigilância sobre a força de trabalho para que esta melhor possa ser explorada, seleção da força de trabalho a ser incorporada ao processo produtivo, controle do ambiente social em que opera a produção, todos eles possíveis de serem pensados como incorporados ao trabalhador coletivo (com exceção do trabalho de seleção)... podem igualmente ser caracterizados como portadores da mesma situação supra-estrutural de classe ... (p.159-60)

Os agentes sociais do trabalho médico, dada a antiguidade da medicina, pertenceriam ao grupo dos intelectuais conquistados. O capitalismo vem encontrá-los "já instalados no monopólio do saber e das práticas relativas à saúde e à doença" (p.170). Por um compromisso tácito, como intelectuais tradicionais, de um lado "modernizaram-se", reelaborando suas práticas supra-estruturais de modo a adequá-las às novas relações de produção, e de outro mantiveram sua anterior posição privilegiada (p.171). Eles representam "um caso exemplar de sucesso no esforço de reajustamento" (p.172). O alicerce desse sucesso está no fato de esses agentes terem

> produzido uma concepção geral da saúde e da doença – e ter(em) logrado fundamentar cientificamente essa concepção – fundada sobre a *individualidade* intrínseca dos fenômenos que aí intervêm, isto é, uma concepção que ressalta a saúde e a doença como situações vitais que dizem respeito ao homem indivíduo-biológico, independentemente de outras determinações, e indiferentemente às características peculiares dos grupos sociais. (p.172)

Ao assim fundarem essa prática também lograram legitimar "a exclusiva competência do ... trabalho [médico] para definir, fomentar e preservar a saúde, ampliando desta forma extraordinariamente seu campo de jurisdição" (p.173). Tais conclusões se aplicariam ao conjunto dos agentes, assalariados e "liberais". Na verdade, a forma liberal de produção de serviços médicos não é a mais adequada aos próprios agentes. As características da prática social da medicina não se podem mais manter por meio daquela forma de ela se opor "à organização da medicina em aparelho", por ser "economicamente incompatível com a pequena propriedade" e porque a inclusão dos custos de serviços médicos no custo de recuperação da força de trabalho obriga ao "acesso a esses serviços a custos socializados" (p.176-7).

A situação de classe dos médicos é tanto premissa como resultado da prática social da medicina, reproduzindo-se aquela por meio desta. A prática responde a solicitações da estrutura, mas é orientada pelos agentes em sua função de mediadores (de funcionários da supra-estrutura). As necessidades às quais a prática responde, exemplificando, não são naturais (como já se disse), mas históricas, sendo "produzidas pela própria forma pela qual essa prática foi disposta por seus agentes no conjunto das práticas sociais" (p.181). Estas são as questões tratadas na última parte do trabalho, "Produção de serviços médicos e práticas de classe".

Norteou-se o autor, em seu trabalho, como se assinalou, pela idéia de que a situação de classe dos agentes do trabalho médico representaria um dado importante para explicar a articulação da prática social da medicina no conjunto das práticas estruturadas no modo de produção capitalista. Por isso, procurou estabelecer as determinações sociais que permitiriam apreender aquela situação. Na parte final, fazem-se ainda outras indicações para melhor compreender a prática social da medicina como prática de classe. Nesse sentido, por exemplo, "ao tomar a força de trabalho como objeto, a medicina assume como finalidade ... a *reprodução* das classes sociais" (p.183). Essa reprodução, diga-se, só em segundo plano significa a reprodução dos agentes.

O fundamental está na reprodução dos lugares sociais dos agentes na estrutura social, ou seja, na "reprodução de relações sociais infra e supra-estruturais que definem aqueles lugares" (p.183a). Por exemplo, reprodução da força de trabalho como mercadoria de modo que seus agentes se reproduzam como classes sociais. Aqui, a quantidade de trabalho socialmente necessária para a reprodução desses agentes (traduzida em salários) "é determinada pelo confronto entre reivindicações de seus portadores e os interesses do capital" (p.183a). Ora, na incorporação dos custos dos cuidados médicos ao custo da reprodução da força de trabalho, a prática médica "inclui sempre uma dimensão de manipulação de antagonismos sociais, e isto se revela sob diversas formas" (p.184). É a dominação burguesa se valendo de agentes de outras classes sociais que fazem a mediação dessa dominação. A esse respeito, em *O nascimento da clínica*, "Foucault chama a atenção para o papel pioneiro do saber médico como modelo de conhecimento do homem produzido na sociedade burguesa". De que modo? Tomando "no plano do conhecimento e no plano da técnica o seu objeto como individualizado, dissolvendo as relações sociais que o especificam no plano da realidade: a saúde, a doença e a prática médica dizem respeito ao indivíduo-cidadão, livre e igual perante elas" (cf. Gonçalves, p.189- 90). No "instrumento de trabalho por excelência da medicina desenvolvida no modo de produção capitalista" (p.196), o hospital, essas características da prática e do saber médicos se manifestam com a máxima nitidez:

> aí se procede, não só no plano do saber mas também no plano material, à separação dos objetos da prática médica de todas as suas determinações sociais, e os homens sós, indivíduos agora, se dissolvem no silêncio repressivo da grande instituição branca, antecâmara da morte. (p.199)

Ao terminar, porém, Gonçalves contesta os questionamentos sociais a essa medicina com um revestimento ideológico tão espesso, por

> tenderem também a tomar a forma ideologicamente subordinada de substituição de uma mitologia por outra: a rejeição dos medicamentos, dos diagnósticos, dos exames, do médico, caracterizam as práticas alternativas pequeno-burguesas que buscam nas ginásticas, dietas especiais, técnicas "orientais" de controle do corpo, o sucedâneo de uma técnica que veio perdendo sua credibilidade. (p.202-3)

A formação social da prática médica

Um outro trabalho calcado metodologicamente em algumas características da dialética, e que também guarda muitos pontos de contato com o anterior, é o de Roberto Passos Nogueira, *Medicina interna e cirurgia: a formação social da prática médica* (1977). Nele, inclusive, Gonçalves se alicerçou bastante para realizar seu estudo sobre a articulação da medicina (concebida

A explicação sociológica na medicina social

como prática social de classe) com as demais práticas sociais estruturadas. Diferentemente do trabalho de Gonçalves, porém, o de Nogueira é menos genérico e abstrato, procurando estabelecer as diferenças e as bases histórico-sociais, desde a Idade Média, da medicina e da cirurgia: a primeira, eminentemente teórica, saber filosófico, caracterizada pelo trabalho intelectual e exercida por pessoas vinculadas aos estamentos dominantes; a segunda, saber prático, trabalho manual, socialmente desvalorizado, exercido por membros dos estamentos subordinados. Eram "dois ofícios distintos, embora correlatos em seus fins; duas profissões qualitativamente diferenciadas, tanto no plano técnico como no social, através de distintas formas de saber, de habilitação e de participação na sociedade" (p.2). Essa questão do relacionamento entre os dois ofícios é estudada analisando-se "1. como se dão as relações entre medicina e sociedade; 2. qual é a contribuição da técnica para a formação do conhecimento objetivo, na medicina" (p.2).

Primeiramente, é mostrado como a organização da prática médica ("conjunto estruturado e institucionalizado das relações sociais" próprias a essa prática) colaboraria na reprodução das relações sociais e funcionaria como "instância mediadora das determinações entre sociedade e medicina, mantendo relativa autonomia". Só em seguida é abordado o problema da técnica e sua contribuição. De qualquer forma, em ambos os casos, é importante considerar que o autor está sempre se referindo a contextos sociais específicos. Sua hipótese central é de que, "no seio da organização corporativa que perdurou até o século XVIII", medicina interna e cirurgia não só ocupam posições distintas como se relacionam de formas diversas com a sociedade (p.3). Esse modo de abordar a questão pretendeu se contrapor à posição de Foucault, que analisa brilhantemente a evolução do conhecimento médico em O nascimento da clínica, mas limitando-se a estudar o discurso, sem referência às peculiaridades e especificidades da medicina como prática técnica. Conseqüentemente, ele abstrai "o movimento real da história" a ponto de, por exemplo, nas referências à Revolução Francesa, serem mais importantes os debates suscitados que "a significação histórica do acontecimento, de tal forma que os eventos extradiscursivos ainda são tratados através da ótica dos discursos" (cf. Nogueira, p.3-4). Para o autor, pelo contrário, o discurso é secundário em relação à "prática real e social dos indivíduos". "O foco de análise desloca-se do objeto *discurso* para o objeto *prática* e o elemento explicativo passa a ser a organização social da medicina, no lugar da episteme" (p.4-5).

No desenvolvimento desse projeto, Nogueira estuda, no primeiro capítulo, a prática médica medieval e a ideologia que a orientava. Nesse período havia duas práticas: a religiosa ou monástica e a laicizada. A ligação da primeira com a ideologia era imediata e, a da segunda, mediata, mas o ideológico era também o principal determinante de sua organização. Esse caráter "está presente, sobretudo, nas relações de dependência que unem seus agentes – médicos, cirurgiões e boticários – e na maneira em que se distribui o poder entre as correspondentes corporações" (p.9). Na sociedade feudal, a dependência era um fenômeno generalizado e, como não podia deixar de ser, afetou igualmente a organização social da medicina. A ordem social vigente conferia uma nítida superioridade ao médico (físico) em face do cirurgião. Este estava também subordinado àquele em suas ações, que eram pelo médico orientadas e vigiadas. Seus campos de atuação estavam rigidamente delimitados.

O cirurgião se limitava aos recursos tópicos; seus objetos de intervenção "deviam ser coisas exploráveis pela visão ou pelo tato. A medicina interna, em contraposição, elegia a si um espaço de atuação internalizado, a região imaginária dos fluidos e dos humores". Ela estava cercada por uma áurea mítica (p.11). O cirurgião era um trabalhador manual desprezado pelos físicos. Mesmo no caso das massas, a influência do saber médico sobre elas provinha dos físicos, que freqüentavam escolas e ti-

A explicação sociológica na medicina social

nham, por intermédio da universidade, um saber legitimado. Na verdade, esta última, supervisionada pela Igreja, representava "um dos pontos nodais da articulação entre medicina e ideologia na sociedade feudal" (p.13). Os físicos eram apenas parcialmente laicizados, agindo como sucedâneos de clérigos e desempenhando os mesmos papéis ideológicos e políticos (p.14).

No segundo capítulo se estuda a estrutura corporativa da medicina e da cirurgia. A idéia que vai permear a análise é a de que, na organização da produção urbana medieval, a capacitação individual era mais decisiva para o "domínio das condições de trabalho do que propriamente a posse do meio de produção – instrumentos e oficina" (p.18). Daí a importância que assumiam os mecanismos de controle jurídico de admissão no ofício e das regras de aprendizagem. As corporações médicas, vinculadas à universidade e à Igreja, conseqüentemente, eram hegemônicas perante a dos cirurgiões. "As relações político-jurídicas eram criadas e mantidas ideologicamente, de duas maneiras: 1. ativamente pelas faculdades médicas; 2. passivamente pelo 'espírito corporativo'" (p.19). Isto é, a reprodução ideológica comandada pelos físicos voltava-se para a preservação das relações sociais vigentes tanto na sociedade como um todo quanto na organização social da medicina (p.19).

A defesa dos interesses corporativos era feita pela própria universidade. Por meio do monopólio da reprodução do saber, ela garantia as prerrogativas profissionais dos físicos. De situação bem diferente gozavam os cirurgiões, que "não dispunham de um organismo coletivo e supra-regional semelhante às universidades" (p.21). Seu aprendizado se fazia mediante um relacionamento pessoal e singular, uma vez que "as universidades não permitiam que os cirurgiões organizassem uma instrução pública" (p.21). Ou seja, enquanto o regime pedagógico dos físicos tinha um caráter coletivo e uniforme, o dos cirurgiões fundava-se sobre a prática privada de cada mestre (p.22). Assim, em termos de relações entre medicina e sociedade, a caracterização do cirurgião é negativa porque, "ao contrário do físico, ele não era um intelectual orgânico da classe dominante" (p.25).

Com o desenvolvimento das relações mercantis, as corporações médicas mantiveram-se, não sendo dissolvidas como ocorreu com as dos artesãos (p.29). É que, com o absolutismo monárquico vinculado ao mercantilismo, amplia-se enormemente a intervenção do Estado em questões econômicas e outras. Há maior preocupação com a população, com seu aumento e sua sanidade. As corporações médicas, desvinculadas da Igreja, fornecem, inclusive, intelectuais ao Estado emergente (entre os séculos XVI e XVIII). Apesar de tudo, porém, a base ideológica da anterior hierarquização foi minada "pela falência do poder da aristocracia e das instâncias eclesiásticas a ela associadas" (p.34).

O médico continuou a proclamar sua superioridade perante o cirurgião, mas "a sociedade não tinha motivos para conservar seus privilégios de intelectual". A burguesia abria caminho por meio de empreendimentos que associavam cérebro e mão. O saber abstrato cedia espaço ao saber operativo (p.34). A cirurgia não só se liberta de seu estigma (de trabalho manual) como passa a exercer funções societárias positivas. O surgimento dos exércitos nacionais, mais bem organizados e equipados com armas de fogo, constituiu, por exemplo, um fator de promoção social do cirurgião, dado o tipo de ferimentos produzido. Como grupo ocupacional, os cirurgiões procuram livrar-se da companhia dos barbeiros, de nível socioprofissional inferior. Ou seja, lutam contra os médicos pela igualdade e contra os barbeiros pela supremacia (p.36). O empirismo anterior é igualmente combatido, inclusive com a abertura de escolas de cirurgia. Em contraposição a essa ascensão da cirurgia, "na segunda metade do século XVIII, as faculdades de medicina e os colégios com elas relacionados encontravam-se insulados e perdiam gradualmente sua influência hegemônica sobre o conjunto das profissões médicas". A reforma acabou vindo de fora da organização

A explicação sociológica na medicina social

médica tradicional: "do hospital, transformado em local de prática e de ensino" (p.38).

A transformação dos hospitais, de "morredouros" em agências terapêuticas eficazes, foi magnificamente analisada por Foucault na conferência "O nascimento do hospital". Ele associa a mudança de seu caráter "às políticas de expansão comercial e de fortificação do poderio militar, peculiares ao Estado absolutista e ao mercantilismo" (cf. Nogueira, p.39). Sua absorção pela organização social da medicina fez do hospital um "elemento de corrosão de sua ordem corporativa" (p.41). É que, "na medida em que visava atender a necessidades novas, impostas pelo Estado e pela sociedade em transformação, teve força para destituir o saber abstrato de seu posto de autoridade; e substituiu a velha hierarquia social das profissões médicas pela cooperação dentro de uma divisão técnica do trabalho" (p.41). A diferenciação anterior converteu-se numa questão de divisão técnica do trabalho entre médico internista e cirurgião. Este encontrou no hospital um local fixo para exercitar-se e educar-se pela variedade dos casos, conferindo à cirurgia, ao final do século XVIII, "dignidade epistemológica" (p.43). Ela é "interiorizada" no hospital, enquanto a medicina é "anatomizada", ambas as transformações contribuindo para a "consolidação da *unicidade* da prática médica" (p.44).

A entrada, pois, da cirurgia e da medicina interna no hospital, ainda que compelidas a isso por circunstâncias e necessidades sociais", fez que se abrissem entre elas "vias de livre comunicação, e aconteceu de a maior objetividade da cirurgia ter sido o influxo que levou à consolidação do método anátomo-clínico" (p.60). Em outras palavras, ainda que obrigados pelas novas condições sociais, políticas e econômicas, os médicos acabaram rompendo os obstáculos institucionais que impediam o avanço do conhecimento objetivo em seu campo de atividade. Para realizar a ruptura epistemológica, foi preciso aos físicos "uma ruptura com a própria organização da medicina" (p.54).

O que ocorreu, pois, não foi uma sucessão de "epistemes", mas, fundamentalmente, uma mudança na prática social da medicina em todas as suas dimensões (p.61). Tal alteração é que fez que a medicina alcançasse uma objetividade instrumental semelhante à da cirurgia. Na era do domínio do capital, a medicina interna se torna tão exeqüível quanto ela. "O aprimoramento da capacidade de discriminação sensória e da destreza manual representava agora requisito ao exercício tanto de uma como de outra" (p.63). Ambas passam a ser, tão-somente, variedades da mesma prática social, pois, na sociedade capitalista, a capacitação técnica torna-se decisiva. Contudo, ao se aprimorar a capacidade da medicina "para conhecer e tratar as doenças", fica patente sua contribuição político-ideológica "à reprodução das relações sociais capitalistas: a crença na eficácia da técnica e em seu ilimitado poder de produzir ou de devolver o bem-estar ao homem" (p.68).

Saúde e sociedade

Outro trabalho que estuda fenômenos sociais vinculados à medicina social, com base no instrumental teórico do materialismo histórico, é o de Maria Cecília F. Donnangelo, *Saúde e sociedade* (1976). A essa obra muito deveu Ricardo B. M. Gonçalves para conseguir levar a cabo seu próprio estudo. Nela também se procura compreender os serviços médicos em sua articulação com a estrutura dos sistemas socioeconômicos capitalistas, mostrando como, neles, o objeto da medicina acabou sendo concebido, sobretudo, como os corpos (sociais) dos membros das classes sociais subordinadas, e tendo como finalidade a manutenção das relações sociais que reproduzem essa estrutura. A autora, no entanto, procede à análise dos determinantes sociais da expansão da atenção médica na sociedade capitalista, tendo como objetivo entender o surgimento da medicina comunitária

A explicação sociológica na medicina social

como prática médica alternativa, mas ainda ligada às necessidades de manutenção da estrutura social na qual se insere. Isso se faria mediante a suavização de tensões que tal prática proporcionaria, isto é, o projeto seria amplamente político. Esse desiderato seria conseguido por meio da "racionalização" desses serviços, de modo a redimensionar a prática médica, tornando possível sua extensão a populações carentes que seriam organizadas ou reorganizadas como se fossem uma comunidade.

Tendo isso em conta, o estudo mais amplo das relações entre medicina e estrutura social visa compreender o contexto em que ocorre um processo mais específico, o da emergência do projeto da medicina comunitária como tipo de intervenção social realizada no âmbito da medicina para manipular as contradições da sociedade de classes. Nas palavras da autora:

> a idéia básica que se procurará investigar: a de que a especificidade das relações da medicina com a estrutura econômica e a estrutura político-ideológica das sociedades em que domina a produção capitalista se expressa na forma pela qual a prática médica participa da reprodução dessas estruturas através da manutenção da força de trabalho e da participação no controle das tensões e antagonismos sociais. (p.14)

Tais conceitos encontram-se na primeira parte de sua obra ("Medicina e estrutura social"), deixando para a segunda ("Medicina comunitária") a delimitação do campo dessa prática alternativa e o estudo do significado político que adquiriu nas formações sociais capitalistas (especialmente nas dependentes).

O estudo mais abrangente começa com o capítulo "Medicina: prática técnica-prática social", em que se analisa como a medicina (normalmente encarada como "manipulação de instrumentos técnicos e científicos para produzir uma ação transformadora sobre determinados objetos – o corpo, o meio físico –" (p.15), ou seja, como prática técnica) se articula, em sua qualidade de prática social, com as demais práticas sociais, para responder a exigências outras que estão à margem da técnica. Da mesma forma, como depois fará Gonçalves, Maria F. Donnangelo assinala que a história da medicina, de modo geral, não se volta para esse segundo aspecto, restringindo-se a uma cronologia do avanço progressivo dos meios, reduzidos a um conjunto de recursos tecnológicos materiais (p.17).

Não resta dúvida de que a medicina moderna é, sobretudo, "a mediação de um conjunto enorme de novos recursos de diagnóstico e terapêutica na relação entre o médico e o objeto de seu trabalho" (p.20). Mesmo o simples desenvolvimento desses recursos tecnológicos tem implicações sociais inegáveis, uma vez que altera a anterior organização dos serviços médicos: a clínica é superada e a medicina artesanal absorvida por novas formas de organização. No entanto, essa tecnologia contribuiu para politizar o fato médico em várias direções:

> pressões pela generalização dos benefícios da ciência médica; contestação do gigantismo tecnológico da medicina e do conseqüente efeito de dominação sobre o modo de vida dos homens; negação dos efeitos do progresso tecnológico sobre o prolongamento da vida humana e o bem-estar do paciente; identificação do caráter discriminatório, de classe, que se manifesta na manipulação dos recursos médicos ... (p.21-2)

A autora procura, porém, ir além do estabelecimento dessas relações entre medicina e sociedade. Nota que o objeto da prática médica não é a ciência do corpo, mas o próprio corpo, tanto o saudável como o patológico. Ora, esse corpo, socialmente falando, não se limita aos aspectos anátomo-fisiológicos, sendo, antes de tudo, um agente de trabalho. Além do mais, sob tal aspecto, ele não é homogêneo. De fato, "em sociedades determinadas, os diversos corpos não têm significatividade igual, mas, ao contrário, se dimensionam e adquirem significados particulares, quer no plano das representações, quer ao nível da forma pela qual são incorporados à estrutura da produção social"

A explicação sociológica na medicina social

(p.26). É sobre esse corpo, tanto biológico como social, que o trabalho médico se exerce. Tanto que, examinando a forma assumida pela prestação de serviços médicos, podemos identificar a que categorias sociais se destinam, pois se estruturam para atender diferentes "corpos sociais" (p.27-8).

Não sendo um fenômeno novo, a diferenciação da prática médica, de acordo com as classes sociais a que se destina, adquire especificidade nas sociedades capitalistas, questão discutida no segundo capítulo ("Medicina na sociedade de classes"). Assim, de um lado selecionam-se grupos que serão incorporados ao trabalho médico, levando em consideração seu significado para o processo econômico e político; de outro, diferenciam-se as instituições médicas conforme os tipos de ação e de clientela (p.31). Ao contrário do que normalmente se crê, a autora entende que não estaria na orientação individualista da medicina o aspecto mais expressivo de sua relação com as classes sociais, mas em sua orientação coletiva. O que mais importaria ressaltar seria a extensão da prática médica, quer em termos de "ampliação quantitativa dos serviços e [de] incorporação crescente das populações ao cuidado médico", quer de "extensão do campo da normatividade da medicina por referência às representações ou concepções de saúde e dos meios para se obtê-la, bem como às condições gerais de vida" (p.33).

Essa extensão se relaciona à continuidade do processo de acumulação capitalista. Imediatamente pode-se perceber uma das formas possíveis assumidas por tal relacionamento: a reprodução da força de trabalho e o aumento de sua produtividade. Ou seja, "proporcionar cuidados de saúde ao trabalhador – direta ou indiretamente produtivo – com vistas a objetivos econômicos imediatos" (p.37). Mas tal objetivo não responde pela integração crescente de grupos etários e de categorias sociais marginalizados do processo de produção aos cuidados médicos. Uma das possíveis explicações estaria no fato de que os novos elementos materiais que compõem o processo terapêutico "devem ser considerados como mercadorias cuja produção é externa à medicina, mas cujo consumo só se efetiva através dela". O efetivo monopólio da prática médica sobre as ações de saúde lhe garante "uma posição central na distribuição e consumo dessas mercadorias e, portanto, na realização de seu valor" (p.38).

Ainda que a extensão da prática médica se vincule desta ou daquela forma ao econômico, seus custos crescentes, sob esse ponto de vista, levam a uma contradição. Mesmo estando cada vez mais socializados, tais custos constituem uma barreira à extensão dos serviços médicos. As tentativas de racionalização, às quais a medicina comunitária não é alheia, poderiam ser explicadas por aí. Ocorre, entretanto, que a mencionada extensão não está ligada tão-somente a aspectos infra-estruturais, como os assinalados. A continuidade do processo de acumulação capitalista depende de condições supra-estruturais. Por exemplo, é importante que as contradições não assumam forma antagônica. Aqui é fundamental o domínio ideológico para o exercício da hegemonia. Nesse nível de articulação da medicina (com o político-ideológico), o aumento do consumo de serviços médicos negaria a "diferenciação básica entre as classes identificadas no plano das relações de produção" (p.43). Não importa que as diferenças de consumo entre as várias categorias sociais sejam perceptíveis. O que importa é que a ótica da diversidade se altere, transferindo para o nível do consumo os antagonismos existentes no nível da produção. Nesse sentido, teríamos um mecanismo de suavização de tensões (p.44). Pode-se admitir, assim, que a extensão da prática médica "constituiu sobretudo uma das formas de manifestação, no plano político, das relações de classe" (p.46).

No segundo item do capítulo, "Raízes da medicalização", Maria C. F. Donnangelo examina o modo como, a partir do século XVIII, a medicina se vincula ao poder político e econômico, reorientando suas práticas. Com os governos absolutistas surge uma "medicina de Estado", que se preocupa não exatamente

A explicação sociológica na medicina social

em medicar a população, mas o ambiente. O domínio da burguesia, já no século XIX, produz, no bojo da reforma geral das instituições, a reforma da medicina. No período revolucionário haviam-se sucedido os projetos de tal reforma, visando à reestruturação dos hospitais, à instauração da assistência obrigatória e gratuita aos enfermos. Esses projetos sugerem "não apenas a intensificação do combate à enfermidade, mas também o engajamento da medicina em uma tarefa política de correção dos males sociais, a opressão e a pobreza, entre outros" (p.55).

Tais projetos não se efetivarão. Na verdade, com a derrota, em 1848, dos movimentos revolucionários em toda a Europa, o sanitarismo e a "assistência ao pobre – em grande parte através da caridade pública – constituirão os principais elementos do processo de medicalização até o século seguinte" (p.61). A evolução da assistência à pobreza, na Inglaterra, por meio de sucessivas reformas da "Lei dos Pobres", é examinada. É indicado o caráter a um só tempo protetor e repressivo das medidas tomadas. A partir destas providências, que procuravam reduzir ao mínimo a massa dos incapacitados e de liberar para o mercado de trabalho todo o volume disponível de mão-de-obra (p.66), implantam-se "medidas de controle do meio ambiente, bem como das doenças transmissíveis e das epidemias" (p.68).

Na segunda parte, "Medicina comunitária", discute-se, como já se afirmou, a especificidade desta no conjunto das práticas médicas. É assinalado que a não-generalização do consumo médico "em todas as sociedades capitalistas constitui o ponto de referência inicial para a delimitação do campo da medicina comunitária, dado que ela deverá tomar como objeto, por excelência, categorias sociais até então excluídas do processo de medicalização" (cf. Donnangelo, p.71). Ela vai procurar realizar essa generalização reestruturando os elementos de que se compõe a prática médica, reforçando substancialmente, por exemplo, "o uso do trabalho auxiliar de outras categorias profissionais" que fazem parte do trabalhador médico coletivo (p.71).

Tal reforço não corresponderá, entretanto, "à diluição de um saber e de uma técnica especificamente médicos" (p.72). A proposta implicará, também, o uso da "participação comunitária". Por meio de tais medidas, ela procurará alargar a produção de serviços médicos, simplificando-os.

A proposta da medicina comunitária surge nos anos 1960, assentando-se em princípios já elaborados por outras propostas (medicina integral e medicina preventiva). No entender de Donnangelo, a medicalização sob a forma de extensão dos cuidados médicos parece irreversível, sugerindo a contínua incorporação, ao consumo médico, de grupos sociais ainda dele excluídos. No entanto, o crescimento dos custos unitários e globais, em virtude da convergência do avanço tecnológico e da extensão dos cuidados, indicam "o campo de tensões no qual se desenvolve a prática médica atual, na medida em que a manipulação de qualquer desses aspectos interfere com situações irredutíveis a uma dimensão puramente técnica da organização da prática" (p.77). A conciliação foi tentada por meio de vários esquemas de "reforma médica", sendo a intervenção direta do Estado na área (como "produtor" de serviços) o modelo mais radical de interferência (p.78). A autora inclui entre os menos radicais os projetos da medicina integral, da medicina preventiva e da medicina comunitária, os quais tentam racionalizar a prática médica "por meio da manipulação de aspectos parciais da estrutura de produção de serviços" (p.79). Para esclarecer as estratégias usadas, ela faz uma rápida revisão dos movimentos de medicina integral e preventiva.

Da mesma forma que ocorreu com esses outros movimentos, também a medicina comunitária surgiu nos Estados Unidos e daí se difundiu para as sociedades capitalistas dependentes, com suporte da OMS e da OPAS. O projeto se difunde na América Latina na década de 1970 e seus programas experimentais "propõem o desenvolvimento de modelos de assistência passíveis de garantir a extensão do cuidado à saúde a popula-

A explicação sociológica na medicina social

ções pobres, urbanas e rurais" (p.85). Na seqüência dos demais projetos ela vai postular "a superação do corte entre aspectos orgânicos e psicossociais, entre condutas preventivas e curativas, entre prática individual e efeitos coletivos da atenção à saúde" (p.86). Ela localiza a inadequação da prática médica não "apenas nos aspectos internos ao ato médico individual, mas sobretudo em aspectos organizacionais da estrutura de atenção médica, superáveis através de novos modelos de organização que tomem como base o cuidado dos grupos sociais, antes que dos indivíduos" (p.86).

Sua prática nos Estados Unidos se confundiu com a política social ali desenvolvida na década de 1960. Isto é, ela esteve no bojo de recomposições do tratamento dado a questões sociais, quando as instituições estatais, pelo menos, começaram a deixar de encarar a pobreza e a marginalidade como identificadas com o desvio social e a incapacidade, relacionando-as mais à falta de oportunidades e de participação (p.89). Seja como for, lá os programas não atingiram expressão quantitativa. Nas sociedades dependentes (nas quais essa prática alternativa tem-se dirigido, de preferência, a "populações marginais"), a medicina comunitária foi necessariamente redimensionada. De qualquer forma, tanto no centro como na periferia, ela "não visa basicamente à força de trabalho integrada ao processo produtivo sob a modalidade dominante na estrutura de produção ... Corresponde assim a um aspecto da reprodução da estrutura social pela mediação do político". Ou seja, dirigindo-se a grupos sociais cuja significação é sobretudo política, a medicina comunitária constitui uma prática alternativa "potencialmente capaz de compatibilizar o aumento do consumo de serviços e a questão dos custos médicos" (p.94).

Conclusão

Os três trabalhos que sumarizamos mostram alguns (não todos) dos usos do método dialético (sobretudo em sua aplicação à história) para explicar fenômenos sociais (relações, processos, instituições) vinculados à prática social da medicina. A especificidade desses trabalhos está em referirem-se à área médica. Pode-se dizer, na verdade, que as práticas sociais da medicina são tanto objeto da sociologia como da medicina social. Esta, como disciplina de fronteira, é, em grande parte, sociologia na e da medicina. Voltando, no entanto, à questão da utilização do método, vemos que aqueles trabalhos dizem respeito a problemas de mudança quer do trabalho médico, quer da concepção do objeto e finalidade da medicina, das práticas sociais da medicina, da situação social do médico etc. Conseqüentemente, temas que se prestam a uma abordagem dialética. Podemos notar que todos os autores se voltam para as relações dialéticas entre aspectos infra e supra-estruturais da prática social da medicina na busca de explicações para as mudanças estudadas. Procuram captar a realidade em seus aspectos complexos e contraditórios, por meio de uma trajetória que vai do plano analítico ao sintético, de modo que o todo examinado acabe se apresentando prenhe de determinações significativas.

Muitos dos conceitos utilizados são apropriados para apanhar a diversidade e as contradições dessa realidade, embora, em alguns momentos, seja discutível que as categorias estejam, de fato, plenamente saturadas de empiria. Fica sempre evidente, porém, que as mudanças das condições materiais nas quais se exerce a prática médica tiveram influência significativa sobre ela e que, ao mesmo tempo, essa prática, tanto na sociedade feudal como na de classes, sempre concorreu para a manutenção da estrutura social correspondente, contribuindo para a reprodução das relações sociais e dos agentes sociais que a sustentam, principalmente no caso das sociedades capitalistas. Ou seja, a medicina e suas práticas foram concebidas como produtos históricos e, como tais, passíveis de ulteriores transformações.

As contradições das realidades examinadas são consideradas, ainda que nem sempre de forma aprofundada. Porém, as

A explicação sociológica na medicina social

condições de existência são claramente entendidas como conformadoras do conhecimento, sem que os autores deixem de considerar que, como no caso da prática, a ciência e a técnica têm autonomia suficiente para, por sua vez, influenciar a alteração daquelas condições. A busca de determinações específicas está menos presente no trabalho de R. B. M. Gonçalves, pois ele não estuda a prática social da medicina numa formação social particular, mas se refere a características gerais da área no modo de produção capitalista. Por fim, as relações de dominação-subordinação entre as classes sociais são vistas, ainda, como a base à qual se vincula o processo de transformação de todos os aspectos da medicina investigados. Em suma, em maior ou menor grau, os três trabalhos se valeram das perspectivas de explicação proporcionadas pelo método dialético.

Conclusão

Como se procurou indicar em cada um dos capítulos deste livro, os três métodos sociológicos de interpretação aplicam-se, preferencialmente, a fenômenos e problemas sociais distintos. *Grosso modo*, a análise funcionalista se presta à explicação daquilo que é relativamente estável, contribuindo para o melhor conhecimento de conexões funcionais e de relações sincrônicas; o método compreensivo aplica-se, fundamentalmente, ao exame de situações particulares de conflitos de interesses, enquanto a análise dialética é (ou deveria ser) usada no estudo de relações diacrônicas que se estabelecem em condições e situações sociais tipicamente variáveis, ou seja, aplica-se, de preferência, a fenômenos sociais eminentemente dinâmicos. Isso significa que a natureza dos fenômenos investigados já é uma indicação muito importante na condução da escolha do método adequado. É bem verdade que muitos, por motivos antes ideológicos que epistemológicos, não pensam assim, identificando o uso deste ou daquele método com a assunção de uma postura político-ideológica definida. De nossa parte entendemos, reiterando, que a escolha de um método vincula-se, inelutavelmente (mesmo admitindo a influência ideológica), à escolha do tipo de conexões que se pretende ou é possível apreender.

Nessa linha de raciocínio, poderíamos dizer que a interpretação funcionalista é apropriada, sobretudo, ao estudo de ações, relações, processos e instituições sociais que exercem um papel contributivo à continuidade e manutenção do sistema social. Diz Florestan Fernandes que esse tipo de análise "toma sociedades já constituídas como objeto de investigação e as estuda de modo a reter como se processa atualmente (ou seja, no lapso de tempo considerado), exercício das atividades vitais para a existência das coletividades humanas" (1959d, p.272). Diríamos que ele não se volta apenas para atividades vitais, mas também para aquelas que oferecem alguma contribuição para a manutenção do sistema social. Em outras palavras, é um método que se presta ao exame do equilíbrio e integração desse sistema, contribuindo para o melhor conhecimento de uniformidades de coexistência e de relações sincrônicas. É claro que isso traz limitações. Por exemplo, o lapso de tempo a ser examinado (a não ser no caso de sociedades e culturas muito estáveis) deve ser relativamente curto, principalmente no caso de sociedades cujo ritmo de mudança é rápido (a não ser no caso de processos recorrentes).

Excluindo-se situações de conflito institucionalizado (em que as instituições voltadas para o processo de luta podem estar contribuindo para a integração do sistema social), esse método também é impróprio para a investigação de tais situações. As possibilidades de generalização que oferece são restritas; elas ficam muito na dependência de realização de estudos comparativos. Muitos entendem que seu inconveniente fundamental é o de confinar "o horizonte intelectual do pesquisador ao plano empírico da realidade descrita e interpretada" (cf. Fernandes, 1959d, p.277). Ou seja, ele pode influenciar no sentido de incli-

A explicação sociológica na medicina social

nar o analista a ver as relações sociais que está investigando como tendo sua razão de ser na ordem social, nela se resolvendo todos os problemas sociais (ibidem, p.342). Porém, concordamos com Merton (1964, p.17), para quem, melhor do que o fazem os métodos vinculados a uma concepção geral do mundo (como é o caso da dialética), a análise funcional pode proporcionar teorias de alcance intermediário, certamente menos imponentes, porém mais bem fundamentadas.

No caso do método compreensivo, ele se presta, sobretudo, ao estudo de como as condições objetivas da existência social "se refletem na consciência social e na situação de interesses dos agentes e das unidades que eles formam por sua associação" (Fernandes, 1959d, p.344). O que se procura deslindar nas situações de conflito (em menor grau, nos de convergência) de interesses às quais tal método usualmente se aplica é como a alteração de normas e valores que dão conteúdo às ordens sociais diversas pode guiar os homens a atuações específicas, gerando novas ou mantendo as mesmas relações sociais. Trata-se de elucidar as formas pelas quais os homens querem socialmente alguma coisa, "vistas através dos motivos subjetivos das ações, das relações e das atividades sociais" (ibidem), e de esclarecer como os conflitos, tanto de fins como de valores, repercutem na atividade social dos agentes e, conseqüentemente, no modo de ordenação do universo social.

A possibilidade de consecução de tal resultado decorre de que, como já foi dito, "o aspecto decisivo e nuclear de toda a concepção metodológica de Weber (é) a idéia da autonomia das diferentes esferas da ação social" (Cohn, 1979a, p.XII). Tal concepção implica não supor uma determinação rígida e *a priori*, bem como a não aceitação de leis gerais estáveis. Portanto, fica excluída a possibilidade de se preverem globalmente os rumos de um universo social dado. Ao contrário, pois, do funcionalismo, esse método não privilegia o *status quo* e a estabilidade social. Também, ao contrário da dialética aplicada à história (materialismo histórico), rejeita a suposição da existência de uma esfera social privilegiada, capaz de determinar as demais. Em suma, ele é "especialmente poderoso quando se trata de analisar processos que envolvam a caracterização da relação de forças num processo social dado". Ele seria apropriado, sobretudo, "ao estudo de situações empíricas de conflitos de interesses e de poder, sempre que eles sejam tomados nas suas manifestações particulares" (idem, p.XIII).

É claro que, ao mesmo tempo, alguns analistas encontram certas deficiências na concepção metodológica de Weber. Objetam-lhe, por exemplo, que ainda que admita que os valores ideais, para se imporem, freqüentemente precisam de apoio material adequado, mesmo assim veria neles uma capacidade excessiva de guiar os homens em suas ações, independentemente de condições existenciais concretas e, conseqüentemente, por sua vez, de determinar o curso da história. Entendemos, porém, que Weber não é um idealista. Se assim parece, por vezes, seria em razão de sua luta contra a crença na determinação econômica dos fenômenos sociais.

De fato, o que realmente lhe repugna é "a possibilidade de encontrar-se um curso objetivo e determinado dos processos históricos" (Cohn, 1979b, p.13). Talvez se possa criticá-lo por aceitar "tacitamente uma unidade psíquica da humanidade" (MacRae, 1975, p.76), além do cientificamente aceitável, desconsiderando que as diferenças socioculturais poderão ser suficientemente acentuadas para dificultar ao investigador chegar à compreensão do sentido subjetivo de ações de agentes sociais vinculados a culturas muito diversas da dele. Poder-se-ia, igualmente, criticá-lo pelo fato de que, na verdade, "em nenhum ponto (de sua obra) se encontrará uma definição de 'sentido', como aliás também ocorre com o conceito de 'compreensão'. Nesse ponto, o raciocínio de Weber parece ser circular: sentido é o que se compreende e compreensão é a captação do sentido" (Cohn, 1979b, p.27).

A explicação sociológica na medicina social

Como já dissemos, o método dialético, por sua vez, se aplica melhor, inquestionavelmente, a todos aqueles fenômenos sociais tipicamente variáveis. Ao contrário do que ocorre com o funcionalismo, a análise de mudanças sociais sucessivas, em longos períodos de tempo, constitui seu objeto por excelência. O método é especialmente apropriado ao estudo de tais transformações quando elas se vinculam a conflitos de classe, nos quais os interesses econômicos são fundamentais. O horizonte intelectual do investigador, quando o aplica, tem de ser necessariamente amplo, abrangendo o funcionamento e, sobretudo, a dinâmica do sistema social inclusivo, no qual se processam os fenômenos que examina. Ou seja, a análise dialética privilegia os aspectos dinâmicos e contraditórios da realidade social. Implica seu uso na noção, por parte do investigador, de que o sistema social é instável, transformando-se, principalmente, por meio de antagonismos sociais. É que as relações sociais são vistas como produtos históricos, sendo a realidade de hoje substituída pela de amanhã da mesma forma que ela deslocou a de ontem, em virtude da oposição e contradição inevitáveis entre as forças sociais constitutivas dessa realidade.

Em relação a possíveis deficiências do método dialético, como foi proposto por Marx, talvez se possa mencionar principalmente a possibilidade, que entendemos real, de ele poder produzir um certo viés na análise, ao levar o investigador a adotar a idéia, por vezes exagerada, da determinação econômica dos fenômenos sociais. O próprio Marx, em seu realismo sociológico, ainda que critique Feuerbach pelo seu excessivo materialismo, não deixa de, freqüentemente, ceder pouco espaço ao subjetivismo e aos aspectos volitivos e irracionais, que são cruciais na atividade política. Isto é, o determinismo econômico, se exagerado, pode implicar na convicção de que os homens têm limitadíssimas opções diante das alternativas oferecidas pelo processo histórico. Nesse caso, eles, de fato, fariam história em reduzida proporção. A crítica, pois, a posições consideradas idealistas, pode levar ao defeito oposto, que seria a adoção de uma postura mecanicista e materialista.

Tal postura implica, também, supor o curso das transformações da vida social como possuindo regularidade suficiente para permitir entrever em cada momento histórico o período subseqüente. Haveria, se não uma única seqüência causal, pelo menos uma dominante. Na verdade, tal visão "monocausal", freqüentemente associada à dialética em sua versão de materialismo histórico, constitui um dos principais pontos de divergência entre Marx e Weber (cf. Cohn, 1979a, p.115).

Alguns autores julgam que as deficiências de cada um dos métodos discutidos podem ser sanadas usando-se complementarmente os outros dois. No entendimento de Florestan Fernandes, por exemplo, tal complementaridade poderia ser feita porque os três métodos "não se opõem logicamente entre si, mas traduzem, em níveis lógicos diferentes, as possibilidades da indução analítica na sociologia" (1959d, p.196). Da mesma forma, P. Bourdieu et al. (1975) crêem que, apesar das oposições doutrinárias, os autores que desenvolveram tais métodos estariam de acordo quanto à "aplicação dos princípios fundamentais da teoria do conhecimento sociológico". O que tenderia a ocorrer é que as oposições doutrinárias, decorrentes de suas respectivas teorias particulares acerca do social, ocultariam o acordo epistemológico (cf. Bourdieu et al., 1975, p.16). No entender desses últimos autores, todos os clássicos repelem a idéia de que a sociedade é transparente, concordando em que não se pode confundir a vida social com o que as pessoas pensam sobre ela (ibidem, p.30).

De certa forma, no nosso entender, o funcionalismo é o método que, por ser complementado pelos outros dois, é de fácil aplicação universal, sendo, ao mesmo tempo, instrumental. Ele não está tão evidentemente associado a uma concepção geral do mundo (ainda que de modo subjacente tal associação exista e apesar de muitos funcionalistas terem, pessoalmente, uma vi-

A explicação sociológica na medicina social

são conservadora do mundo). Assim, o estudo das uniformidades de coexistência (conexões funcionais) e o das relações sincrônicas, para as quais ele se volta, poderiam ser complementados pelo exame de como as condições objetivas de existência se refletem na consciência social sob a forma de valores que geram conflitos normativos para e entre os agentes das ações e relações sociais, conflitos estes que podem ser mais adequadamente compreendidos por meio do uso do esquema metodológico weberiano. Porém, a investigação de uniformidades de seqüência, de relações dinâmicas e das oposições e contradições existentes entre grupos e classes sociais é, econômica e consistentemente, realizada por meio da aplicação do método dialético (cf. Fernandes, 1959d, p.344).

A complementaridade entre a análise funcional e a compreensiva seria normal para Weber, para quem a consciência funcional dos fenômenos pode servir como orientação para a investigação, ao destacar "aquela ação social cuja compreensão interpretativa (é) importante para a explicação de uma conexão dada" (cf. Weber, 1944, p.14). Ou seja, um exame das conexões funcionais constituiria um trabalho prévio à realização de um estudo de caráter compreensivo. É que Weber considera a análise funcional um método "universalista". Diz ele:

> Certamente necessitamos saber primeiro qual é a importância de uma ação social do ponto de vista funcional para a "conservação" (e também, antes de mais nada, para a peculiaridade cultural) e desenvolvimento, em uma direção determinada, de um tipo de ação social, antes de podermos perguntar de que maneira se origina aquela ação e quais são seus motivos. (ibidem, p.16)

No caso das concepções metodológicas de Weber e Marx, poder-se-ia dizer que elas têm em comum a noção "de que as atividades sociais são atividades com sentido, e que o conhecimento científico dos fenômenos sociais empiricamente fundado possui uma validade relativa" – frise-se, "na acepção objetiva, o que pressupõe limites à generalização" – (Fernandes, 1959c, p.114). Como veremos mais adiante, porém, as oposições entre as concepções metodológicas de ambos são relativamente extensas e profundas. Entendemos, por isso, que elas não são complementares, como parece entender Fernandes.

Do exposto se conclui que a análise funcional pode ser vista como prévia e instrumental para os dois outros métodos, sendo por eles complementada. Weber o afirma claramente em relação ao seu esquema metodológico. Em relação à dialética marxista, Florestan Fernandes tem oportunidade de também afirmar peremptoriamente que ela é instrumental:

> Pode-se usá-la numa direção ou em outra. Se se for estudar ... as transformações que ocorrem "através" e "além" da repetição da ordem, a análise estrutural-funcional é largamente complementada pela análise histórica ... Muitos pensam que as duas análises se excluem – o que é um erro e um dogmatismo. (1978, p.106)
>
> A primeira (a estrutural-funcional) constitui, no entanto, o tipo de análise adequado para assessorar e acompanhar a realização do plano: se, realmente, (ele) está ou não alterando as condições de existência; como a intervenção na realidade está sendo recebida em uma dada comunidade; quais são os efeitos que se podem verificar e quais são as conseqüências desses efeitos na intervenção global. Nesse caso, seria preciso utilizar esse tipo de análise porque se estaria trabalhando com concomitantes e não com uniformidades de seqüência. (ibidem, p.107)

Esse aspecto instrumental é evidenciado pelo fato de que *tal tipo de análise é o que se usa nas sociedades em que predomina o socialismo de Estado*. Em suma, "a análise dialética é importante para o planejamento quando se trata da estratégia dos planos. Mas, quando se trata da tática dos planos, aí a análise estrutural-funcional é que vem a ser importante" (ibidem, p. 107).

É raro que um cientista recorra a apenas um esquema metodológico para dar conta da explicação sociológica que busca

A explicação sociológica na medicina social

para as ações, relações, processos, instituições sociais etc., objeto de seu estudo. Isso só ocorre quando o investigador toma uma determinada orientação metodológica como algo semelhante a um ritual que deve ser seguido a todo custo e, conseqüentemente, leva a cautela metodológica até a obsessão (cf. Bourdieu et al., 1975, p.16-7). Evidentemente, há situações em que a natureza dos fenômenos investigados e a filiação ideológica do pesquisador recomendam e indicam tal cautela. Mas não é isso o que ocorre nas condições normais de realização da pesquisa científica. Tais colocações não implicam a defesa do estabelecimento de um sincretismo metodológico, desconsiderando a especificada em cada um dos métodos. O que se pretende, de certo modo, é "dissipar" a noção de que, pelo fato de os métodos estarem, sobretudo no caso da dialética, ligados a determinadas concepções do social, não haja, por isso, possibilidade de alguma complementação entre eles, de não aproximação em termos dos princípios gerais de uma teoria do conhecimento sociológico (ibidem, p.49-50).

Se o método de interpretação a ser usado não depender apenas da natureza das questões a serem examinadas, seria um contra-senso desconsiderar tal natureza e usar um método apenas por razões doutrinárias, falsificando ideológica e cientificamente as relações sociais analisadas. De qualquer modo, deverá sempre haver predominância de um método, em virtude da já apontada natureza dos fenômenos em exame ou da visão geral do mundo a que se filia o investigador. O que seria inadmissível é que uma escolha, norteada por razão ideológica, levasse o investigador a violentar as características dos fenômenos estudados, como seria o caso do uso da análise dialética para estudar conexões funcionais, ou do funcionalismo para examinar relações diacrônicas.

No caso específico das análises compreensiva e dialética, parece-nos muito difícil uma possível complementaridade entre elas. Poder-se-ia dizer que o materialismo e mecanicismo de muitas análises dialéticas, dados como um dos pontos responsáveis pelo distanciamento entre ambas, não constituiriam uma característica desse esquema interpretativo, sendo mera falha dos que o utilizam. Talvez se pudesse pensar na possibilidade de uma complementação em termos do exame da origem dos valores aos quais os homens se filiam. Nesse caso, as condições objetivas de existência, às quais, originalmente, tais valores se vinculariam, poderiam ser estudadas por meio do uso da dialética. No entanto, isso significaria supor que Weber está antes preocupado com a disputa entre valores alternativos que com o seu processo de criação, o que não é correto. E a perspectiva de Weber, nesse ponto, difere radicalmente da de Marx (e da de Hegel). Tal criação, para ele, é sempre obra das camadas dominantes (sobretudo dos líderes carismáticos), nunca atividade também dos dominados, como ocorre na concepção dialética. Tanto assim, que, para ele, a dominação exercida pelos dominadores decorre da legitimação, pelos dominados, dos valores dos dominantes, os dominados se omitindo ou sendo reprimidos na busca de valores alternativos. Na verdade, o processo de criação de valores é concebido por Weber como um processo irracional, não se reduzindo a considerações históricas concretas, como no marxismo (cf. Cohn, 1979a, p.121-2).

Outros pontos de desacordo também são apontados por Gabriel Cohn. Refere-se ele, por exemplo, ao fato de que a análise compreensiva restringe-se ao particular, repelindo qualquer referência ao geral. Devemos lembrar ainda que Weber sempre lida "com conteúdos subjetivos da consciência empírica dos agentes", sendo-lhe estranha a busca de um "espírito objetivo" ("corporificado na moral, no direito e no Estado)" (ibidem, p.116-7). Isso se vincula à rejeição, por parte dele, de conceitos coletivos, como já mencionamos no capítulo correspondente. A noção do conceito, por sua vez, é muito diferente em ambas as orientações metodológicas. Na compreensiva, "o conceito é o instrumento que o pesquisador forja para ordenar um segmento da realidade e construir seu objeto". Na perspectiva dialética, pelo contrário, o conceito "é o próprio real no seu processo de constituição", cabendo ao pensamento acomodar-se ao seu movimento, "acompanhá-lo e captar suas determinações" (p.116). Como se vê, ao contrário do que ocorre nas relações de ambas concepções metodológicas com o funcionalismo, entre elas as discrepâncias não são facilmente superáveis, de modo a uma complementar a outra.

Concluindo, consideramos que o uso preferencial (sempre que a natureza dos fenômenos examinados permitir) de uma das orientações metodológicas desenvolvidas pelos autores clássicos e às quais fizemos referência não deve implicar uma adesão tamanha a ela até o ponto de prejudicar a própria investigação. Incorreria em erro, por exemplo, quem supusesse uma oposição arbitrária (porque fictícia) entre subjetivistas e objetivistas, como se, para estes, só existissem relações sociais que fossem exteriores às vontades individuais e, para aqueles, que tais relações dependessem inteiramente das experiências subjetivas interpretadas pelos agentes sociais sem referência às condições objetivas de existência. Na verdade, uma aceitação incondicional de determinados ideais metodológicos poderia deter a investigação porque faria surgir o risco de criar nos investigadores a obsessão de "pensar o todo, de todas as formas e em todas suas relações ao mesmo tempo" (e de, além do mais, dizer isso tudo ordenadamente) (cf. Bourdieu et al., 1975, p.24), sob a perspectiva da orientação metodológica adotada. Ora, sabemos que o avanço do conhecimento científico se faz por meio de rupturas com as teorias anteriores, por meio da incorporação de dados novos a elas, o que nos leva (ou deveria levar) a examiná-las contínua e criticamente (ibidem, p.48), se formos fiéis aos ideais da ciência antes de tudo.

Referências bibliográficas

ARON, R. *Temas de sociologia contemporânea*. Lisboa: Editorial Presença, 1963.

AROUCA, A. S. S. *O dilema preventivista*: contribuição para compreensão e crítica da medicina preventiva. Campinas, 1975. Tese (Doutorado) – Departamento de Medicina Preventiva e Social, Universidade de Campinas.

BARBER, B. Resistência dos cientistas à descoberta científica. *Ciência e Cultura*, v.28, n.1, 1976.

BASTIDE, R. *Sociologia das doenças mentais*. São Paulo: Cia. Editora Nacional, Edusp, 1965.

BENDIX, R. *Max Weber*. Buenos Aires: Amorrortu Editores, 1970.

BERLINGUER, G. *Medicina e política*. São Paulo: CEBES, Hucitec, 1978.

BERTALANFFY, L. von. *Teoria geral dos sistemas*. 3.ed. Petrópolis: Vozes, 1977.

BIRMAN, J. *A psiquiatria como discurso da moralidade*. Rio de Janeiro: Edições Graal, 1978.

BOLTANSKI, L. *As classes sociais e o corpo*. Rio de Janeiro: Edições Graal, 1979.

BOURDIEU, P. et al. *El Ofício de Sociólogo*. Buenos Aires, México, Madrid: Siglo XXI Editores, 1975.

BRAITHWAITE, R. B. *La Explicación Científica*. Madrid: Editorial Tecnos, 1965.

CALVEZ, J. I. *El Pensamiento de Carlos Marx*. 3.ed. Madrid: Taurus Ediciones, 1962.

CASTEL, R. *A ordem psiquiátrica:* a idade de ouro do alienismo. Rio de Janeiro: Edições Graal, 1978.

COHEN, R. S. Posibles Interpretaciones de la Historia de la Ciencia. In: HOROWITZ, I. L. (Org.) *Historia y Elementos de la Sociologia del Conocimiento*. Buenos Aires: Eudeba, 1964.

COHN, G. A sociologia e a arte da controvérsia. *Revista Civilização Brasileira*, n.19/20, maio/ago. 1968.

———. *Crítica e resignação:* fundamentos da sociologia de Max Weber. São Paulo: T. A. Queiroz Editor, 1979a.

———. Introdução. In: COHN, G. (Org.). *Weber*. São Paulo: Ática, 1979b.

COSTA, J. F. *Ordem médica e norma familiar*. Rio de Janeiro: Edições Graal, 1979.

CUVILLIER, A. *Pequeno dicionário da língua filosófica*. São Paulo: Cia. Editora Nacional, 1961.

DIRAC, P. Uma teoria harmoniosa. *Correio da Unesco*, v.7, n.7, 1979. (Dedicado a Einstein).

DONNANGELO, M. C., PEREIRA, L. *Saúde e sociedade*. São Paulo: Livraria Duas Cidades, 1976.

DURKHEIM, É. *As regras do método sociológico*. 2.ed. São Paulo: Cia. Editora Nacional, 1960.

———. *O suicídio*. Rio de Janeiro: Jorge Zahar Editores, 1982.

ENGELS, F. *Ludwig Feuerbach e o fim da filosofia clássica alemã*. Curitiba, São Paulo, Rio de Janeiro: Editora Guaíra, s.d.

———. Siete artículos sobre el tomo primero de *El Capital*. In: MARX, K., *El Capital*. 2.ed. México: Fondo de Cultura Económica, 1959. Apêndice III, v.1.

———. *Anti-Duhring*. Montevideo: Ediciones Pueblos Unidos, 1961.

———. *A dialética da natureza*. 2.ed. Rio de Janeiro: Paz e Terra, 1976.

FERNANDES, F. *Fundamentos empíricos da explicação sociológica*. São Paulo: Cia. Editora Nacional, 1959a.

———. A reconstrução da realidade nas ciências sociais. In: ———. *Fundamentos empíricos da explicação sociológica*. Parte 1. São Paulo: Cia. Editora Nacional, 1959b.

FERNANDES, F. Os problemas da indução na sociologia. In: _____. *Fundamentos empíricos da explicação sociológica*. Parte 2. São Paulo: Cia. Editora Nacional, 1959c.

_____. O método de interpretação funcionalista na sociologia. In: _____. *Fundamentos empíricos da explicação sociológica*. Parte 3. São Paulo: Cia. Editora Nacional, 1959d.

_____. *Elementos de sociologia teórica*. São Paulo: Cia. Editora Nacional, Edusp, 1970.

_____. *A condição de sociólogo*. São Paulo: Hucitec, 1978.

FERREIRA-SANTOS, C. A. *A enfermagem como profissão*. São Paulo: Livraria Pioneira, Edusp, 1973.

FOUCAULT, M. *Vigiar e punir*: história da violência nas prisões. Petrópolis: Vozes, 1977a.

_____. *O nascimento da clínica*. Rio de Janeiro: Editora Forense-Universitária, 1977b.

GIANNOTTI, J. A. Ciência e gênese. In: *Sobre teoria e método em sociologia – Estudos I*. São Paulo: Edições CEBRAP, 1971.

_____. A sociedade transparente é um mito. *Folha de S. Paulo*. São Paulo, 27 fev. 1983. Folhetim. (Entrevista a R. F. Neves).

GODELIER, M. *Racionalidade e irracionalidade na economia*. Rio de Janeiro: Edições Tempo Brasileiro, s.d.

GOLDMANN, L. *Las Ciencias Humanas y la Filosofia*. Buenos Aires: Ediciones Galatea/Nueva Visión, 1958.

_____. *Crítica e dogmatismo na cultura moderna*. Rio de Janeiro: Paz e Terra, 1973.

GONÇALVES, R. B. M. *Medicina e história:* raízes sociais do trabalho médico. São Paulo, 1979. Tese (Mestrado) – Faculdade de Medicina, Universidade de São Paulo.

GOODE, W., HATT, P. K. *Métodos em pesquisa social*. São Paulo: Cia. Editora Nacional, 1960.

GRAMSCI, A. *Os intelectuais e a organização da cultura*. Rio de Janeiro: Civilização Brasileira, 1978.

HEGENBERG, L. H. B. *Introdução à filosofia da ciência*. São Paulo: Editora Herder, 1965.

HOROWITZ, I. L. (Org.) *História y Elementos de la Sociologia del Conocimiento*. Buenos Aires: Eudeba, 1964.

HORTON, J. The dehumanization of alienation and anomie. *British Journal of Sociology*, v.15, n.4, 1964.

IANNI, O. Introdução. In: IANNI, O. (Org.) *Marx*. 2.ed. São Paulo: Ática, 1980.

KOESTLER, R. *Os sonâmbulos:* história das idéias do homem sobre o universo. São Paulo: Ibrasa, 1961.

KUBAT, D., MOURÃO, F. A. Tamanho ótimo da família para o homem brasileiro urbano. *Revista Ciências Econômicas e Sociais (Osasco),* v.4, n.1, 1969.

KUHN, T. S. *A estrutura das revoluções científicas.* 2.ed. São Paulo: Perspectiva, 1978.

LANGE, O. *Moderna economia política.* Rio de Janeiro: Editora Fundo de Cultura, 1963. cap.7.

LOWY, M. *Método dialético e teoria política.* Rio de Janeiro: Paz e Terra, 1975.

MacRAE, D. G. *As idéias de Weber.* São Paulo: Cultrix, Edusp, 1975.

MALINOWSKI, B. *Una Teoría Científica de la Cultura.* Buenos Aires: Editora Sudamericana, 1948.

MANNHEIM, K. *Ideologia e utopia.* Porto Alegre: Globo, 1956.

_____. *Ensayos sobre Sociología y Psicología Social.* México: Fondo de Cultura Económica, 1963. cap.2, "El pensamiento conservador".

MARX, K. *O 18 Brumário de Luís Bonaparte.* Rio de Janeiro: Editorial Vitória, 1956.

_____. *El Capital.* 2.ed. México: Fondo de Cultura Económica, 1959a.

_____. Tesis sobre Feuerbach. In: MARX, K., ENGELS, F. *La Ideología Alemana.* Montevideo: Ediciones Pueblos Unidos, 1959b.

_____. Glosas Marginales al "Tratado de Economía Política" de Adolfo Wagner. In: MARX, K. *El Capital.* 2.ed. México: Fondo de Cultura Económica, 1959c. Apêndice 2, t.1.

_____. *Economic and Philosophic Manuscripts of 1844.* 2.ed. Moscow: Foreign Languages Publishing House, 1961.

_____. *Miséria da filosofia.* Rio de Janeiro: Editora Leitura, 1965.

_____. *Contribución a la Crítica de la Economía Política.* Madrid: Alberto Corazón Editor, 1970a.

_____. *Manuscritos:* economía y filosofía. 3.ed. Madrid: Alianza Editorial, 1970b.

MARX, K., ENGELS, F. *Ideologia Alemana.* Montevideo: Ediciones Pueblos Unidos, 1959.

MEEK, R. L. *Economia e ideologia:* o desenvolvimento do pensamento econômico. Rio de Janeiro: Jorge Zahar Editores, 1971.

MERTON, R. K. *Teoría y Estructura Sociales.* México: Fondo de Cultura Económica, 1964.

NOGUEIRA, R. P. *Medicina interna e cirurgia:* a formação social da prática médica. Rio de Janeiro, 1977. Dissertação (Mestrado) – Instituto de Medicina Social, Universidade do Rio de Janeiro.

PARSONS, T. *The Social System.* New York: The Free Press of Glencoe, 1959.

_____. Eléménts pour une sociologie d'action. In: BASTIDE, R. *Sociologia das doenças mentais.* São Paulo: Cia. Editora Nacional, Edusp, 1965.

PEREIRA, J. C. Sobre o emprego do termo racional em economia e administração. *Revista de Administração de Empresas,* v.17, n.1, 1977.

_____. Sobre a tendência à especialização na medicina. *Educación Médica y Salud (OPS/OMS),* v.14, n.3, 1980.

_____. Política econômica, modelos "transplantados" e tecnocracia. *Ciência e Cultura (São Paulo),* v.33, n.10, 1981a.

_____. Mudanças sociais e industrialização. *Ciência e Cultura (São Paulo),* v.33, n.7, p.920-3, 1981b.

PEREIRA, J. C., RUFFINO NETTO, A. Saúde-doença e sociedade: a tuberculose – o tuberculoso. *Revista Medicina (Ribeirão Preto),* v.15, n.1, 1982.

PEREIRA, L. *Ensaios de sociologia do desenvolvimento.* São Paulo: Livraria Pioneira, 1970, cap.1.

POPPER, K. *A lógica da pesquisa científica.* São Paulo: Cultrix, Edusp, 1975.

RADCLIFFE-BROWN, A. R. *Estrutura e função na sociedade primitiva.* Petrópolis: Vozes, 1973.

ROBINSON, J. *Filosofia econômica.* Rio de Janeiro: Jorge Zahar Editores, 1964.

ROSSI, P. Introducción. In: WEBER, M. *Ensayos sobre Metodologia Sociológica.* Buenos Aires: Amorrortu Editores, 1973.

RUBIO LLORENTE, F. Introducción. In: MARX, K. *Manuscritos:* economía y filosofía. 3.ed. Madrid: Alianza Editorial, 1970.

RUFFINO NETTO, A., PEREIRA, J. C., Mortalidade por tuberculose e condições de vida: o caso Rio de Janeiro. *Saúde em Debate (Rio de Janeiro),* n.12, p.27-34, 1981.

SÁNCHEZ VÁZQUEZ, A. *Filosofía de la Praxis.* México: Editorial Grijalbo, 1967.

SAN MARTÍN, H. *Salud y Enfermedad.* 3.ed. México: La Prensa Mexicana, 1977.

SCHUMPETER, J. *History of Economic Analysis.* New York, 1954.

SCHUMPETER, J. Ciencia y Ideología. In: HOROWITZ, I. L. (Org.) *História y Elementos de la Sociologia del Conocimiento.* Buenos Aires: Eudeba, 1964.

SILVA, M. G. R. da. *Prática médica:* dominação e submissão. Rio de Janeiro: Jorge Zahar Editores, 1976.

SINGER, P., CAMPOS, O., OLIVEIRA, E. M. de. *Prevenir e curar.* Rio de Janeiro: Editora Forense-Universitária, 1978.

SMITH, A. *Investigação sobre a natureza e as causas da riqueza das nações.* São Paulo: Abril Cultural, 1978 (Os pensadores).

SPENCER, H. *Principes de Sociologie.* trad. 6ª ed. Paris, 1910.

SUSSER, M. Ethical components in the definition of health. *Internacional Journal of Health Services,* v.4, n.3, 1974.

SZASZ, T. S. *A fabricação da loucura:* um estudo comparativo entre a Inquisição e o movimento de saúde mental. 2.ed. Rio de Janeiro: Jorge Zahar Editores, 1978.

THUILLIER, P. Ciência e subjetividade: o caso de Einstein. *Correio da Unesco,* v.7, n.7, 1979. (Dedicado a Einstein).

TÖNNIES, F. Principios de sociologia. México: Fondo de Cultura Econômica, 1942.

VV.AA. *Ciência e cultura.* SBPC, v.33, n.5, maio 1981.

WEBER, M. *Ensaios de sociologia.* Org. H. H. Gerth e C. Wright Mills. Rio de Janeiro: Jorge Zahar Editores, s.d.1

_____. A psicologia social das religiões mundiais. In: _____. *Ensaios de sociologia.* Org. H. H. Gerth e C. Wright Mills. Rio de Janeiro: Jorge Zahar Editores, s.d.2.

_____. Rejeições religiosas do mundo e suas direções. *Ensaios de sociologia.* Org. H. H. Gerth e C. Wright Mills. Rio de Janeiro: Jorge Zahar Editores, s.d.3.

_____. *Economía y Sociedad.* México: Fondo de Cultura Econômica, 1944.

_____. *Ciência e política:* duas vocações. São Paulo: Cultrix, 1970.

_____. Sobre a teoria das ciências sociais. Lisboa: Editorial Presença, 1974a.

_____. A objetividade do conhecimento nas ciências sociais e na política. In: _____. *Sobre a teoria das ciências sociais.* Lisboa: Editorial Presença, 1974b.

_____. O sentido da neutralidade axiológica nas ciências sociológicas e econômicas. In: _____. Sobre a teoria das ciências sociais. Lisboa: Editorial Presença, 1974c.

WHITE, L. L. Accent on Form, 1955. Apud: KOESTLER, R. *Os sonâmbulos:* história das idéias do homem sobre o universo. São Paulo: Ibrasa, 1961. p.374.

WILLEMS, E. *Dicionário de Sociologia.* Porto Alegre: Globo, 1950.

SOBRE O LIVRO

Formato: 14 x 21 cm
Mancha: 23 x 43 paicas
Tipologia: Iowan Old Style 10/14
Papel: Offset 75 g/m² (miolo)
Cartão Supremo 250 g/m² (capa)
1ª edição: 2006

EQUIPE DE REALIZAÇÃO

Coordenação Geral
Sidnei Simonelli

Produção Gráfica
Anderson Nobara

Edição de Texto
Alexandra Costa da Fonseca (Preparação de Original)
Andréia Schweitzer e
Luciene Ap. Barbosa de Lima (Revisão)

Editoração Eletrônica
Guacira Simonelli

Impresso nas oficinas da
Gráfica Palas Athena